松浦武四郎

北の大地に立つ

合田一道

北海道出版企画センター

はじめに　～北の大地に立つ～

松浦武四郎はいまから百五十年前、私たちの住むこの大地を「北海道」と名付けた人物として知られています。

武四郎は北海道が蝦夷地と呼ばれ、まだあまり開けていなかったころ、私人として三回、幕府の役人として三回、合わせて六回も足を踏み入れ、アイヌの人たちの案内で奥地までくまなく歩き、それを記録し、絵図を描き、どこに道をつけて開拓を進めるべきかなど、意見をまとめました。

いまは乗用車や飛行機も新幹線もある移動に便利な世の中ですが、武四郎の生きた時代は津軽海峡を渡るだけでも大変でした。何とか蝦夷地に着くことができても、道路も、橋もなかったので、浜伝いに歩くか、ウマに乗るか、はたまた舟に乗るかしか方法はなく、とても苦労しました。

武四郎は身長一《メー》《トル》五十《セン》《チ》にも満たない小柄な人でしたが、体はとても丈夫で、一日六十《キ》《ロ》も七十《キ》《ロ》も歩いて移動していています。ときには舟を用いたりしていますが、驚くほどの脚力です。

武四郎は行く先々で、目にした風景や、人びとの暮らしぶり、気にかかること、不思議な話、珍しい話など、さまざまなことを「手控《てびかえ》」（野帳）に筆で書きとどめました。「手控」はいまの手帳とかメモ帳を指しており、後にこれを清書して、報告書にしたり本にまとめたりしたのです。

出版した書物は北海道関係だけで五十六点、三百八十三冊にものぼります。主なものは私人として歩いて調査したいわばルポルタージュともいえる『蝦夷日誌』（初航・再航・三航）合わせて三十五巻。幕府役人として回った『竹四郎廻浦日記』三十巻、『東西蝦夷山川地理取調日誌』八十五巻、『東西蝦夷山川地理取調紀行』二十四巻（石狩、天塩、十勝、久摺《釧路》、夕張、納沙布、知床、西蝦夷・東蝦夷）を地域ごとに読み物にした各日誌、さらに『蝦夷地名奈留辺志』三冊、『蝦夷漫画』二冊、『近世蝦夷人物誌』九巻、そして「東西蝦夷山川地理取調図」二十八枚の地図などです。ほかにメモ書きのままの『安政野帳』三十八冊があり、膨大な量になります。

武四郎は幼名を竹四郎、名を弘《ひろむ》、字《あざな》を子重、雅号《がごう》を多気志楼といいます。雅号とは、文人・画家などが用いる実名以外の名をいいます。

武四郎は最初の『蝦夷日誌』三冊では弘を用い、幕府役人となってからは『竹四郎廻浦日記』の表題でもわかるように、本名の竹四郎、その後に「源弘」と記しています。『石狩日誌』などは「多気志楼蔵板」とし、やはり「源弘」と記しています。

多気志楼や多気四楼の表記は、松浦《まつら》家の先祖が多気《たけ》の城主北畠氏の家臣だったことを意味し、「源弘」は源氏の流れを明らかにしたものです。

武四郎を用いるのは、一八六四（元治元）年からで、これが後に代表的な名前になるのです。この前後から「北海道人《ほっかいどうじん》」や珍妙な「馬角斎《ばかくさい》」などのペンネームも用いています。北海道人は、北の島を旅する人との意味からつけたのでしょう。「馬角斎」は武四郎らしい洒脱さがうかがえます。それにしても昔の人はいくつも名前を持っていたうえ、ペンネームも数々あるので、戸惑ってしまいます。

武四郎が残した資料を見ると、単なる旅行家、ルポルターではなく、多くの紀行文、書簡を書き、詩歌を詠み、絵画も描き、考古学、天文学、地理学、植物学、それに民俗学にも通じた万能の人であったことがわかります。また、武四郎の幕末維新期における活動の広さ、交友関係の多さに驚かされます。

武四郎は蝦夷地の原野に立ち、何を見、何を感じたのでしょうか。そしてどのような開拓の方法を考えたのでしょうか。「北海道の名づけ親」である松浦武四郎の七十一年の生涯を、順を追って見ていきましょう。

絵図は松浦武四郎によるもの、写真は提供されたものはその旨、銘記しました。その他は著者の撮影によるものですが、航空写真だけはその旨を明記しました。

凡例

・文中の名前は、「武四郎」に統一して用いた。特別な事情の場合は、その旨を記した。年齢は当時の数え年を用いた。
・北海道の地名は、原則として武四郎の探査当時のアイヌ語表記にし、カッコ書きで和名を入れるなど、煩雑にならない程度に抑えた。道南地方の松前、江差、箱館（函館）及びその周辺は、すでに和名が用いられていたので、そのままで和名とした。
・月日は旧暦で記載し、適宜新暦のルビ（振り仮名）を付した。
・出典資料名の略記は以下とした

『新版松浦武四郎自伝』（笹木義友編）＝「自伝」
『校訂 蝦夷日誌』一・二・三編（秋葉實翻刻・校訂）＝「蝦夷日誌」
『竹四郎廻浦日記』上・下（高倉新一郎解読）＝「廻浦」
『丁巳東西蝦夷山川取調日誌』上・下（高倉新一郎校訂／秋葉實解読）＝「丁巳」
『戊午東西蝦夷山川取調日誌』上・中・下（高倉新一郎校訂／秋葉實解読）＝「戊午」
『松浦武四郎選集』（秋葉實翻刻・編）＝「選集」
『松浦竹四郎研究会会誌』（松浦武四郎研究会編）＝「会誌」
『松浦武四郎紀行集』下（吉田武三編）＝「紀行集」
『定本松浦武四郎』下（吉田武三）＝「定本」
『新版蝦夷日誌 下 西蝦夷日誌』（吉田常吉編）＝「西蝦夷」
『新撰北海道史』第五巻（北海道庁）＝「新撰」

松浦武四郎　北の大地に立つ＝目次

第一章　北が危ない

七歳で「手習い」を学ぶ

松浦武四郎は一八一八（文化十五）年二月六日、伊勢国一志郡須川村（現在の三重県松阪市小野江）の松浦桂祐《けいすけ》（介）時春《ときはる》と母登宇《とう》の四男二女の末子として生まれた。本名は竹四郎。武四郎の「四」は四男による。書物によっては、三男一女の四番目としているものもあるが、間違い。

先祖は肥前国（佐賀・長崎県）の松浦党《まつら》の一族だったが、後に伊勢に移り、多気《たけ》の城主北畠氏の家臣として土着した。松浦姓はそこからついたとされる。家は代々、紀州藩（紀州徳川家）の郷士で、庄屋を務めていた。庄屋とは村落の長《おさ》を指す。

武四郎の生家はいまも旧須川村の伊勢街道沿いに建っている。その大きな構えから、当時の繁栄ぶりをうかがうことが出来る。

父の桂祐は茶の湯や俳諧を好む風流人ながら、義侠心にも富み、暮らしに困っている者に救いの手を差し延べたので、村人たちの人望を集めていた。叔父の久左衛門清郷は武四郎が二歳のときに亡くなったが、本居宣長《もとおりのりなが》の長子、春庭の門人として国学を学び、教養人として知られていた。

武四郎は、そうした家庭環境のなかで、風雅を好む父の影響を受けて育った。よく寝室で、

武四郎の生家（三重県松阪市小野江）

武四郎が学んだ海宝山真覚寺。額と鐘が見える

父に抱かれて日本や中国の歴史や戦闘の話を聞いているうち、いつのまにか眠っていたという。

七歳になった武四郎は、近くの曹洞宗海宝山真覚寺の来応《らいおう》和尚について「読み書き算盤」の手習いを学んだ。読み書きとはいまの国語、書道。算盤は数学を指す。武四郎は毎日、勉強をしながら、和尚から、人の道とは何か、を教えられた。探究心がことのほか強い武四郎は、何事にも興味を示し、理解するまで調べるのが常だった。

武四郎が学んだ真覚寺が、生家の近くに現存する。建物は何度も建て替えられ、いまは町内会の集会所になっているが、玄関には「海宝山」の額が掲げられ、そばに古い鐘が下がっていて、幼い武四郎がこの額や鐘を眺めながら、学んだであろうことが偲ばれた。

坊さんになりたい

武四郎は勉強も好きだが、遊ぶのも大好きな活発な少年だった。わが家の前に延びる伊勢街道を、北にまっすぐ行くと雲出川《くもずがわ》が流れている。この川は昔から雲出川と書き、「伊勢参宮名所図会」に…小野古江渡…として紹介されている。この川の手前側が紀州藩の領地、川を渡ると津藩の領地になっていた。

武四郎はこの国境の雲出川で泳いだり、川原を走り回ったり、樹木に登ったりして遊んだ。これが後に、北海道はもとより全国を探検する強靭な体を育てることになる。

そんな元気な武四郎が九歳のとき、疱瘡《ほうそう》にかかり寝込んでしまう。疱瘡は当時は命にもかかわる恐ろしい病気で、両親は無事に回復するよう、神仏に祈り続けた。来応和尚もお経を上げてくれた。このころの日本人は、病気に罹かるのは体内に悪霊が入ったためであり、祈祷で追い出すほかない、と信じられていた。

長びいた武四郎の病気も、母などの手厚い看護もあってようやく治癒に向かった。元気になった武四郎は、父に、

「お坊さんになりたい」

と言い出す。

来応和尚のような立派な僧侶になり、世の中をよくし、病に悩む人びとを救おう、と考えたのである。だが父は、その将来を考え、お前には、ほかにやるべきことがあるとして、許さなかった。

武四郎は真覚寺だけでなく、近くのほかの寺に行き、僧徒に頼んで出入りさせてもらい、経文を習い、唱えた。幼い武四郎の読経は見事なものだったようだ。

ここで武四郎は一つの決意をする。大人になったら諸国の名山に登ろうというもの。そのために知識を得ようと、各地の地誌や名所図絵を借りるなどして、読みあさった。

父に教えられた俳句を、まねて作ってみた。季節を折り込んで詠む俳句は、少年の心を浮き立たせた。

武四郎が十歳のとき、父の前で詠んだ俳句が残っている。

昨日から日も定まりて帰る雁

武四郎が住んでいた町並み（三重県松阪市小野江＝旧須川村）

武四郎の生家近くを流れる雲出川

父はこの句に、大いに喜んだ、と後年、武四郎自ら『自伝』（18頁）に書いている。

家の近くに、傘張りをして暮らす貧しい男がいた。武四郎はこの男に興味を持ち、しきりに昔話を聞いた。どんな話だったのか内容は記されていないが、十歳の少年武四郎にとって、大人の世界をかい間見る楽しいひと時だったに違いない。

おかげ参り

武四郎の少年時代は、わが国が爛熟期を迎えたころで、元号を二つ重ねて「文化文政時代」と呼ばれる。平和な世が続き、人びとは泰平の夢に酔いしれていた。

一八三〇年は元号が文政から天保に変わる年で、父の桂祐はこれを機に、次男の佐七に家督を譲って隠居した。長男が早世したので後継者になったのである。武四郎はこれからは、次兄佐七の言いつけを守って生きていこう、と心に誓った。

春三月、四国の阿波国（徳島県）で不思議なことが起こった。なぜか幼子たちが連れ立ってどこへともなく出かけるという。困ったある両親が六歳の子を柱に縛りつけておいたところ、いつの間にか結びから抜けだし、その跡に伊勢神宮のお札《ふだ》が置かれていたという。

また、ある家の八歳の子が行方不明になり、大騒ぎしていると、ふらっと帰って来て、知らない人に白馬に乗せられて伊勢参りをして来た。送ってきた白馬は家の前に繋がれている、と述べた。家人が急いで外に出て見ると、お札が垣根に結ばれていた、という噂も出た。

阿波の信者たちが、これは伊勢の神の思し召しだとして、手に手に杓《しゃく》を持ち、伊勢を目がけて次々に旅立ちだしした。いつの間にか紀州（和歌山県）や泉州（大阪府南部）、浪速（大阪府）にまで広がった。

おかげでさ
するりとさ
ぬけたとさ

信者たちは口々にこんな言葉を称えながら、走るようにして伊勢を目指した。

この風習は「おかげ参り」といって、伊勢神宮の加護を願う人びとが　六十年ごとに巡ってくる卯《う》年に行なうのだが、この生涯に一度巡ってくる「おかげ参り」が今回は一年早まって、寅年から始まったというわけ。

宿場町の須川村は思いがけない賑わいを見せた。武四郎の家の前に延びる伊勢街道は「参宮《さんぐう》街道」とも呼ばれ、多くの信者たちが宿を利用した。その人たちが連日のように朝早くから、伊勢へ、伊勢へと、競うように歩きだす。集団で駆けていく子供たちもいて、町は浮き立って見えた。その数は夏まで四百六十万人を数えたというから、想像を絶するものだった。

十三歳の武四郎は家の前に立ち、この異様な光景を見ていた。何か突き上げるような衝撃を覚えた。

武四郎は父に伴われて、伊勢神宮に出かけて参拝した。ごった返す境内を歩くと、神を信ずる人びとの熱気に圧倒されて、体が震えた。興奮は帰宅後も続いた。父は武四郎の気持ちを察してか、帰宅して少し経つころ、

「もう一度、参拝しようか」

と誘った。武四郎は喜び、父に伴われて再び伊勢神宮を訪れた。神前に立つと見えない神が、何かを語りかけてくるような思いにかられた。武四郎の神仏への信仰心はこの時期から身についたものといえよう。

武四郎の故郷の旧須川村のあちこちに見える案内の石柱は、「おかげ参り」の道筋を示すものだ。雲出川の両岸に立つ古い常夜灯は、後に場所が移されたが、かつては参宮街道からつな

雲出川の岸に立つ常夜灯

「さんぐうみち」の石柱

がる渡し舟の在り処《あか》を目印にしたものという。

この町を歩くと、少年武四郎の心を揺さぶった歴史的文化遺産に触れることができる。

平松塾の門下生に

秋になり、「おかげ参り」の勢いが少し収まりかけたころ、武四郎は家を飛び出し、雲出川を舟で渡った。川の向こう側が津藩領なので、国境を越えるのは本来、国の掟を破ることなのだが、武四郎はそれを素知らぬ顔でくぐり抜け、津藩の儒学者である平松楽斎《ひらまつらくさい》の門を叩いた。楽斎はこの少年を一目見て、その場で門下生にした。

平松塾に入った武四郎は、楽斎について論語を学んだ。論語とは中国の孔子《こうし》が集録した儒教の教典を指す。武四郎はむさぼるように勉強した。日記をつけだしたのはこのころであろう。

平松塾のある津藩領内もまた伊勢神宮への道筋なので、普段でも多くの学者や文人たちが、参拝の行き帰りに立ち寄った。武四郎は師の楽斎を通じてこの人たちと知り合い、教養と信仰心を深めていった。

明けて一八三一（天保二）年、武四郎は楽斎に伴われて伊勢に向かった。ここで京都から来た儒学者の猪飼敬所の講義を、楽斎とともに聞いた。武四郎にとって大人の、しかも学者の言葉は、未知の世界へ誘う魔法のようなものに思えた。

武四郎はこのとき、伊勢神宮外宮の「豊宮崎文庫目録」を書き写している。将来の参考にしようとでも思ったのであろう。

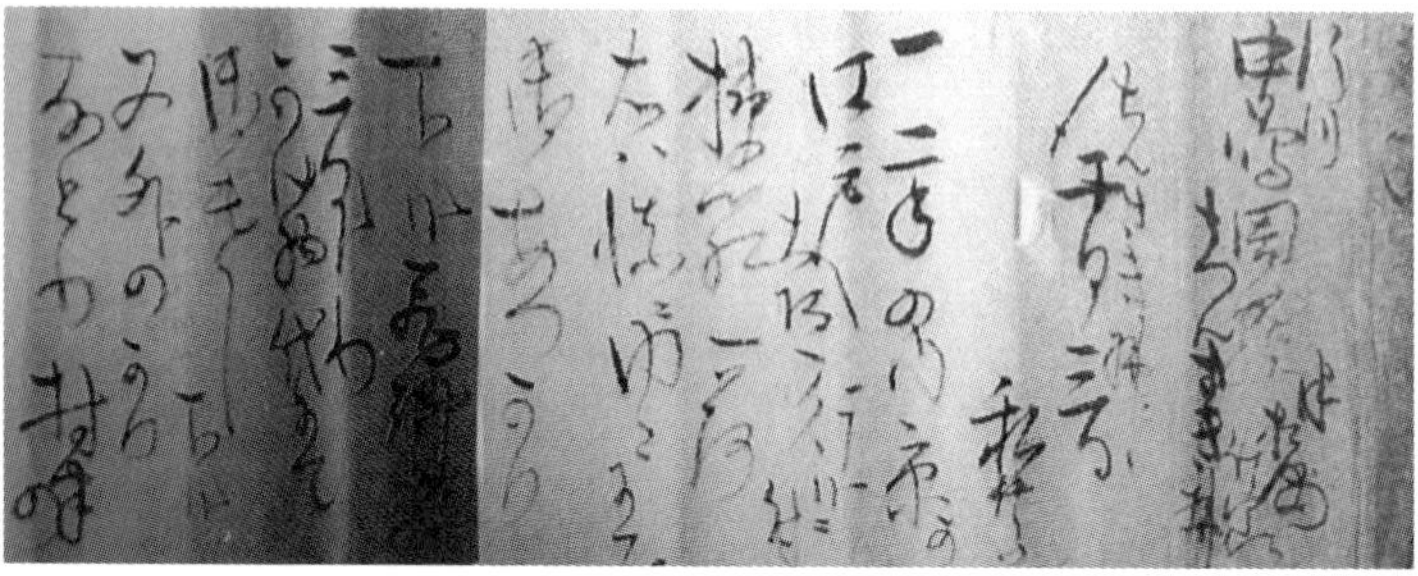

中嶋周助宛ての便り　松浦武四郎記念館（三重県松阪市）

翌年、楽斎と親交のある伊勢神宮外宮の禰宜《ねぎ》で国学者の足代《あじろ》弘訓《ひろのり》が、津藩を訪れた。武四郎は楽斎の勧めで足代に会い、話を聞いた。相前後して梁川星巌《やながわせいがん》、山口遇所《やまぐちぐうしょ》など名のある文人が津藩を訪ねてきた。そのたびに武四郎は文人たちの話を聞いた。内容は難しいものだったが、さまざまな形で影響を受けたのはいうまでもない。

武四郎は楽斎にこれほど世話になりながら、一八三三（天保四）年、十六歳の正月、塾を出て須川村の実家へ戻った。心配した楽斎から父桂祐に宛てた便りが届いて、父から厳しくたしなめられたが、武四郎は動じず、首を縦に振ろうとしない。

その直後の二月一日夜、武四郎は突然、家を飛び出した。江戸へ向かうべく津まで移動し、三日、ここから須川村の親類、中嶋周助《なかじましゅうすけ》に便りを出した。そこにはこう書かれていた。

　一二年の内京か江戸、大坂へ行候に付、狭箱一荷、右は慎に内々にて御あづかり下候（中略）先《まず》私わ、江戸、京、大坂、長崎、唐又わ天竺へでも行候か。先々二、三年の乃内に帰り候。帳面わ、他見御無（用の）事。
右わ内々御ふくみ下候。

（「会誌」44号）

いつまでも家族の世話になっているより、狭い故郷を飛び出して、まだ見ぬ江戸や京都はもとより、「唐、又は天竺」までも行き、自分の目で確かめようと思ったのである。少年武四郎の探究心が萌芽し、計画的に動きだした瞬間である。そんなことが楽斎を怒らせたのか、破門されたとの説もある。

十七歳の冒険旅行

武四郎は津からまっすぐ江戸（東京）を目指した。伊勢で出会った人びとに頼んで、仕事をしながら江戸の名所を歴遊し、近くの山々に登ろうと考えていた。

江戸に着くと、真っ先に神田お玉ケ池の篆刻家《てんこく》、山口遇所を訪ねた。山口も伊勢で知り合った一人である。ここで見よう見まねで篆刻を学んだ。篆刻とは木や石、金などに鉄筆で文字などを彫ることをいう。これを身につければ、旅の途中でも誰ともいわず要望があれば篆刻し、礼金を手にすることができる。武四郎は大事な手控えと呼ばれる手帳、筆のほかに、一本の鉄筆と一冊の印譜を懐にして、次にやはり知り合いの藤堂藩邸《とうどうはんてい》の中嶋磯五郎を訪ねた。

ところが磯五郎は、武四郎が来たことを、須川村の親類宅に便りで知らせた。通報を受けた父の桂祐は、知人の金蔵に頼んですぐに連れ戻すよう江戸に向かわせた。

武四郎は、江戸にやってきた金蔵に対して、「わかった、先に帰るように」と説得し、後から一人で出立。中仙道を通って途中、善光寺に参詣し、次いで戸隠山に登った。ここに立つと、身も心も洗われる気がした。

三月十五日、雲出川まで戻った武四郎は、父への抵抗を示すように村の宿屋に泊まり、翌朝、ゆうゆうと実家に帰った。さすがに父もその豪胆さに舌を巻いた。

一八三四（天保五）年九月九日、十七歳の武四郎は、いよいよ諸国歴訪の旅に出た。狙いは各地の思想家、学者、文人などを訪ねて話を聞き、自分の生き方を模索する、つまり自分探しの旅立った。父が一両与えたともいわれる。武四郎の旅への強い思いに、父も抑えきれないと観念したのであろう。

武四郎はまず京都へのぼり、平松塾で学んだ時に知り合った儒者の中島棕隠《なかじまそういん》や漢詩人の仁科白谷《にしなはくこく》、中林竹洞《なかばやしちくどう》、山本梅逸《やまもとばいいつ》らを訪ね、次に大坂に赴き、篠崎小竹《しのざきしょうちく》、後藤松陰《ごとうしょういん》らを訪ね、また楽斎と親交の深かった大坂町奉行与力の大塩平八郎に会った。大塩は陽明学者だが、この二年後に「大塩平八郎の乱」を引き起こす人物である。

ここから近畿（京都周辺の畿内）、北陸、濃尾（岐阜・愛知県）、甲信（山梨・長野県）、大和（奈良県）、紀伊（和歌山県）など各地を巡った。この間、熊野や高野山に詣で、高山、下呂、諏訪などを見て歩いた。立山、秋葉山、さらに足を延ばして富士山にも登った。どこもこれまで見たこともない壮大な光景で、打ちのめされる思いがした。

江戸を越えて日光に至り、中禅寺に赴き、仙台の松島を巡って後、九十九里浜を経て、二年振りに江戸に戻った。

旅の途中、思わぬ事態にも遭遇した。山道を歩いていて三人組の賊に襲われ、懐のわずかな金を奪われた。仕方なく飲み水だけで過ごした。旅をするうち暗くなり、道ばたの木陰で野宿したり、金を使い果たして村役人の家に転がり込み、漢詩文を教えてやっと食事にありついたこともあった。

武四郎は難渋した旅の模様を、手控えにこう書いている。

> 嚢《のう》尽き甚《はなは》だ難渋《なんじゅう》時に村役人の宅に到りて四書又は唐詩の講をなして恵みをうくること屡々《しばしば》なり。
> （「自伝」20）

嚢は財布の意味。数え年十七、八歳はいまの高校生の年齢に当たる。金も持たず、乗り物もない、寝る場所も定まっていない、まさに冒険旅行そのものだったといえる。

僧になり諸国遍歴

一八三五（天保六）年夏、武四郎は、伝《つて》を頼って江戸の水野越前守忠邦《みずのえちぜんのかみただくに》の屋敷に雇われ、小者のような仕事を任された。ところが喜んだのも束の間、ちょっとした失敗をして、わずか四カ月で解雇されてしまう。

絶望した武四郎は、真言宗の寺に赴いて僧に思いを告げて髪を剃り、修行僧になり、諸国遍歴の旅に出た。
播磨（兵庫県西部）から備前（岡山県）の下津井へ出て、船で讃岐（香川県）に渡った。これより四国八十八カ所を詣でようと心に決めて、ここで年を越す。

四国八十八カ所とは弘法大師にちなむ霊場で、一つ一つの寺が札所になっている。武四郎は新年早々、鳴門板東の一番、霊山寺から始めて、霊場から霊場へと、経文を称えながら歩みを続けた。永い祈りの旅の後に、琴平の金比羅大権現に参詣した。そこから鳴滝、七段滝を経て、剣山に登った。不思議な感動が全身を包んだ。

今度は中国地方に赴き、備中（岡山県西部）、備後（広島県東部）、安芸（広島県西部）、周防（山口県東部）、長州（山口県）を歩いた。この間に備後の三原の仏通寺の玄中和尚の紹介で、広島在府中村に落ちつき、ここで年を越した。

世の中はここ四年間にわたり、長雨や洪水、冷害が続き、収穫物がさっぱりなく、米価が高騰し、餓死する者が続出していた。「天保の飢饉」と呼ばれる。武四郎は十代最後の年の項に、こう記した。

時に此辺り《このあた》凶歳《きょうさい》にして道路追剥《おいはぎ》多く里に強盗絶ることとなし。実に可憐《かれん》の甚《はなはだ》しと云べし。

（「自伝」22）

凶歳とは悪い年、追剥ぎが多く、強盗が絶えない、と記した武四郎の心境は、どのようなものであったか。世の安寧を願いながら、何もできない非力の身を痛感したのではなかろうか。

一八三八（天保九）年、二十歳になった武四郎は、宮島に参詣した後、旅に出た。三月二日、長崎の大村の宿泊先で大塩平八郎が大坂で乱を起こしたのを知る。

此時大坂にて大塩平八郎一件を聞。未だ何事なるや確かならず　（「同」22）

大塩は「天保の飢饉」と呼ばれる社会的な危機を救おうと、町奉行に訴えたが容れられず、自力で難民を救おうと蜂起したという。武四郎はその行為に、胸が締めつけられる思いがした。九州へ渡り、豊前（福岡県）、肥前（佐賀県）、長崎、島原、肥後（熊本県）、薩摩（鹿児島県）などを歩き、名所旧跡、寺社を見て回り、高千穂峰や霧島山、阿蘇山などに登った。長島、獅子島なども巡った。

翌三九年正月、再び長崎に戻った武四郎は、急に高熱を出して寝込んでしまう。医者に診断してもらったところ、疫病《えきびょう》とわかった。高熱はいつまでもひかない。

近くの禅林寺の檀家、藤崎惣左衛門《ふじさきそうざえもん》が親身に介抱してくれて、やっと一命を取り留めた武四郎は、深く感謝した。同寺の謙道《けんどう》和尚に勧められて躰性寺の僧徒になり、僧名を「文桂《ぶんけい》」と改め、仏道に励むことにした。人間の命などはかないもの。その命が救われた。仏にすがり、祈るのが報恩につながる、と考えたのである。ちなみに僧徒とは僧の仲間の意味で、本物の僧ではない。以下、「文桂」と記すべきだが、武四郎の名で通す。

長崎の町は、鎖国政策をとるわが国のなかで、唯一外国と交流できる地域で、それだけに独特の文化を持っていた。武四郎はここで多くの歌人、画人、文人ら、さらにはオランダ通訳の役人らと知り合い、親交を深めた。

そのなかに酒屋町の組頭格の津川文作蝶園《つがわぶんさくちょうえん》という人物がいた。津川は〝長崎の奇人〟と呼ばれ、外国人が居住する出島にも出入りし、役人などとも親しく、さまざまな情報をもっていた。津川は日本を取り巻く世界の話などをして武四郎を驚かせた。

大晦日の夜、武四郎は浜辺に立ち、前方の海面に燃える不知火《しらぬい》を見た。およそ一里（約四キロ）にわたり、三、四百もの不知火が龍灯のように見え、不思議な世界に踏み込んだ思いにかられるのだった。

壱岐、対馬へ

一八三九（天保十）年二月、武四郎は、長崎から平戸島へ旅に出た。ここはわが国の西端に位置し、小さな島が点在している。

武四郎は安満岳や白岳を巡った後、志目岐山（志々伎山《ししきやま》）に登った。眼前に対馬海峡が青々と広がっていた。この海の向こうに唐、天竺という知らない外国がある、すぐにも行ってみたい、と思った。だが旅人に対する役人の監視の目は厳しくて、舟を借り受けることもままならず、おいそれと渡ることも出来ない。

武四郎は近くの田助湊《たすけみなと》の豊増勇作の家に世話になりながら、松浦家菩提所である普門寺に詣でた。この寺の西邦和尚や、雄香寺の大宣和尚と知り合いになり、仏教を学んだ。そのうち勧められて田助浦の禅宗庵宝曲寺という寺を任され、そのうえ、天柱寺の世話も命じられた。

この時期（天保十一年二月）、武四郎は故郷の兄、佐七に便りを送っている。家を出て七年の歳月が流れていた。

そこには天保十年の頃として、

平戸田助浦之禅宗庵（宝曲寺）に而《て》安居仕《つかまつり》、一家中、町家の世話に相成り、何の不自由なく相暮し居候。（「会誌」14号）

最後に、

尚、私共も剃髪之節文桂と改名仕候。何れへも宜敷奉願候。　竹四郎事　文桂

平戸島。ここで唐、天竺への思いをはせた

と結んでいる。また一八四一（天保十二）年三月三日付の書簡では、

去春《天保十二年》より御菩提所普門寺の方の徒に相成り、今春二月十二日田助浦松林山宝曲寺と申小寺に入院仕、追々寺操にも相成候間御祝被下候。（後略）（「会誌」14）

と近況を知らせている。

一八四二（天保十三）年、平戸粉引《こびき》村の千光寺に移った。

この寺の菜園には一一九一（建久二）年南宋（中国）より二度目の帰国で臨済宗を伝えた栄西が、持ち帰った茶種を蒔いたという茶畑が葉をつけていた。

この寺から対馬がよく見えた。

「なんとしても、行ってみよう」

修行者姿になった武四郎は、九月下旬田助の漁師と謀ってイカ釣船で壱岐に渡り、そこから磯舟を頼んで対馬へ渡った。対馬から朝鮮半島の島影が遥かに望まれた。

武四郎はここに半月も滞在して、目前に横たわる異国へ渡る機会をうかがった。だが国禁を破ってまで行くのはばかられた。「唐、天竺」は遠い遠い存在なのであった。

田助浦に戻った武四郎のもとに、兄の佐七から返信が届いていて、父の桂祐は三年前に亡くなり、母も病床についている、と伝えてきた。武四郎は家を出たまま長い間帰らず、親の死に

平戸島　千光寺

平戸島　栄西禅師の茶畑

平戸島　田助浦

目に会えなかった不幸を詫び、一心に経文を唱えた。

平戸城下に光明寺という寺があり、武四郎はよくそこへ出かけた。住職は了縁といい、漢詩と絵が巧みな風流な僧だった。武四郎は了縁について漢詩や絵画を学び、めきめき腕を上げた。

平戸は、武四郎にとって心休まる安寧の地だったのであろう。

蝦夷地が危ない

後を追うように故郷の兄から、母の死を知らせる便りが来た。愕然となった武四郎は、一八四三（天保十四）年二月二十八日付の書簡で、先日、長崎に不吉なハレー彗星が出現したことを次のように綴り、帰国の意志を示した。

当時長崎大混雑（略）長崎にては白き光と黒き光と二筋相《あい》現《あらわれ》、前代未聞之天変と、今夜頃にては薄く相成り、其沙汰《そのさた》は異国船参候《さんじそうろう》前評と申触《ふれもうす》大名え手当、九州は厳重に相成り候。

拙子も三来年頃は何れ帰国仕候思案に御座候間……（略）

（「会誌」15号）

怪異な天変を異国船の来る前触れと考え、実際に九州各地の大名は、その対策に乗り出しており、緊迫した空気が流れていた。武四郎も平戸島にいて、急に高まりだした外圧への恐怖を実感していた。

この年七月、武四郎は平戸を発って長崎に入った。そこで酒屋町の組頭格、津川文作蝶園と再会した。〝長崎の奇人〟と呼ばれる津川は、会うなり、意外な話を始めた。

「北の脅威を知っているか。ロシアが日本の北辺、蝦夷地を狙っているのだ」

ハレー彗星の出現を異国船来航の前触れと怯える長崎のことを知っているだけに、武四郎は、北辺の蝦夷地がロシアの侵略の危機に晒されていると聞いて驚愕した。しかも蝦夷地を治める松前藩は、外国船がしばしば接近しているにもかかわらず、その事実を幕府に報告せず、実態は闇の中なのだという。

実はこれより五十年ほど前、北辺は危機に直面していた。一七九二（寛政四）年、ロシア使節ラクスマンが日本人漂流者の大黒屋光太夫らを連れてネモロ（根室）に来航、交易を求めたほか、イギリス船がアブタ（虻田）沖とエトモ（絵鞆、室蘭）沖に現れ、薪水を要求した。おののいた幕府は松前から蝦夷地支配を取り上げて直轄支配した。だが異国船の出没は減ったとして一八二一（文政四）年、蝦夷地を松前藩に返還した。この二十二年間を「前幕領時代」と呼ぶ。

ところが「後松前時代」になって再び、北辺に異国船が出没しだした。幕府は「無二念打払令」（異国船打払令）を発して異国船を砲撃などで追い払ったが、その数は増えるばかりという。武四郎の胸に、熱いものがたぎり立った。今こそ北辺を探査して、その危機を明らかにして対策を立てねばならない。そのためには開拓を急ぎ、防備を固めなければならない、と思った。武四郎のこのときの心境の変化を示す文書が残っている。

朝鮮の山河（に渡る望み）から蝦夷地の山河へ、直ちに一八〇度の方向転換をした。

青年らしい一途で純粋な思いの溢れた文面、といえまいか。
すかさず行動に移し、十月上旬には大坂から京都に至り、伊勢に帰った。

高野長英の脱獄で断念

十年ぶりに故郷の須川村に戻った武四郎は、兄佐七らに迎えられ、いまは亡き両親の墓前にぬかづき、長い間、留守にしていた非礼を詫びた。墓の中の父と母が、何かを語りかけてくるように思えて、涙が止めどなく流れた。

翌一八四四（弘化元）年二月、母の三年忌に合わせて父の七回忌法要を催した武四郎は、決意も新たに蝦夷地に向けて出立した。このとき、二十七歳。

壮途《（盛んな門出）》前に伊勢神宮の外宮に行くと、僧形の武四郎を見て、咎める人がいた。神前に修験者の姿は非礼、というのだった。武四郎はとっさに還俗して普通人に戻ろうと考え、坊主頭につけ髷をして、改めて伊勢神宮の内宮、外宮に詣で、

「是より蝦夷が島の隅々まで探り、何の日か国の為たらんことをと……」（「自伝」28）

と称えた。

その声は境内にりんと響き渡った。

武四郎は一般人に戻ったが、信仰心の厚さは少しも変わらず、読経も辞めることはなかった。旅の道々、いつも般若心経を称えながら歩き続けた。

京都から途中、琵琶湖の竹生島《ちくぶ》に赴き、長浜（滋賀県）から越前（福井県）、越中（富山県）を越えて岩倉(富山県立山市)へ入った。ここから立山へ登ろうとしたが、積雪が深くて近づけず、道を変えて、高田（新潟県上越市）から妙見山に登った。山頂に登ると、なぜか神仏に抱かれているような穏やかな気持ちになるのだった。

越後（新潟県）を経て会津（福島県）の磐梯山に登り、さらに庄内（山形県）の蔵王岳、出羽三山（月山、羽黒山、鳥海山）、山寺、秋田の太平山など、霊山といわれる山々に足を踏み込み、その風景を瞼に焼きつけた。

南部（岩手県）から津軽（青森県）へ入ったのは九月はじめ。岩木山へ登ろうとしたが、すでに晩秋なので登山の許可が下りず、足止めを食わされた。やむなく鯵ケ沢《あじがさわ》（青森県鯵ケ沢町）に赴き、ここから船問屋に頼んで蝦夷地の松前へ渡ろうとした。

ところが江戸で高野《たかの》長英《ちょうえい》が牢獄の火事の騒ぎにまぎれて脱走したというので、役人が旅人

を厳しく取り調べていた。高野は町医者で、蘭学者中心の集団蛮社《ばんしゃ》（別の名を尚歯会という）のメンバーで、幕府を批判する『夢物語』という本を書き、逮捕された。

厳しい探索が続いており、蝦夷地へ行くのは難しいと考えた武四郎は、諦めきれないまま、海岸線を北上して本州の突端の龍飛岬に立った。そこから望む津軽海峡は高波が渦巻いていて、遥か海上にうっすらと島影が見えた。

あれが、蝦夷地か。

武四郎の心が波打つように昂《たかぶ》った。これまで蝦夷地に足を踏み入れた先人は、伊能忠敬（一七四五〜一八一八）、最上徳内（一七五五〜一八三六）、近藤重蔵（一七七一〜一八二九）、間宮林蔵（一七八〇〜一八四四）、らで、数多くの見聞記などをまとめており、蝦夷地や北蝦夷地（樺太）の地図も概略が出来上がっていた。

武四郎は逸《はや》る気持ちを持ちながら、龍飛岬から陸奥湾を野辺地へ、そして津軽半島の佐井から尻矢岬（東通村）、八戸、さらに宇部（久慈市）、鍬ケ崎（宮古市）、釜石を経た。陸前の気仙沼郡の唐丹《とうに》村（現釜石市）で年を越し、来年こそは蝦夷地へ渡り、その実態を調べようと、改めて自分に言い聞かせた。

第二章　アイヌの大地

初めての蝦夷地

一八四五（弘化二）年の新年を雪深い仙台領唐丹《とうに》村で迎えた武四郎は、松島、仙台を経て一度江戸に戻り、三月二日《四月八日》、改めて蝦夷地に向けて出立した。旅笠をかぶり、持ち物は磁石（懐中羅針盤）にメモや絵図を書きとめる「手控《てびかえ》」（手帳）、筆と墨を入れた矢立て、それに篆刻《てんこく》の道具、雨かっぱ、鍋などを入れた行李《こうり》だけ。あとはわずかな銭である。

奥羽街道を歩いて津軽の鰺ケ沢《あじがさわ》港に着くと、伝《つて》を頼って西蝦夷地行きの船を探した。蝦夷地は西と東に別れていて、日本海側の西の方にある松前、江差がもっとも栄えていた。江差からきていた齊藤佐八郎の持ち船に乗せてもらう約束をしたが、荒れ模様の日が続いて、いつ船出になるのかわからない。やむなく近くの寺に世話になり、何日も待ち続けた。

四月初め、ようやく凪《なぎ》になったので、朝早く出航した。船には近く始まるニシン漁に雇われたやん衆たちが大勢乗り込んでいて、うるさいほどの賑やかさだ。船出してすぐ、津軽海峡の凄まじさに驚かされた。この海峡には大きな三つの潮が流れていて、その潮に押されて船は自由を失うこともしばしばあるという。

だがこの船は、大潮を巧みに乗り切り、半日もかかって夕方近く、江差の港に着いた。緩や

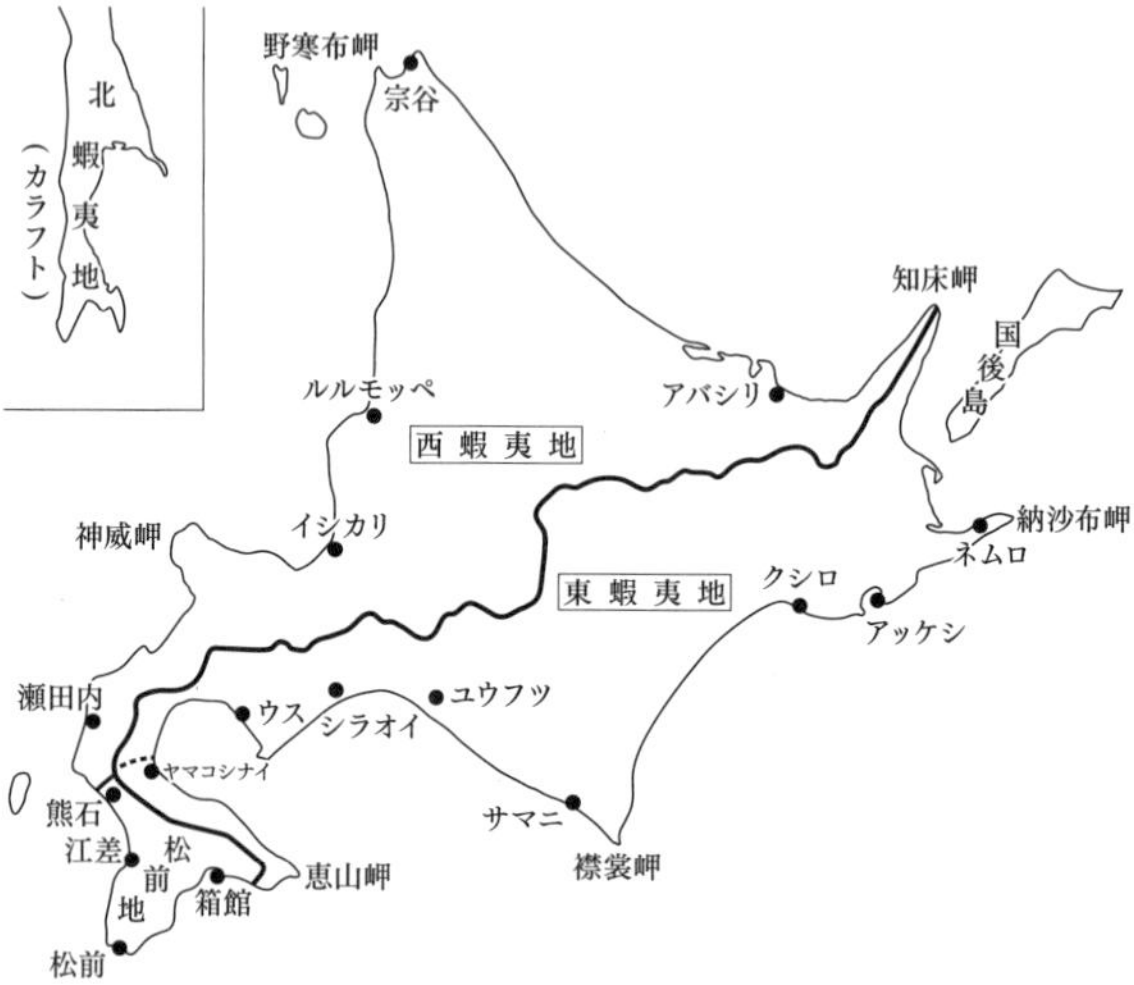

東西蝦夷地の図

かな傾斜の山地に家々がぎっしり立ち並び、港には商家の屋号をしめす帆印を掲げた弁財船《べんざいせん》が何隻も停泊していて、活気が満ち溢れていた。

　江差は松前、箱館と並んで「蝦夷三港」とうたわれ、出船、入船で栄えていた。沖の口役所の調べを受けて、船が岸辺につながれると、武四郎はやん衆らに混じって陸地に降り立った。

　ここは一時、幕府が直接、支配したこともあるが、いまはもとの松前藩の領地になっていた。

　アイヌ語で、エ・サ・ウシ・イ。「頭を・浜に・つけている・もの」の意。発音から採ったので音訳である。

かもめのなくねに　ふと目をさまし
あれがえぞ地の山かいな

　どこからかやん衆の歌う「江差追分」の歌声が聞こえてきた。ここはニシン漁期になると「江

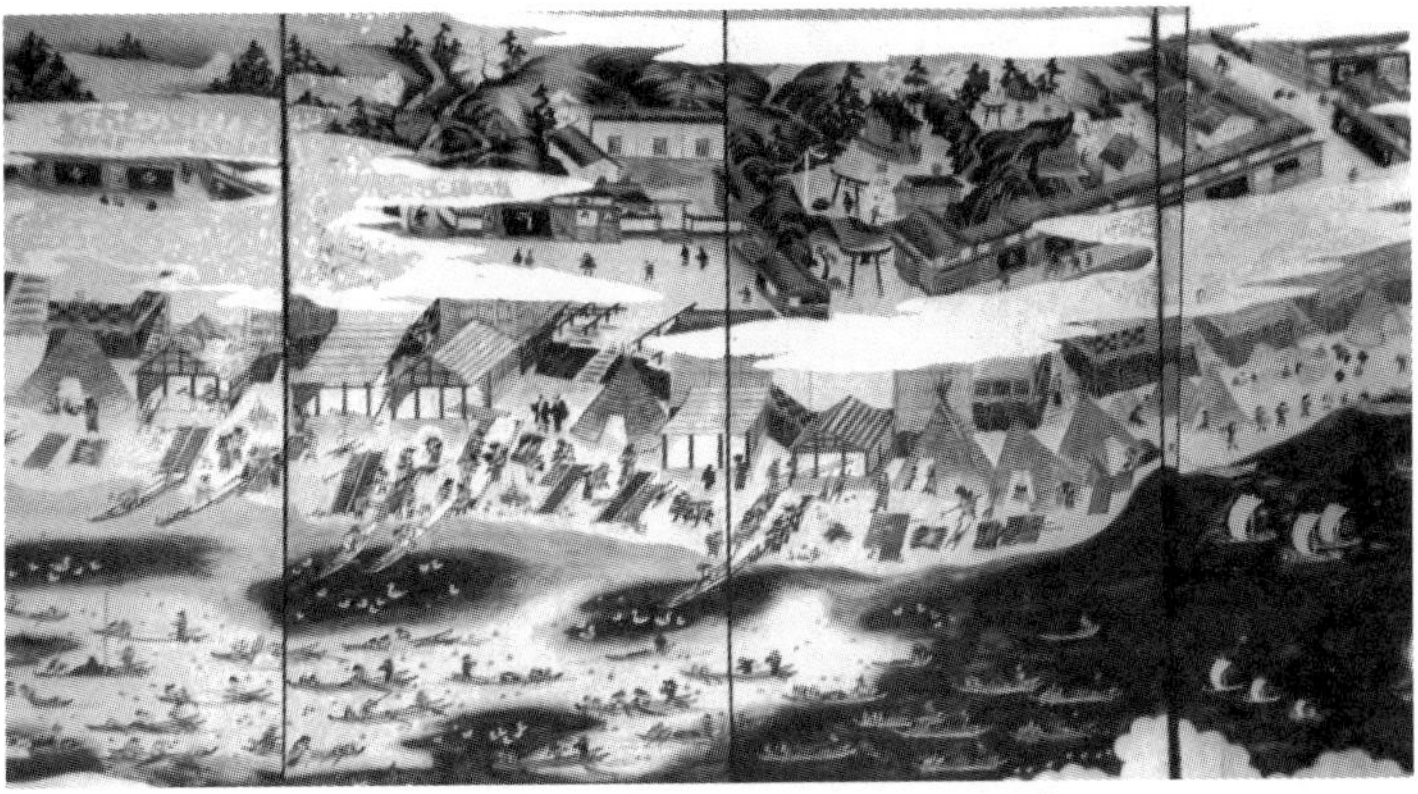

江差の町並み（「松前江差屏風」の一部）

差の五月は江戸にもない」といわれるほどの賑わいを見せる。

武四郎は、乗船した船の持ち主である齊藤佐八郎宅を訪ねた。主人の佐八郎は飾り気のない素朴な感じの人で、

「ゆっくりしなされ」

と言ってくれたので、しばらく滞在することにした。

佐八郎の息子の作左衛門は父親とは違い、鴎州《おうしゅう》の号をもつ文化人で、江戸や大坂からやってきた文人たちを喜んで迎え、わが家に泊めるような人だった。

作左衛門は、武四郎がただ一人で蝦夷地までやって来たのを不思議に思い、その理由を訊ねた。だが武四郎は、

「全国を歩き終えたので、この島もぜひ見たいものと思いまして」

と曖昧に答えた。前年、鯵ケ沢で足どめを食わされたのが、心にひっかかっていて、警戒心が解けなかったのである。

武四郎は江差に滞在している間に、周辺を見て歩いた。道路沿いに豪奢な網元の家、大きな商家、古い寺院など

が建っていて活気が漲《みなぎ》っていた。武四郎は「手控」、つまり手帳にこう書いた。冒頭の江差を、江刺としている。

江刺湊　人家二千七百余と思わる。（略）松前城下へ十八里、奥シリへ十二里、何れも箱館沖より波浪荒く、冬日船路留ること有りて一切便なし。（略）此地四月初旬より入船初りて、五月、六月に至ては其船懸《ふながか》りする地の無計《なきばかり》に入来り、順風の日は沖飛衢《ちどり》のごとく四月初旬ニ入船初る也。

（「蝦夷日誌」二　142―143）

武四郎は、ニシンがこの地方の経済の中枢をになっているのを知り「実に此地第一の漁にして、蝦夷松前の産業の七分は此魚に有」と記述した。しかもコメの穫れない蝦夷地では、ニシンはコメと同じ価値があるので、「鰊《にしん》とは書かず、魚へんに非と書いて鯡《にしん》と読む」と教えられた。

此地に致るやニシンに鯡の字また鮱の字を用ひ有。其是を問ふに、ニシンは此国の食物第一の品にして、魚にあらざる故非の字を用ゆとも、（中略）無数の数を得る故兆の字を用ゆるとも云もまたおかし。

なるほど、ニシンは魚に非ずか、と武四郎は感じ入った。

日本海岸を北へ

この町の産神《うぶすな》を姥神《うばがみ》社といい、祭りには豪華な山車が出るが、その神が老婆なのだという。昔、冷害で食物がなくなり、飢えで苦しんでいるとき、突然老婆が現れ、神から貰った瓶の水を海中に注ぐと、魚が群れをなして押し寄せた。人びとはそれを獲って危機を脱したというもの。武四郎はその神秘な話を聞きながら、神輿渡御《みこしとぎょ》の模様を次のように書いた。

当市中の産神ニて祭礼の時は神輿市中を振立廻り、則《すなわち》藤枝丹後（社司）又揚輿《あげこし》にして供奉《ぐぶ》する也。長柄《ながえ》、鳥毛《とりげ》等美々敷《びびしく》是を守護して終日御幸有る也。（「同」一　148）

町外れにアイヌの家が建っていた。どの家も東側に祭壇が飾られ、木を削って作った木幣が何本も供えられ、二股の高い木にクマやシカの頭骨が安置されていた。アイヌの人たちは自然を神と信じ、獲物は神からの贈り物と考えているのだという。

武四郎は意外な感に打たれた。これまで耳にしていた風評は、蝦夷地のアイヌたちは獰猛な者が多く、松前藩はそれを見事に慰撫して藩政を行なっているという。

いい例が、松前藩が幕府に提出した「夷酋列像」に描かれた十二人の絵。一七八九（寛政元）年に起こった「クナシリ・メナシの戦い」の鎮圧に功績のあった人物を描いたものだが、いずれも異様な風貌ながら威風堂々とした印象を受けた。

だから松前藩の統治に対する苦労はさぞかし、と感じていたのだが、アイヌの人たちの生活

今も続く江差姥神大神宮祭

をかい間見て、まったく違う印象を抱いた。それは自然のすべてを神として生きる謙虚な姿勢だった。

蝦夷地を歩いている間に、アイヌたちの生活や文化を知ろう。いずれはアイヌ語を覚えて、話ができるようになりたい、と武四郎は思った。

齊藤家に数日滞在した武四郎は、日本海側を辿って北へ向かうことになった。作左衛門が同行するアイヌの若者一人を紹介してくれた。若者は髭面だが、目が優しく、物腰も柔らかい。武四郎が「よろしく頼みます」と挨拶すると、若者は「はい」と答えて微笑んだ。

武四郎は西蝦夷地を探査する旅に出た。このころ蝦夷地は、前述のように東西に別れていた。詳しく説明すると、松前から知床へ横にほぼ直線に引いた北半分を西蝦夷地、南半分を東蝦夷地と呼んだ。(38頁参照)現在の地図からいうと、東西が少しずれて北南になったという感覚である。

以下、武四郎は浜辺でも山中でも道のあるところは徒歩で、歩けないところは舟で海岸線を移動した。稀にウマにも乗った。行く先々でその地名、針路、距離、人家や人数、ときには氏名まで、「手控」に書いた。そのうえ土地の運上金（税金）、産物、土産、寺社、史実や伝承まで、さらには自分の感想を「弘曰《ひろむいわく》」としてつけ加えた。風景も必要に応じて描き添えた。他の書物を用いて書いたりもした。複数回訪れた土地はその旨、説明を添えた。

松前藩の役人が通行を拒絶

いよいよ出立。武四郎はアイヌの若者とともに、江差から海沿いに北に向かって進んだ。厚沢部川を越えるとほどなく隣村の乙部《おとべ》に着いた。アイヌ語で、ヲ・ト・ウン・ペ、「川尻に・沼・ある・川」の意。ここも音訳である。

着いてすぐ、意外な話を聞いた。一七九五（寛政七）年といえば、このときより六十年前になるが、トップ（突府）村の三人の漁師がヲクシリ（奥尻）島沖でコンブ採り中に漂流し、流れ流れてやっと陸を見つけて上陸したところ、そこは韃靼《だったん》国（中国）だった。三人は危うく救われ、髪形を弁髪にし、筒袖の襦袢のようなものを着て暮らし、二年ぶりに帰国したという。

武四郎は蝦夷地のこの沖が異国に接しているのを実感し、こう書いた。

此処より韃《だつ》（韃靼）に近きこと見るべし。

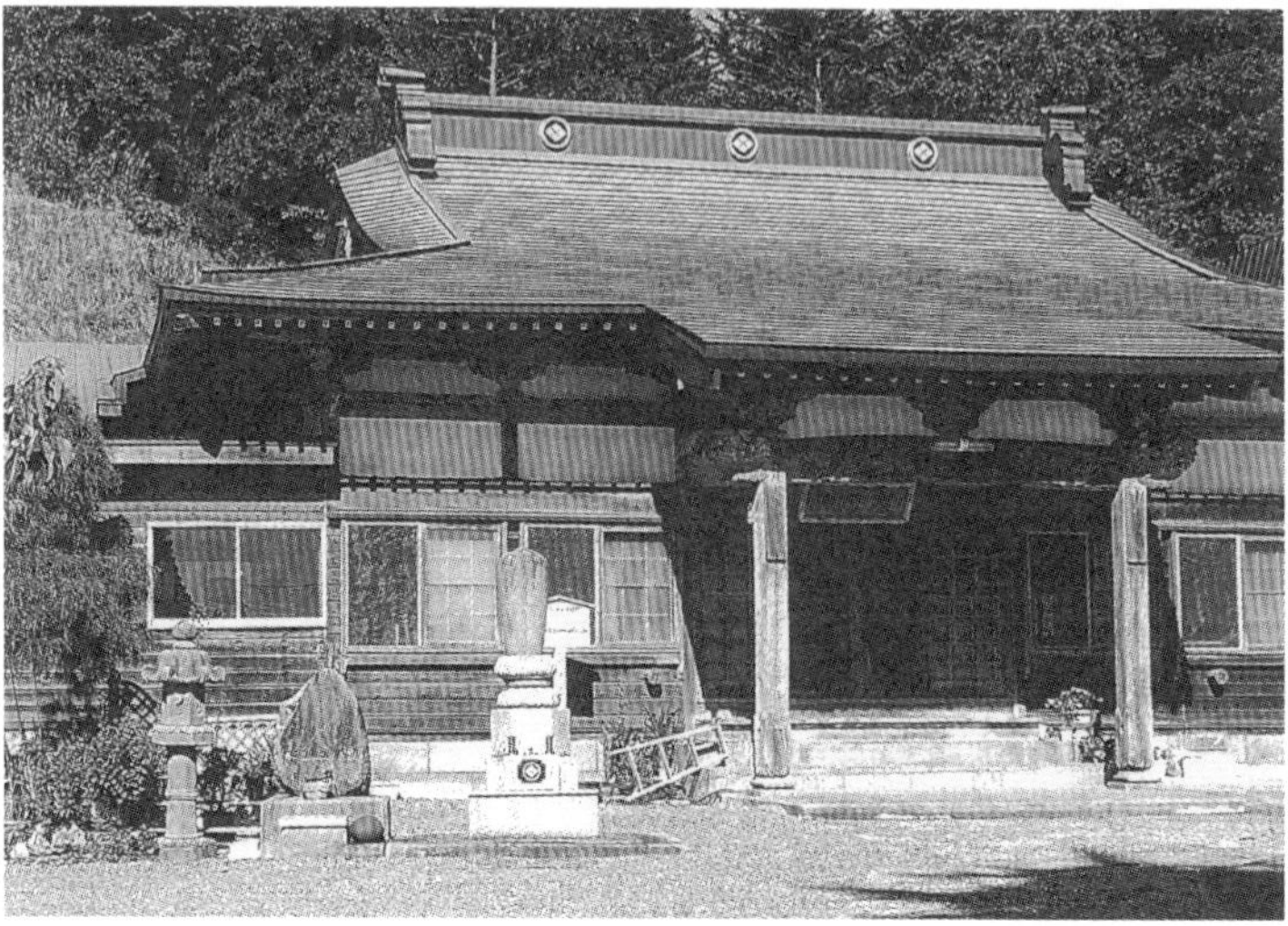

怪異な伝承がある門昌庵（八雲町熊石）

熊石に入る。海岸に奇妙な形の雲石と云う岩があり、これが地名のもとになったという。番所に松前藩から派遣された役人が詰めていた。一年交替だという。

番所近くに門昌庵という寺があった。藩主の怒りに触れ流罪になった僧の庵だが、その後、藩内や江戸表で変事が相次ぎ、血迷った藩主は、僧が呪詛しているとして討っ手を差し向ける。首をはねれた僧は怨霊となって復讐する〝門昌の祟り〟と呼ばれる怪異な伝承の舞台である。武四郎は文章の最後に「詳しくは『秘女於久辺志《ひめおくべし》』ニ書す」と書いた。

久遠《くどう》を過ぎ、帆越《ほごし》岬を越えた。この岬に建つ太田大権現は、霊験あらたかな神が棲むとされ、船がこの岬を越えるときは、帆を降ろした。それで帆越岬の名の由来という。武四郎は同行のアイヌの若者に教えられ、見よう

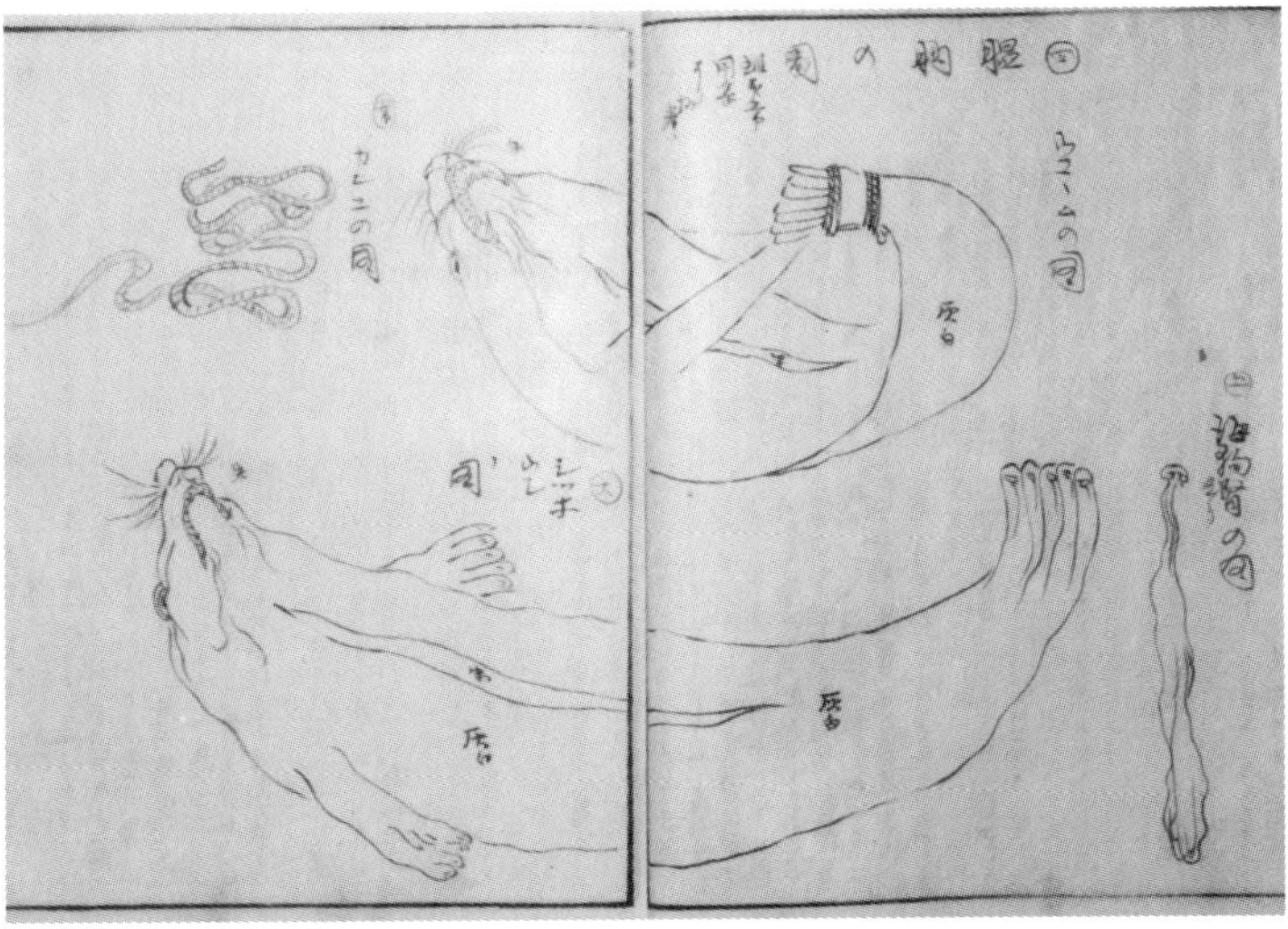
ヲットセイの図（「蝦夷日誌」二）

見まねで木を削って木幣《イナウ》を作り、安全を祈って海に投じた。

ヲクシリ（奥尻）島まで舟で行く。ヲクスン・シリ、「向こう側の・島」の意。ここで、島の名産品がオットセイであるのを知る。捕獲するのはアイヌの人たちで、将軍への大事な献上品なのだという。武四郎は「肝は精気を増し、胆は妙薬になる。生き血は頭痛薬になる」などとその効能を記した。

太田まで戻った武四郎は、太櫓《たろう》を経て瀬棚《せたな》にたどり着いた。ここが松前藩の西蝦夷地の関門である。番所に詰めていた松前藩の役人が見咎《みとが》めて、

「この先へ旅することはまかりならぬ」

と拒絶した。

見知らぬ旅人に領内を歩かれ、人びととの暮らしや産物などを知られ、吹聴されては困る、ということらしい。これは藩にとって、ある

程度やむを得ないことだろう、と考えた武四郎は、諦めて江差まで引き返した。

あまりにも早く戻ってきたので、齊藤家の佐八郎、作左衛門親子は驚き、どうしたものかと考えをめぐらせた。

武四郎は、短かった旅とはいえ、不慣れな旅人を献身的に支えてくれた同行のアイヌの若者に感謝の言葉を述べた。実は武四郎は、アイヌがどういうものなのか、漠然とした不安を抱いていたのだった。謝礼を手渡すと、若者は礼儀正しく受け取った。

以後も武四郎は、旅のたびにアイヌの人びとの協力を得ることになるが、そのつど謝礼金を用意した。また行く先々で出会う人に、謝金や土産などを手渡した。土産は主に生活必需品の針、煙草、手拭いなどの小物だったが、ことに針は貴重品として喜ばれることになる。

太平洋沿岸を東へ

江差の佐八郎、作左衛門親子のもとに知人たちが集まってきて、相談した結果、武四郎を江差の人別帳に入れてもらったらどうだろう、という話になった。よそ者でも通行の「切手」さえ持っていれば、西蝦夷地は無理としても、東蝦夷地なら移動するのに都合がいい、というのだ。人別帳とはいまの戸籍のようなもので、切手は証明書を指す。

喜んだ武四郎は早速、和賀屋孫兵衛の手代になり、江差の人間になりきって、船や人びとの出入りを取り締まる沖の口役所に出向き、「通行切手」を手に入れた。そしてここで知り合った松前藩士の白鳥新十郎とともに江差を出立し、箱館に向かった。

箱館に着くと、白鳥の紹介で箱館の沖の口の役人をしている猿田幾右衛門に会い、同家に滞在させてもらった。猿田は親切な人で、和賀屋孫兵衛の手代として東蝦夷地を回るのはいささかも差し支えなしとして、その内情を教えてくれたうえ、旅の手配までしてくれた。しかも場所場所でウマを一頭ずつ用意してくれる念の入れようで、武四郎を感激させた。

僅かな時間を割いて、箱館の町を見て歩いた。この地名は、四百年も前にここを治める武将が築いた城の形が箱に似ていたことからついた、という説ともう一つ、意外なものからついたことを知り、こう書いた。

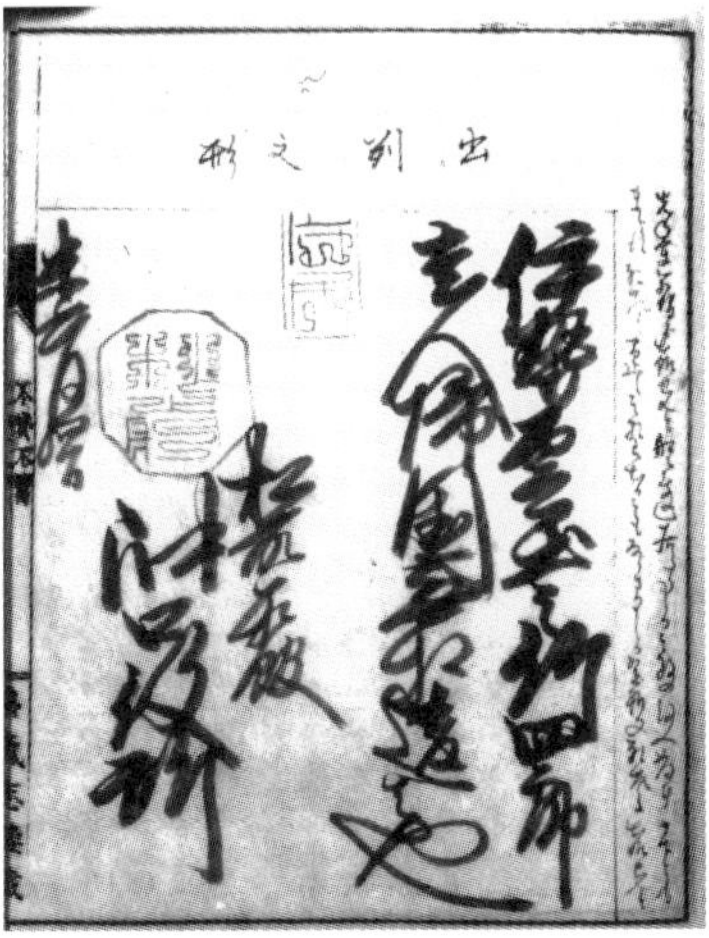
武四郎の「通行切手」（「蝦夷日誌」一）

箱館　此名《このな》何より起るやらん。夷人は此地をしてイチンケシと云り。是を訳して亀の形ちニとる也。此山海中ニ兀出し而《て》亀の伏たる如し故、近世の文人等此山をして亀嶺、又は鶏冠峰等号《なずく》る也。
・極高四十一度四十七分、経度東五度廿三分　従江戸二百十八里二十一丁。
（「蝦夷日誌」一　156）

海に飛び出た地形がカメに似ていたので、そう呼んだというわけだ。文中の「而」は以後の文面にもしばしば出てくる。ここでは「て」だが、正しくは「しこうして」と読む。「だから」程度の意味。後段の「従江戸」は「江戸より」の意。この文字もよく出てくる。文中の二百十八里はざっと八百八十キロ。いまの計算とほぼ違わない。

港内を見渡すと、江戸との間を往復する弁財船が、並んで帆を降ろしていた。小さな図合船《ずあいせん》や乗替船《のりかえせん》がしきりに往来する。武四郎は江戸から来る船が、松前より近い箱館の方が便利なので、このように賑わっていると知り、その光景を手帳に描いた。

六月八日《七月十二日》（弘化二年　一八四五）アイヌの若者二人を雇い、東へ向けて出立した。背中の行李には鍋が二つ入っている。渡島半島から太平洋沿岸に出る途中で、亀田から大野へ向けて内陸を横切った。和人の住民が多いせいであろう。スモモ、アンズ、ナシなどの木が緑の葉をつけ、畑には農作物が実り、青々とした水田が広がっていた。新しく作られた水田のようだ。

武四郎は、松前藩が「蝦夷地は何も穫れない」と主張しているのを聞かされていただけに、不審感を抱き、「文化九年申年より新開発田地改一・五反六畝歩、大野本郷村」と新田が生まれている事実を書いた。

カヤベ（茅部）峠を経てシカベ（鹿部）へと抜ける。うっそうとした山道が続き、その途中には茶屋もない。赤井川を越えて、噴火湾沿いの森という集落に入った。和人の家が三十軒ほど。それに混じってアイヌの家が六、七軒見えた。どの家も東側に祭壇を設け、木を削った幣《ぬさ》を何本も立てかけ、二股の木の先にクマやシカの頭骨が架けられていた。

弘化2年（1845）松浦武四郎足跡図〈蝦夷地初航〉
3月2日江戸出立、4月初旬鰺ケ沢から江差へ渡海

1	江差～熊石～久遠～太田山参詣
2	ヒカタトマリ（久遠近郊）にて便船を得る
3	ヲクシリ（奥尻）ヲタシユツナイ 4.17着
4	ヲクシリ アヲナイ 4.18泊
5	ヲクシリ ウトカニウシナイ 4.19着
6	箱館 6.8出立
7	大野村
8	大沼
9	シユクノツヘ（宿野辺）
10	鷲ノ木 6.10出立
11	落部
12	ヤムクシナイ（山越内）6.10泊
13	ヲシヤマンベ（長万部）
14	レブンキ（礼文）泊
15	アブタ（虻田）泊？
16	ウス（有珠）
17	臼嶽 登山 6.14
18	モロラン（室蘭）
19	ヌフルベツ（登別）
20	白ヲイ（白老）
21	ユウフツ（勇払）
22	サル会所
23	ニイカツフ（新冠）
24	ミツイシ（三石）
25	シヤマニ（様似）
26	ホロイズミ（えりも）
27	ヒロウ（広尾）
28	ヲホツナイ（大津）
29	シヤクベツ（尺別）
30	シラヌカ（白糠）
31	クスリ（釧路）
32	アツケシ（厚岸）
33	ノコヘリベツ
34	アツウシベツ

35	ニシベツ（西別）
36	コエトイ 7.8泊
37	シベツ（標津）
38	ウエンベツ（植別）7.9泊
39	チフニウシベツ（知西別）7.10泊
40	ラウス（羅臼）
41	ニカルウシ 7.11泊
42	シレトコ（知床）7.12着
43	シレトコからの帰路、コエトイ 7.12泊
44	ノツケ（野付）7.13泊
45	フウレン湖 7.14泊
46	ネムロ（根室）
47	ハナサキ（花咲）
48	キリタツプ（霧多布）
49	ヌサウシ（厚岸）4～5日滞留
50	ヌサウシにて便船を得、森村上陸
51	森村 8.21泊
52	カヽリ澗村 8.22泊
53	駒ケ嶽 登山、カヽリ澗村 8.23泊
54	磯屋 8.24泊
55	尾札部 8.25泊
56	8月下旬箱館に帰着

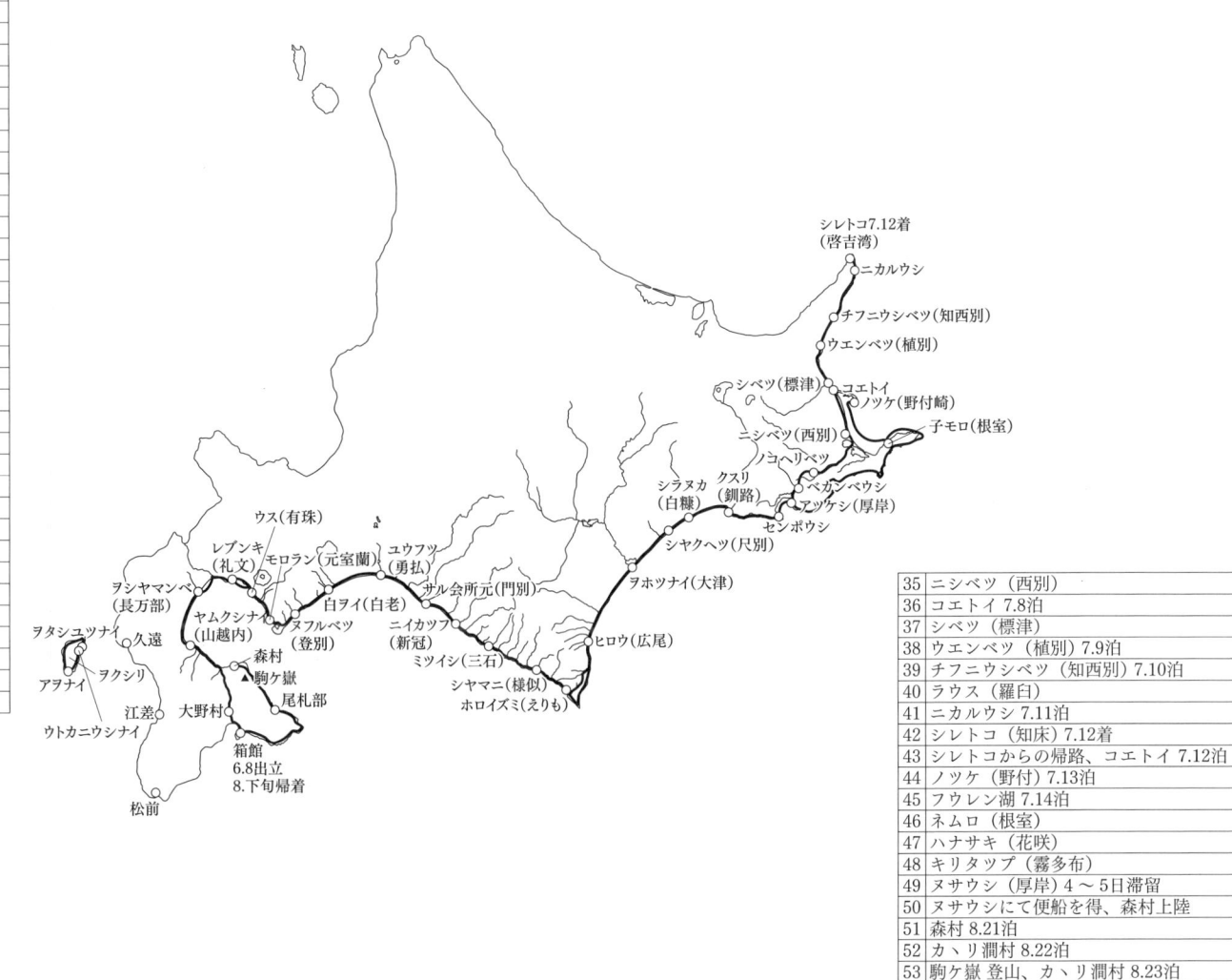

大沼に建つ相原周防守の碑（七飯町）

武四郎が歩み寄って家人に話しかけると、相手は快く応じた。会話が出来たのに気をよくした武四郎は手帳に「夷人金銭通用、言語皆人間語（和語）をしりて通用よろし」と書いた。

夷人とはアイヌの人たちを指す表現で、以後しばしば出てくる。

境界地に建つ「掟」の札

海岸線はなだらかな砂浜が続き、その向こうに駒ケ岳が見え、近くに大沼が広がっていた。ここに戦いに敗れて入水して果てた武将の話が伝わっていた。武四郎はこう記す。

ここに一ツおもしろき話し有。此沼の辺より駒ケ嶽へかけ而《て》、先領主相原周防《あいはらすおう》守《のかみ》の飼置しと云る馬今も住るよし。其振《そのふり》髪《かみ》は地を引計《ひくばかり》になりたりと。（中略）又其相原周防守は此沼ニ入水して死せしと。故に此の沼には霊有て……。

（「蝦夷日誌」一 224）

一五一二（永正九）年のアイヌ勢の蜂起では、渡島半島の各地にあった和人の居館が次々に陥落した。箱館の河野季通は敗死。大館（松前）の相原も破れて逃れ、この大沼に入水して果てた。だが武将の愛馬だけは駒ケ岳に駆け登り、いまもいななきが聞こえる、という伝承である。

その駒ケ岳に登った。噴火湾が大きく広がり、煙をたなびかせる山々が望まれ、眼下に大沼、小沼が光って見えた。これが武四郎の蝦夷地における初の登山である。以来、武四郎は蝦夷地の山々を次々と踏破していく。

山を降りて、前方に横たわる臼ケ嶽（有珠山）を眺めながら進むと、ほどなくヤムクシナイ（山越内、八雲）に着いた。ここは和人地とアイヌ地の境界地で、山側から海岸線にかけて柵が張りめぐらされていた。

勤番所の前に「掟」の札が掲げられ、和人、アイヌの人びとを問わず、守るべき三カ条が書かれていた。

一、邪宗門《じゃしゅうもん》にしたがふ者、外国にしたしむもの、その罪おもかるべし
一、人をころしたるものハ死罪たるべし
一、人に疵《きず》つけ又ハ盗するものハ、其ほどに応じ咎《とが》有べし

（「同」一 281）

冒頭の邪宗門とは幕府が忌み嫌ったキリスト教を指す。キリスト教を信ずる者はおろか、外国人というだけで親しくすれば重罪になるというのだ。殺人、傷害、窃盗などを働いたら、一番重いのは死罪、ほかは記されていないが、水攻めの刑とか百叩きの刑などがある。

武四郎は掟の札を読みながら、和人は果たして守ることが出来るかと気をもんだ。これまで見てきた和人たちは博打をしたり、酒を飲んだりして、よく喧嘩になる。女性はもっとふしだらで手癖が悪い。掟を守って生きるとは、とても思えないのだ。

旧境界の勤番所跡に、現在も罪人を座らせる大きな石が現存する。「夜泣き石」と呼ばれ、処刑された人間の霊が夜ごと悲しみの声を上げると伝えられる石である。武四郎もおそらく見たであろう。

アイヌ地との境界とされた八雲町
山越内にいまも残る夜泣き石

ユーラップ（遊楽部、八雲）、ヲシャマンベ（長万部）を越えて、アブタ（虻田）に着いた。アイヌの家が三十軒余りも建っていた。運上屋といって、魚類を水揚げするたびに申告する役所があり、請負人や支配人ら和人たちが出入りしていた。請負人は松前藩士から依頼されて場所（漁場）を請け負い、アイヌと交易したり、労働力に用いたりしていた。

ここで武四郎は一七九六（寛政八）年夏、世界の極東を探検中のイギリス船「プロビデンス号」（船長ブロートン、乗組員百十一人）がこの海域にやって来て、大騒ぎになった話を聞いた。しかもそれが、アイヌ神謡のユーカラで伝えられているのを知り、目を丸くした。

なぜそれほど驚いたのかというと、アイヌの人たちには文字がなく、すべて口承により伝えられてきた。神や英雄、さらに動物の物語など、すべてユーカラ（神謡）により、老爺、老婆から父母へ、子へ、孫へと口伝えで継がれるのである。この人たちが暮らしのなかで、先祖を敬い、老人を大事にし、子供たちに生きる術《すべ》を教えているのを知った武四郎は、感慨を深くした。

ウス（有珠、伊達）は大きな湾になっていて、入江に運上屋、その後ろに漁業の神を祭る弁天社が見えた。その美しく穏やかな景色を見て武四郎は、こう讃えた。

湾内に中島多し。実に平戸の領分九十九島にも勝るべき風景也。（中略）千石の船五六艘も容るによろし。七八百石の船ならバ五十余もかかるニよろし。東西南北とも風当りなし。

（「蝦夷日誌」一　301）

九州の平戸にも勝る景色なうえ、風も穏やかで千石船が五、六艘も入れるというのだ。この地に有珠の善光寺があった。幕府が建てた「蝦夷三官寺」の一つで、徳川家の家紋の葵紋が見えた。蝦夷地に赴いた和人が亡くなったとき、葬る寺がないのでは、人びとは安堵して働けな

有珠の善光寺（伊達市）

いとして、善光寺《ぜんこうじ》のほか、様似に等澍院《とうじゆいん》、厚岸に国泰寺《こくたいじ》を建てた。信仰心の厚い武四郎は感激し、そのことも書き留めた。

登別温泉の湯の音に驚く

歩みを進めるうち、草原をウマが数十頭、群れをなして駆けるのを見て、武四郎は目を見張った。飼われていたウマがなにかの理由で放置され、そのまま野生化して、集団で行動しているのだ。

臼ケ嶽(有珠山)に登った。眼下に臼沼(洞爺湖)を望んで、

此沼深くし而《て》山上より見るニ中々海を望むが如く濤《なみ》立て甚《はなはだ》ものすごし。

とその情景を書いた。次にアブタ（虻田）岳に登り、遥かに後方羊蹄山を眺めて

臼岳より後方羊蹄山眺望（「蝦夷日誌」一）

其かたち摺鉢《すりばち》りをふせしごとし。

（「蝦夷日誌」一 306—307）

と書いた。

噴火湾の東のはずれ、エトモ（絵鞆、室蘭）は、鼻の形を意味する地名である。突端のポロチョウ（地球岬）を回って湾に入ると、勤番所や運上屋が建っていた。自然の良港で、その形状から白鳥湾と呼ばれる。湾の真ん中に島（大黒島）が見えた。このあたり鉛を含んだ鉱石が採取されるらしい。

アイヌの人たちがブリを追い回し、二尾捕まえたのを見た武四郎は、その模様をおもしろく描写したうえ、これならクジラも獲ることができる、と書き込んだ。

ここで武四郎は、アブタの項で書いたイギリス船の来航や、それ以降の一七九七(寛政九)年、九八（寛政十）年、一八三一（天保二）年、さらにこの年の前年に当たる一八四四（弘化元）年十月の異国船の入港に触れた。このうちの弘化のとき、勤番所の役人が船に乗り込み調べたところ、乗組員が円球の地球儀を指さして「エゾ・エトモ」と述べた事実を書いた。異国船に地球儀が積まれていたことを示す貴重な証言である。

切り立った断崖が続く外海の突端を越えて、海岸沿いに進むとホロベツ（幌別、登別）に入る。ここを流れる川はヌプルベツ（温泉）川といい、川水が黄色く濁っていた。アイヌの若者の案内で、舟で川を遡った。「岩石立重なりて其両岸甚だおそろしき」と記すほどの険しい断崖を見ながら進むと、湯煙が舳先に漂って来た。

温泉場に着くと、濃い湯煙のなか、湯浴みの人が気持ちよさそうに湯に浸かっていた。でも温泉の煮えたぎる音が大きく響いた。武四郎は温泉の模様を描いたうえで、

其《その》効能金瘡、打身、疥癬、諸瘡を第一とす。
…凡四五十間の間、焼灰のミにして常に黒焔立上れり。（略）則《すなわち》其温泉元の煮《にえ》る音は百千の雷《いかづち》を轟すごとくにして、此処に湯治する人、此音にて却而《かえつて》頭痛を生じて帰る人多し。

（「同」一　329）

と驚きを込めて記した。頭痛を生じるほどの音とは、どんな音だったのか。いま、道内有数の観光地となっている地獄谷に立ってみても、それほどの凄さは想像もできない。

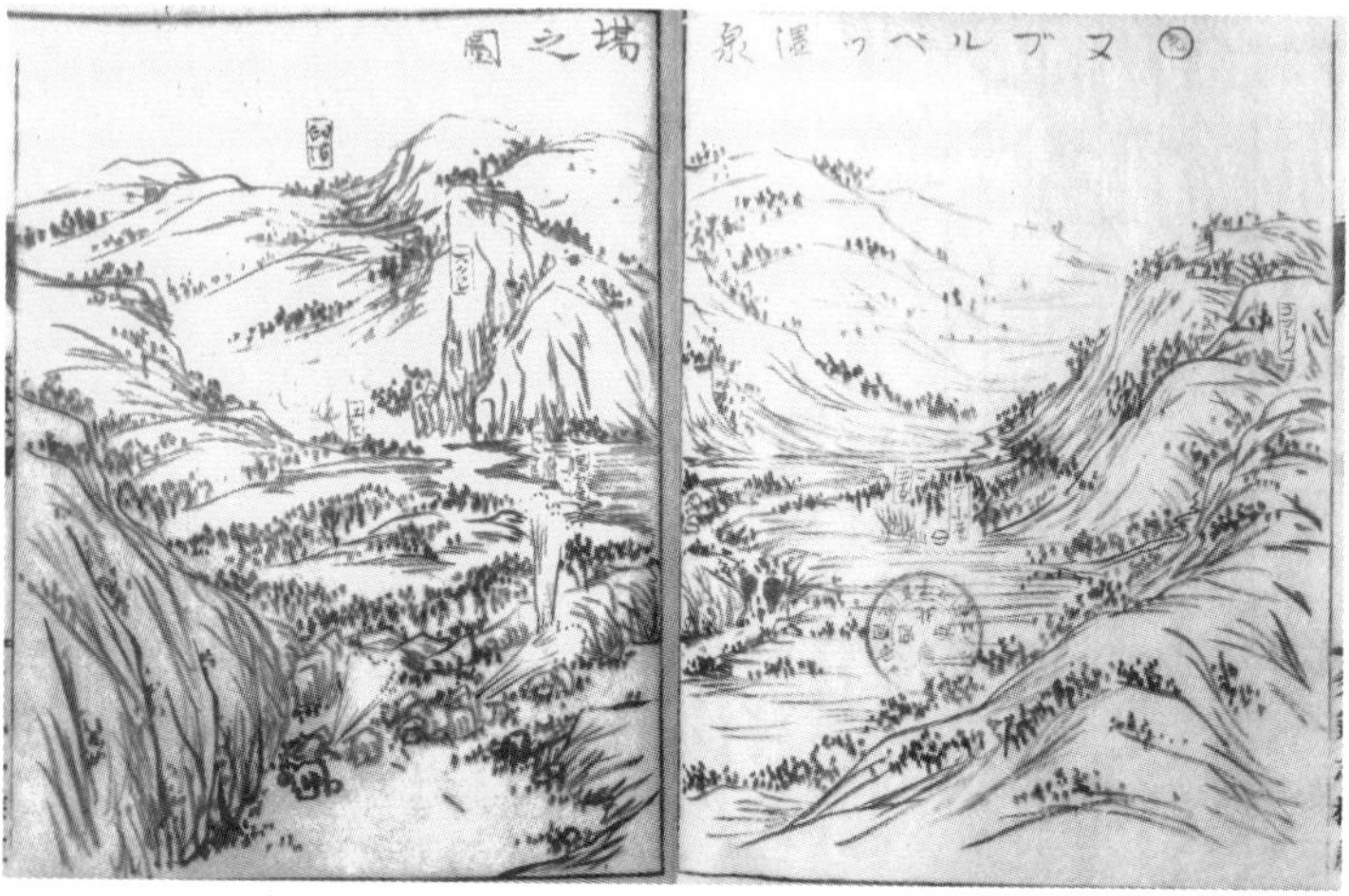

武四郎が描いた登別温泉の絵（「蝦夷日誌」一）

登別温泉　地獄谷

シラヲイ（白老）を越えてシャダイ（社台）に向かう途中、アイヌ女性がシトキという宝物を首に掛けているのを見て興味を抱いた。「蝦夷嶋奇観」の別本『蝦夷図考』を基に次のように記した。武四郎はこのように、文中にしばしば他の書物を引用しているのが特徴である。

是《これ》を懸《かけ》れば神霊身を護し玉ふ礼《ひ》を正すのよし。按《あん》ずるにシトは至而《いたつて》といえる語也。トキは尊《とうとし》といへる略訓なるや。（「蝦夷日誌」一　339）

後年、武四郎は好んでこのシトキを首に掛けた。代表的な肖像画にもそれが描かれている。掛けることで霊験を感じ、自らを守護するものと考えたのであろうか。

蝦夷地に伝わる義経伝説

タルマエ（樽前、苫小牧）を越えて、勇払（苫小牧）に入る。勇払は東蝦夷地と西蝦夷地の交通の要所になっていて、運上屋や勤番所、米蔵などが建っており、鎮守社も見えた。武四郎は、

此地南向、当嶋第一の暖気なる処といへり。（中略）
夷人小屋二十余軒、会所の向ふ之浜に有る也。にぎやかなる所也（「同」一　343）

と記した。

だが現実はもう少し違うようだ。実は一八〇〇（寛政十二）年、幕命によりこの地に八王子

いまも伝わる夜泣き梅の像
（苫小牧市旭町市民文化会館前公園）

千人同心の五十人が入植（白糠にも五十人入植）したが、タルマエ（樽前）山の噴火による降灰などで作物が育たず、わずかの期間で撤退してしまう。

千人同心の入植に同行した幕府役人河西裕助の妻梅の哀話が伝えられている。梅は赤子を生むが、食べ物も満足にないため乳が出ず、「この子にお乳を」と呻《うめ》きながら死ぬ。以後、夜ごと、女の幽霊が家々を乳を求めて出没する話である。

だが武四郎は、この話を耳にしなかったのか、一行も触れていない。入植についてのみ白糠の項で「公料の節は八王子千人同心頭此処に来りて開発するとかや」と書いている。

と、ここまで書いて、待てよ、と筆を置き、幽霊話はまだ生まれていなかったのではないか、と考えた。武四郎がここに立ち寄ったのは、梅の死からざっと四十年後。長く埋もれていた開拓秘話が、後年、地元の郷土史家らにより掘り起こされたとしたら、武四郎が知るはずもない。

北海道の黎明期を歴史に留める動きが各地で始まったのは、昭和も戦後の一九五〇年代、この幽霊話も開拓の苦闘を伝える素材にして蘇ったすれば、筋が通る。だが、そんな詮索など知らぬげに、赤子を抱く梅は、いま苫小牧市の市民文化会館前小公園に銅像となってうずくまる。マコナイ（苫小牧）、アツマ（厚真）、ムカワ（鵡川）を越えて、日高のモンベツ（門別）に入った。ここからサル（沙流）場所になる。運上屋の前に狼煙台が置かれていた。外国船が現れたときなど、異変を狼煙で伝えるのである。だがここはよく濃霧がかかり、三丁（約三百メートル）先も見えなくなり、あまり役に立たないらしい。

このあたりアイヌの人びとが数多く住んでいるが、それでも幕府が一時直轄にしていた前幕領時代とに比べて、半分に減っていた。

砦に立つシャクシャイン像
（新ひだか町静内）

ここで武四郎はアイヌの古老から、サル川の川上二里（約八キロ）のアヨピラという地に、源義経の住んだ館の跡がある、と教えられた。義経は一一八九（文治五）年、平泉（岩手県）の高館で、藤原の軍勢に討たれて死んだとされるが、実は密かに蝦夷地まで逃れ、義経はシャマイクル、弁慶はオキクルミとなってここで暮らした後、この地を去ってモンゴルへ行った、という。

北海道内には各地に義経伝説がいまも残っているが、この武四郎の文面から、かなり早い時期より流布されていたことがうかがえる。
ハエ（波恵）川を渡り、アッベツ（厚別）川畔に着いた。ここからニイカップ（新冠）場所になる。五里（約二十キロ）ほど行くとシズナイ（静内）へ着いた。川幅三十五、六間（約七十メートル）もあるシブチャリ川（染退川、現在の静内川）という大きな川が流れていて、その左岸に樹木に覆われた断崖が見えた。アイヌの人たちを率いて戦ったシャクシャインの居城の跡である。シャクシャインは松前藩のやり方に怒り、各地の首長を率いて立ち上がったが、新冠での和議の酒宴の後、騙し討たれた。
武四郎はこの顛末を、多くの文献を用いて克明に書いた。その最後の部分を掲げる。

寛文九年七月、松前兵庫（此時幼少也、後志摩守）の領分（略）東夷シブチリと云処《いうところ》の夷人シヤクシヤインと云者党を結び、運漕の商船ニ乗所の鷹匠及び水主《かこ》等都而二百七十二人を殺害し騒動をなす。依之《これにより》松前八左衛門台命を蒙《こうむ》り彼地ニ至り、十月シブチリに発向す。酋長シヤクシヤインを始め五十五人を捕え、刑戮し、其居を焼はらひ其地静謐。

（「蝦夷日誌」一 377）

シャクシャインは長く和人に抵抗した反逆者とされたが、アイヌの人たちの主権を守った英雄として復権したのは、武四郎が辿ってより百二十年も経過した一九六〇年代になってから。いまも毎年秋、静内の砦跡に立つシャクシャイン像前で、アイヌの人たちだけでなく和人も出席して、僧侶による厳粛な祭り催されている。

襟裳岬百人浜の伝え

ミツイシ（三石）を越えてウラカハ（浦河）へ向かう途中、浜辺で長さ三尺四、五寸（約一メートル）の棒を拾った。武四郎は同行の若者に「何に使うものか」と訊ねたが、笑って答えない。そこへコンブを担いだ老人が来たので、問い質したところ、意外な話を始めた。

この棒は、サラヨといって、親が亡くなったとき、兄弟、夫婦、子供、親戚が、この棒で打ちながら、泣き、哀しむのです。遺体を山に葬ってから家に戻ると、こんどは村人たちが亡き人の子供の衣服の肩を脱がせて、棒で打つのです。親が死んだ哀しみを忘れないためなのです（要約）。（「同」一―366）

これをウカリと呼び、何か悪事をしたとして、打たれても無事なときは償いはさせず、打たれるのを恐れると罪有り、として品物を出して償うのだという。武四郎は老人を崇め、罪を明らかにして生きるアイヌの血族の契りや暮らしの智恵に触れて、こう書き残した。

烏呼《ああ》、内地の人（和人）是等《これら》を聞て、少しは僻遠《へきえん》の毛夷に辱《はじ》（恥）るべけんや（「同」一―367）

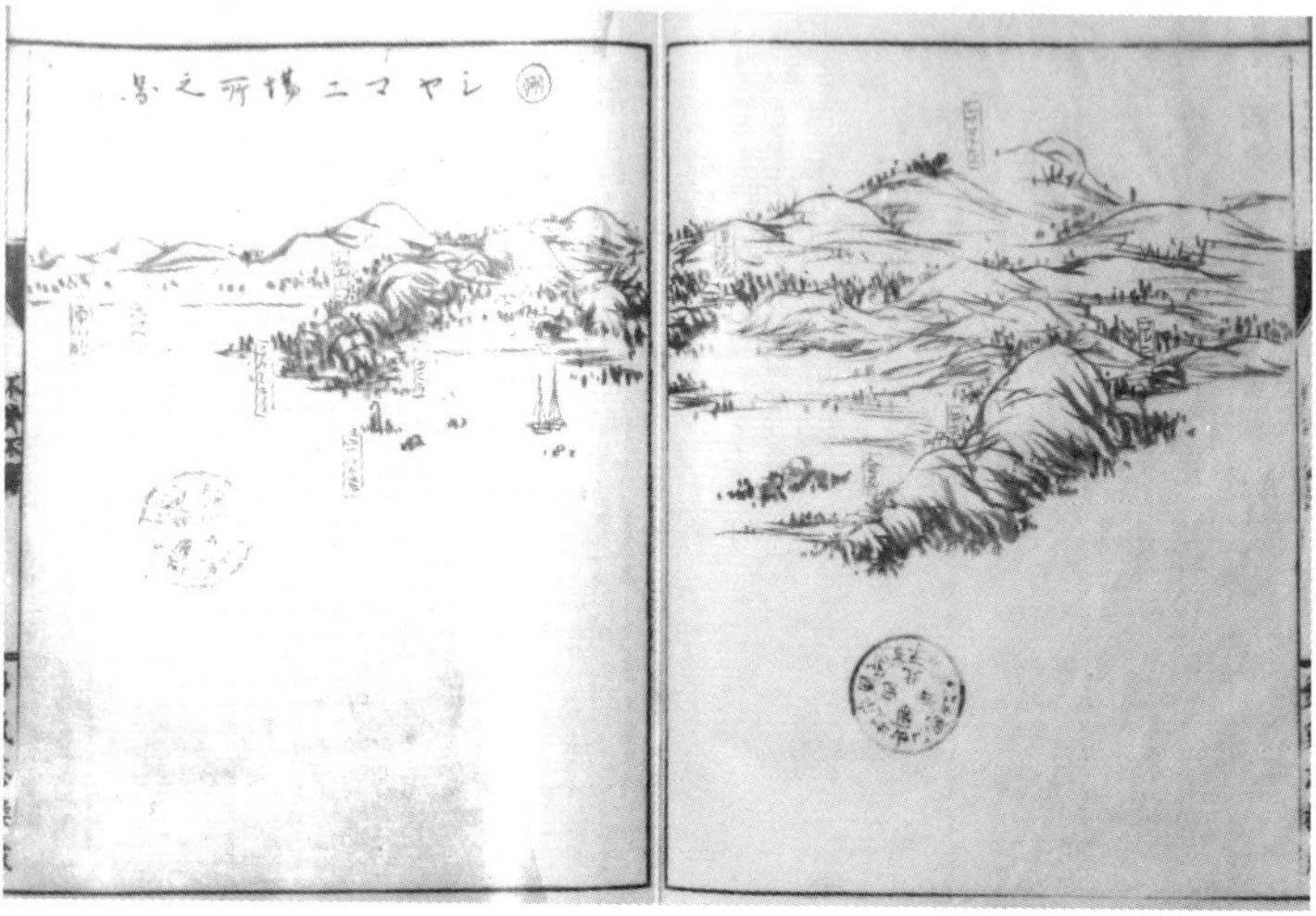

シャマニ会所より眺望の図（「蝦夷日誌」一）

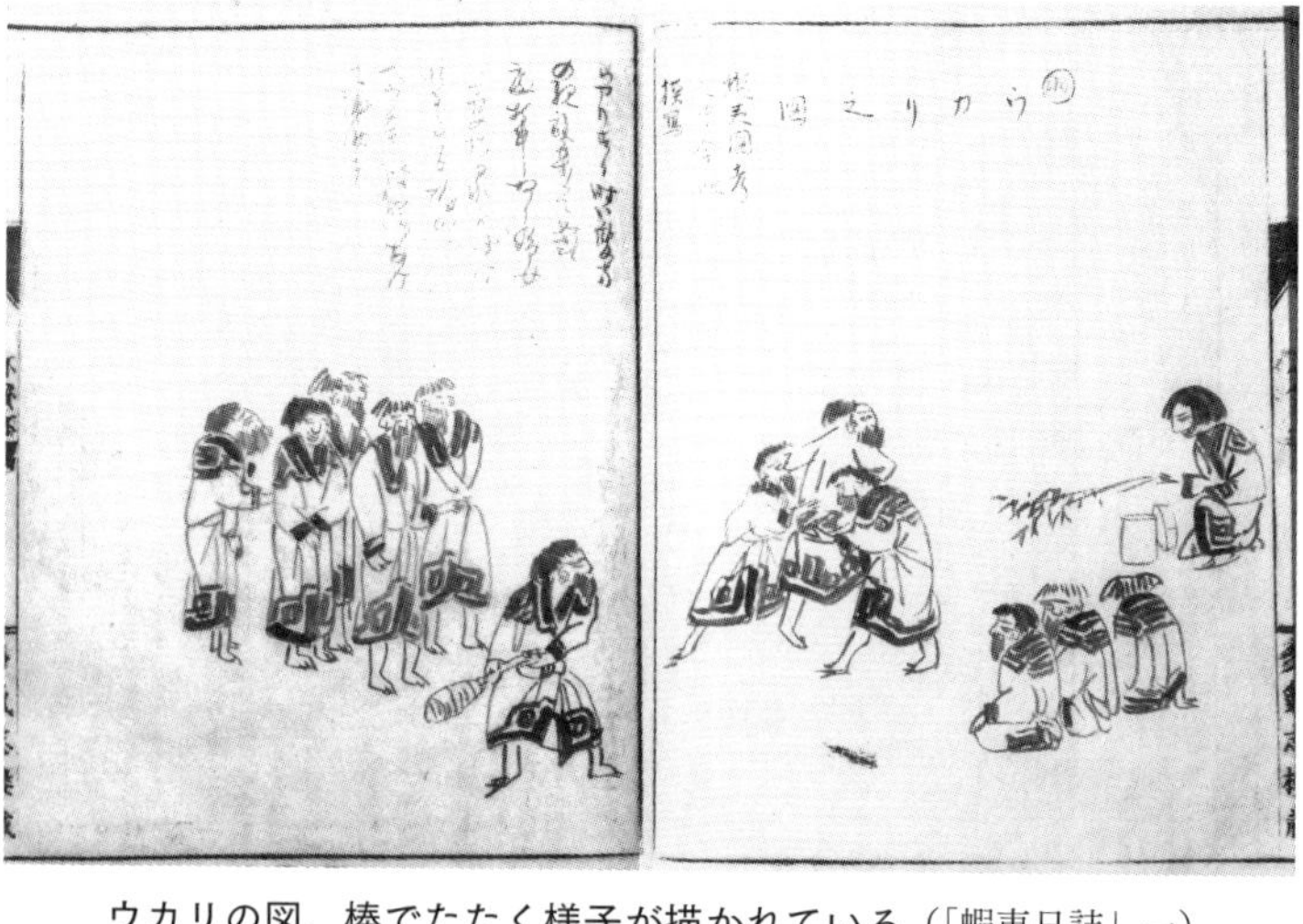

ウカリの図、棒でたたく様子が描かれている（「蝦夷日誌」一）

傲慢《ごうまん》な和人がしばしば目につくだけに、「これを聞けば少しは恥じるだろう」と思ったのである。

シャマニ（様似）に着いた。小さな入江にロウソク岩と呼ばれる細長い岩が屹立しており、そばに漁船が何艘か碇泊していた。ここは日高きっての豊かな海で、コンブを中心にあらゆる漁獲物が水揚げされる。石狩、根室に継ぐ三番目といわれたが、今では首位に躍り出たという。

勤番所には目付代以下役人十一人と医師が詰めていた。一年間の給与は目付が百五十両、徒士《かち》百十両、小者でも四十両。医師はユウフツ（勇払）まで見回るので百両にもなるという。この時期のコメ相場は一石が一両。一両を八万円とすると、目付は千二百万円、徒士は八百八十万円、小者は三百二十万円、医師は八百万円という計算になる。現代とそのまま比較は出来ないとはいえ、医師は役人に比べてやや冷遇されていたようにも思える。

等澍院（様似町）

武四郎は、運上屋の小者の案内で蝦夷三官寺の一つ、等澍院《とうじゅいん》を訪ねた。ところが幕府直轄の官寺は大名格の扱いのせいか、寺の僧侶は横柄な態度を見せた。僧侶として修行を積んだ経験のある武四郎はすっかり憤慨して、

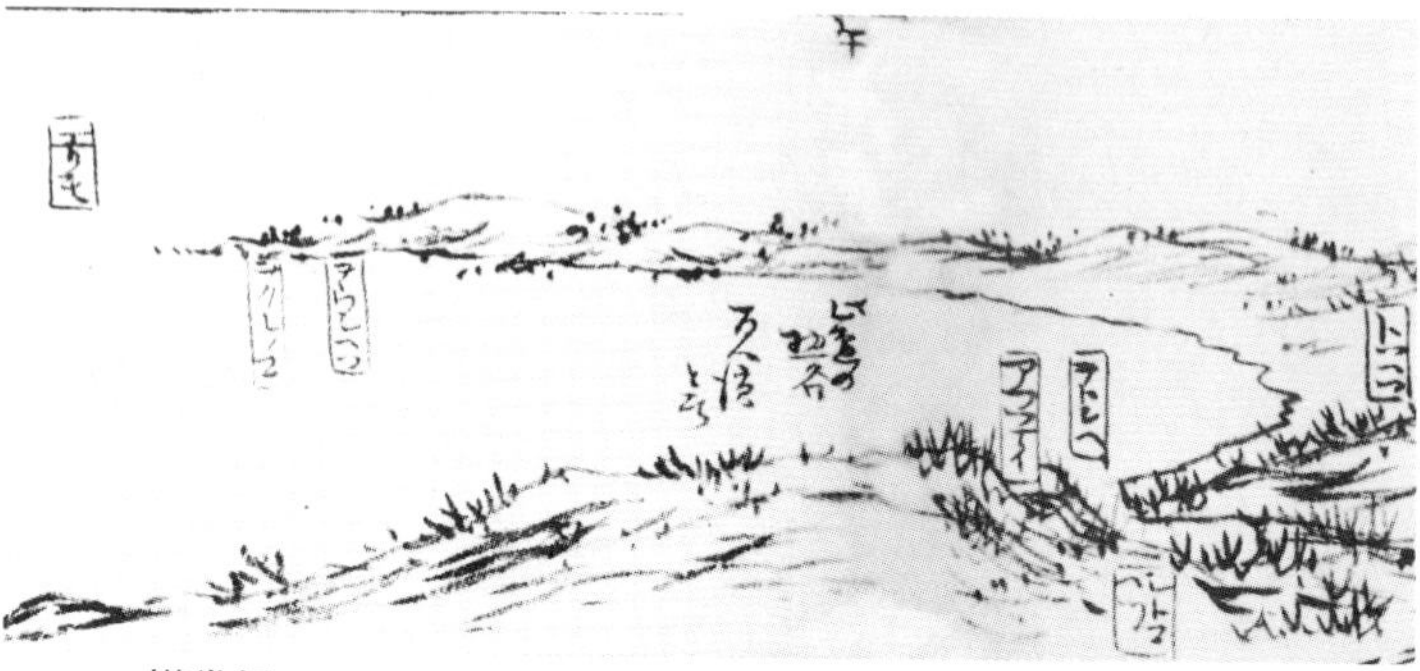

襟裳岬　エリモ、百人浜の文字も見える（「廻浦日記」下）

其《その》僧徒の権柄《けんぺい》実ニ棒(抱)腹ニたえざるなり。実ニ忍辱《にんにく》の衣、柔和《にゅうわ》の法衣《ほうえ》を掛而《かけて》、煩悩解脱《ぼんのうげだつ》の念珠を爪繰《つめつり》、檀波羅《だんはら》密《みた》之形貌《ぎょうほう》を業とし而《て》、一切衆生を度《ど》する身のわざにあらず。

（「蝦夷日誌」一 372）

と指摘した。法衣をまとっているのに、その態度は衆生を救う姿にあらず、というわけである。

この地の人たちは、夏でもサケの皮で作ったケリと呼ばれる靴を履いていた。理由を訊ねたところ、マムシがよく出るので、足を噛まれないよう防備のため履いているのだという。武四郎はこの地に住む人間ならではの知恵、と感心した。

ホロイズミ（幌泉）のエリモ（襟裳）岬は、今日も強い風が吹きつけていた。アイヌの人びとは、この岬に神が棲むと信じて、岬の沖を通るときは必ず木幣《イナウ》を投じるという。エリモの語源がネズミだと知らされた武四郎は驚き、こう記した。

此《この》岬海中ニ出ること十三四丁なり。潮満る時は隠れ、潮干時は現ること也。ヱリモ訳而《やくして》鼠なり。此岬山遠くより見る時は鼠の如しと云ことより号《なずく》るか。船乗水主ども甚《はなはだ》此処《ここ》を難所として沖に遣し岬をかわすこと也。
（『蝦夷日誌』一　390）

岬を回って東側に出ると、百人浜という浜辺が広がっていた。

一六六九（寛文九）年、圧政に怒ったアイヌの軍勢が蜂起したが、松前藩はこれを武力で鎮圧し、首謀者百人を捕らえてこの地で処刑した。それがそのまま地名になったとされる。工藤平助の著書『赤蝦夷風説考』を読んでの内容を承知していた武四郎は、別説も含めて次のように記した。

夷人の云ニ昔し此処に百人溺死せしより号るにや。又因に志るすに（略）古来ヨリ金堀共諸国ヨリ入込シ所ナリ。蝦夷蜂起ノ時ニ盗ミ掘ノ者百人ヲ搦捕、松前家ヨリ其地ニ於テ死刑ニ行フ。因て一名百人浜ト云。
（『同』一　392）

十勝川は母、石狩川は父

サル（沙流、猿留とも書く）からピタタヌンケを経て、断崖絶壁が連なる難所を越えるとルベシベツに至る。ヲシラベツ（音調津）、フンベの滝を過ぎるとほどなくビロヲ（広尾）だ。この難所の山道は一七九八（寛政十）年、択捉島帰りの近藤重蔵が従者の下野源助に命じて開削

十勝川の河口（豊頃町大津）

したもので、官費による初の道路開削とされる。下野源助が木板に書いた「東蝦新道記」（後年書き直したもの）が十勝神社に現存する。

ここの会所はトカチ（十勝）会所と呼ばれ、米蔵、運上屋、弁天社、それにアイヌの家が十軒ほど建っていた。

その夜、サルから武四郎に同行したアイヌの若者のもとに、大勢の人びとが集まってきて、賑やかに酒盛りを始めた。不思議に思って訊ねると、この若者は最近、結婚したので、親類の人たちが祝いにやって来たのだという。

ここで武四郎は、アイヌの女性が結婚するとすぐ、口のまわりに入れ墨をするのは、醜くして他人の目をそらし、夫への一途な心を示すため、と聞いて驚嘆し、「夫に事《つか》ふるさまは、却《かえ》而《って》本邦人の処置より却而厚し」と記した。そしのうえで和人の女性にも、結婚すると歯を黒く染める風習があるのを思い浮かべるのだった。

海岸線を進んでヲホッナイ（大津）へ着いた。ここにトカチ（十勝）川という大河が河口を広げていた。川幅は百六、七十間（約三百二、三十メートル）もあり、東部第一の川である。武四郎はこう記した。

　トカチ、訳而《やくして》乳と云也。此地此川を母川とし而《て》、西部石カリ川を父川とする也。

（「蝦夷日誌」一 407）

武四郎がまだ見ぬ石狩川を父川としたのは、わが国随一の大河と知ってのうえだろうが、トカチ川のトカチがアイヌ語の乳の意と教えられ、母川にぴったりと判断したのである。いかにも武四郎らしい発想といえよう。

ところで十勝川は後年ややこしい事態を起こす。この十勝川の南一里（約四キロ）余り先に、大津川が流れていた。ところが明治から大正、昭和にかけて、十勝川の本流が途中から大津川へ流入し、別れた流域がその先で三つに分裂して、それがまた合流した。その挙げ句、十勝川が浦幌十勝川に、豊頃町を流れる大津川が十勝川にと呼び名が変わったのである。

最近、十勝川の河口を訪ねて、改めてその大きさに仰天した。ごうごうと流れる大河ゆえに、川幅がどこまでなのかさえ見当もつかない。次に旧十勝川を見てまた呆然となった。一見しただけではどちらがどちらかさえわからないのだ。

話を戻して……。武四郎は海岸線を歩みを続けた。ウラホロ（浦幌）、シャクベツ（尺別）、

旧名の「クスリ」が現存する「久須里橋」（釧路市）

オンベツ（音別）と進んで、シラヌカ（白糠）に至った。ここは前述のように八王子千人同心の半数が勇払のメンバーとわかれて入植した土地だ。アイヌの老婆から、幼い日の千人同心の思い出話を聞かされた武四郎は、そのことを長文で記した。

クスリ（釧路）に着いたのは夕方だった。アイヌの家が二十軒余りも建っていた。ここからの眺望があまりにも美しく、心奪われた武四郎は、書く。文中のアカンノボリは阿寒岳を指す。ノボリは、山、岳の意である。

遥《はるか》にエリモ崎を未《ひつじ》（南南西）の方ニ望、又子《ね》（北）の方ニはアカンノボリ常に雪をいただきて聳《そび》え、其風景云んかたなし。夏日夕暮ニ落輝の山にかがやくさま其《そ》望《ながめ》又《また》奇《き》とす。其遠望する処、荷葉　皺《かようしゆう》の山々将軍の帯を遠ミせしがごとし荷葉皴とは画家が石の皴を描く法であり、将軍の帯とはきらびやかな景色の形容である。

（「蝦夷日誌」一 418）

厚岸湾の牡蠣の多さに驚く

アッケシ（厚岸）に入った。湾内に弁天島と大黒島の二つの島が浮かんでいて、まばゆいばかりの風景である。勤番所や運上屋、非常備米蔵、それにアイヌの人たちの家が二十軒余りも建っていた。繁忙期になると仮屋が建って六十軒にもなるという。土地は肥沃で畑の作物がよく出来るという話だった。

海には牡蠣《かき》がたくさん棲息していて、いくらでも獲れるという。武四郎は「其長《そのながさ》五六寸より尺ニ至る。幅三寸計《ばかり》あり」と書いた。長さ五、六寸は、十五、六センチ、大きいもので一尺だから三十センチくらい。幅は九センチくらい。それにしてもこんな大きな牡蠣が生息していたとは……。

厚岸の牡蠣は現在もこの地の名産物で、注文すると缶入りで送られてくる。でも大きさはせいぜい十五、六センチほど。もし「尺物」だったら、どうやって食べるか思案するだろうに。

武四郎はわずかな時間を割いて、国泰寺《こくたいじ》へ赴いた。ここの僧侶は立ちぶるまいも穏やかで、様似の僧の無礼さに比べるべくもなく、すっかり感服した。

頗《すこぶる》る風才《(采)》有而《ありて》、又臼《うす》、シヤマニの僧徒とは大に感ずべき有し也。

（「同」一 445）

厚岸の国泰寺（厚岸町）

この地に、前述の「クナシリメナシの戦い」で、松前藩に味方して鎮圧に功労のあったアイヌの家柄の者が住んでいた。マイトンゲという四十八歳の男性で、祖父はツキノヱ（クナシリ総首長）、祖母はチキリアシカリ、父はイコトイ（アッケシ首長）という。

事件の概要を述べると、クナシリ（国後）島の場所請負人飛騨屋の横暴に激怒したアイヌ勢が運上屋を襲い、二十二人の和人を殺害し、対岸の蝦夷地メナシ（目梨）に渡り、番屋と和船の乗組員四十九人を殺害したというもの。

松前藩兵がネモロ（根室）のノッカマップ岬に着いたのは事件から二カ月過ぎた七月八日。この間にツキノヱら長老が事態の収拾に動き、アイヌの人たち約二百人が岬に集まり、降伏した。

松前藩は首謀者ら二十九人の首をはね、蜂起を鎮めた長老らを松前に招き、もてなした。松前藩家老で絵師の蛎崎波響がツキノエ夫妻やイコトイら十二人の絵を描いた。これが「夷酋列像」である。武四郎は、同家を訪ねてマイトンゲと歓談し、仲間同志が仲違いする形になった結末に、複雑な思いを抱いた。

アッケシ（厚岸）湾は冬になると海面が氷で張りつめ、人びとはその上を歩いて渡るという。その話を聞いた武四郎は、北国の気象の厳しさを痛感した。そしてこの大地こそアイヌの人たちの大地であり、この地を開拓しようとするなら、アイヌの知恵や行動力に学ぶべきだ、と強く心に刻んだ。

ここから内陸を歩いたり舟を用いたりしてシベツ（標津）へ抜けた。この沖合は一七九二（寛政四）年九月四日、ロシア遣日使ラックスマンが「エカテリーナ号」に漂流民の大黒屋光太夫ら三人を乗せて来航し、最初に錨をおろした海域である。ラックスマンはその後、ネモロ（根室）に赴き、漂流民を幕府に引き渡し（うち一人、根室で死亡）、通商を求めるが、幕府は拒絶した。武四郎はここに立って、木村子虚日記に出てくる七言絶句の「孤舟帆形棹東流　九月寒風西別秋」を掲げ、単身、同じ時期に、未知の世界を独り旅する自らの心情と重ね合わせるのだった。

この先のチフニウシベツ（知西別）まで行くと、ネモロ領最北に建つ番屋があった。シレトコ（知床）岬の基部に当たり、眼前にクナシリ（国後）島が浮かんで見えた。手を延ばせば届くような近さだ。現在は北方領土と呼ばれ、ロシアに実質支配されているが、この時代は日本国領土としてまっ当に扱われていた。

此《この》岬クナシリに対峙して此間湾の如くなり、波浪甚《はなはだ》静なり。此辺迄《ここ》は陸の方山も一向見えざりしが、此処に来り追々海岸筋にも出岬高山等出張《でばり》たり（「蝦夷日誌」一461）

チフニウシベツの番屋に泊まった武四郎は、明日はいよいよシレトコ(知床)岬だというので、心が高鳴った。同行のアイヌの若者二人と夜の更けるまで話し合い、疲れていつしか眠りについた。

知床岬に立つ

夜明け前に目覚めた武四郎は、若者二人とともに番屋を出て、用意の舟に乗り込んだ。岬に沿って進む。突端まで十六里（約六十二㌔）に及ぶ。ラウシ（羅臼）を越えると小さな川が流れていて、この先に温泉があると聞き、そのことを記した。武四郎は帰途に、この温泉に立ち寄ることになる。

マカウシ、チトラエ、ハシコエを過ぎる。途中、漁師の番屋やアイヌの家が見えた。波が激しく舳先を叩く。チセフンベツ（知円別）、ルシャを越えると、荒々しい断崖が迫ってきた。舟がぶつかりそうになり、危険このうえない。武四郎はトカラヲモイ、ホロカムイヲヲベツ、テレケウシ、クチヤコロシと続くこのコースを「此辺岩岸大難所」「岩岬にて難所」「道いよいよ難所、処々屏風を建てたる様」「此処岩に大岩窟有る也」などと表現した。

ニカクルウシに着いた。地図を見ると、岬の突端まであと一里（約四キロ）余りの地点になる。まだ日は高いが、岬まで行くのは無理と判断し、途中で舟を降り、岩間に船具を用いて小屋を建て宿泊した。

夜中、何者か歩く音がした。不思議に思い起き上がって様子を見ると、古い苫《とま》切れが波風に打たれて小屋に吹きつける音だった。

翌朝三時ごろ起き出し、飯を炊いて食べ、夜明け前に舟に乗り込んだ。風もなく、舟は一気に岬の岩場に近づいた。舟を降り、岩角に取っついて陸地に駆け上がった。シレトコ（知床）岬の突端に着いた瞬間である。そのとき、朝日が急に目前に現れて、クナシリ（国後）、エトロフ（択捉）の島影がくっきりと浮かび上がった。武四郎は感激のあまり、標柱に石筆で次のように書いた。

是より北西場所舎利領、南根室
弘化二乙巳歳七月十二日卯ノ下刻
勢州一志郡雲出川南　松浦竹四郎源弘書之
（「同」一　463）

武四郎はこのとき、手帳に意外な告白をしている。他人がよく寺社などの壁に書きつけるのを見て嘆息したものだが、今日ばかりはなぜか書いてしまった、というのだ。胸の高鳴りを感じさせる一文といえる。

奇岩絶壁が続く知床半島

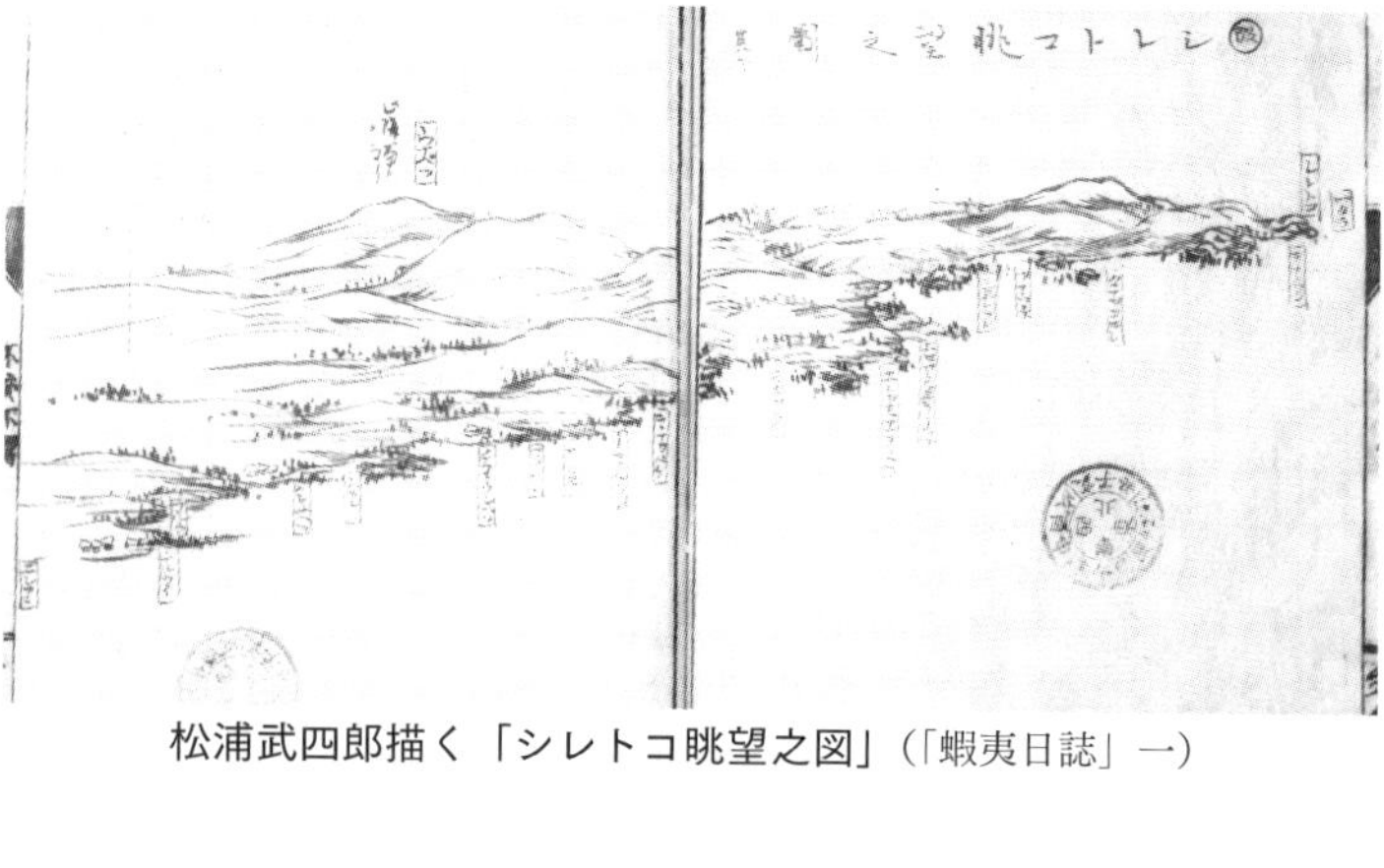

松浦武四郎描く「シレトコ眺望之図」(「蝦夷日誌」一)

武四郎は持ってきた酒を、二人のアイヌの若者に勧めた。一人が、ちょっと待ってといわんばかりに海辺に駆け降り、アワビを七、八個採って戻ってきて、これを肴に酒を飲んだ。旨さがはらわたに染み渡った。

シレトコ岬の踏査を終えた武四郎は、ここからフウレン(風連)湖を経てネモロ(根室)に行き、ノシャップ(納沙布)岬を回って、クナシリ島や歯舞諸島と呼ばれるシボツ(志発)島やユウル(勇留)島などを遠く見、アツケシ（厚岸）に立ち寄った。秋の気配が漂う十月、箱館に帰った。

これが武四郎の「蝦夷地初航」と呼ばれるものである。

江戸に戻り、書生ら七、八人で安着祝いの宴会を催した。席上峰《みね》田《だ》楓江《ふうこう》の詠んだ漢詩を掲げる。

　一千島与余嘗経　蜃気鯨涛夢裏醒
　今日忽々論汝了　亦懸帆席入玄溟
（「自伝」36）

武四郎は、漢詩の後に「実に愉快ならずや」と書いた。気持ちの昂りがまだ続いていて、抑えきれなかったのであろう。

第三章　二度目の蝦夷地行き

松前は蝦夷の一大指頭

江戸に戻って一八四六（弘化三）年の元日を迎えた武四郎は、知人と新年会を催した翌二日、再び蝦夷地へ向けて出立した。今年こそ、日本海沿いの西蝦夷地を歩こうと決意を固めていた。

津軽の鰺ケ沢から船に乗り、津軽海峡を渡り、渡島半島の南端の松前に着いたのが三月初め。アイヌ語で、マツヲマナイ。和人の女性がいるところの意。別に、半崩れ、または半島の意。

海を見下ろすように福山城が建つ松前藩の城下町で、城にはべるように武家屋敷や商家が軒を連ね、神社寺院も数多く建っていた。重厚な雰囲気のなかにも華やかな風情がのぞく。

松前藩の居城、福山城（松前町）

町をめぐった武四郎は、その想像を超える繁栄ぶりに目を見張り、こう綴った。

松前　其地たるや蝦夷の西南一大指頭にして、則《すなわち》東奥津軽の厩浦《うまやうら》と纔《わずか》一水を隔てて対《たい》峙《じ》。故に古来より津軽津の称あり。（中略）気候内地と甚《はなはだ》異ると雖《いえども》魚蝦産業に富《とむ》。

（「蝦夷日誌」一　91）

そのうえで、

松前と称する地は西北熊石村に限り東南ヤムクシナイに限る。惣《すべ》て此間を人間《（和人）》地と号《なずけ》

（「同」一　91）

と続け、町々の模様や産物、土産まで触れたのち、こう書いた。

縦街七ケ町、横町六ケ町、裏町拾数ケ所、商戸二千五百余、藩士六百軒、人口壱万五千に出ると云り。実に海外の一大輻湊《ふくそう》と云べし。（略）此地田畑を耕すこと無故別に年貢と申ものなし。其故に出入りの旅人稼人并《かせぎにんならび》ニ諸国の廻船より運上をとる也。是則《すなわち》松前家の一大収納所とかや。

（「同」一　95）

前段に「一大輻湊」と讃え、後段で、旅人や諸国の廻船より運上金をとるので「松前家の一大収納所」とまで書いている。

また意外な話として、松前藩の居城、福山城の松の木の一株が、風もないのに倒れた日に、初めて異船が白神沖に現れた、江戸に上った藩主が病気になったとき、城中の松の木が色を失い、枯れそうになったとなど、聞いたことを、書いた。

武四郎は松前の物価高にも目を注いだ。知人と二人で茶屋に入ったところ、刺し身とつまみが出た。ウナギを注文すると、鉢に入ったウナギ出てきた。値段を問うと七貫八百文だという。いまの価格なら四万円くらいか。あまりに高いと思いつつ、支払って宿に戻って訊ねたところ、ウナギは一貫目と相場が決まっていると知らされて、

さやうなことを致さばおそましきのあまり也。惣而《すべて》此地は、市中の商売と家中のうり値段と二様《よう》有ること也と話したり。歎ずべきの甚しき也。

（「同」一 116）


と怒りをぶつけた。ウナギの一件は別としても、こうした武四郎の細部にわたる指摘が、後に松前藩を憤慨させる原因になっていく。

武四郎はここでも義経の渡海の伝説を耳にする。すぐに旧跡を訪ねたところ、馬上の甲冑の武将像があり、それが将軍地蔵とわかり一笑にふしている。

スネコ岬より上の国村の図（「蝦夷日誌」二）

「運平」と変名、医師に従う

松前から渡島半島の西岸沿いに北上した。このあたり城下に近いので、和名の地名が多い。札前、立石、江良、小砂子と進むと眼前に、大島、小島が見えた。奇岩がそそり立つ汐吹、砂地が続く木ノ子を過ぎると、上ノ国に達する。松前藩の始祖となった武田信広の居城があったところで、医（夷）王山の山頂に薬師堂が望まれ、山麓に八幡宮、上国寺などが建っていた。武四郎は記す。

人家弐百軒計《ばかり》。漁者にして小商人并商人、船持、旅籠屋等も有、美々敷《びびしく》一筋市也。（略）
上の国の名は国主信広公ヲクシリ（奥尻）へ渡海し、此辺りを切従え、天川《あまのかわ》へ城を構え給ひし時、東部ニは秋田安藤太なるもの矢不来《やふらい》に城を築きて下国と号《なずけ》したるが故、信広公も此処にて上国と号給《なずけたま》ふよしとかや。
（「蝦夷日誌」二 131）

大きな川の畔に、大量のヒノキ材が山積みにされていた。付

弘化3年（1846）松浦武四郎足跡図〈蝦夷地二航〉

1月2日江戸出立、3月初旬鯵ケ沢から松前へ渡海

1	松前 3.8出立
2	上の国村
3	江刺湊
4	乙部村
5	熊石村
6	フトロ
7	セタナイ 4.27泊、28滞留
8	スツヽ（寿都）
9	イワナイ（岩内）
10	フルウ（神恵内）
11	シヤコタン（積丹）
12	フルビラ（古平）
13	ヨイチ（余市）
14	ヲタルナイ（小樽）5.7泊、8滞留
15	イシカリ（石狩）5.10船出
16	ルヽモツペ（留萌）
17	ヲニシカ（鬼鹿）
18	テシホ（天塩）
19	バツカイ（抜海）
20	ソウヤ（宗谷）5.17着、18～24滞留
21	ソウヤ 5.25カラフトへ向け出帆
22	白ヌシ（白主）26～30滞留、閏5.1出帆
23	リヤトマリ（利屋泊）閏5.1泊
24	ウルウ（雨竜浜）閏5.2泊
25	リラ（利良）閏5.3泊
26	エンルヲロ（千歳）閏5.4泊
27	クシュンコタン（久春古丹）閏5.5泊、閏6～8滞留
28	チベシヤニ（長浜）閏5.9泊
29	トウブチ（遠淵）閏5.10泊
30	ヤワンベツ（弥満）閏5.11泊
31	トウブチ（遠淵）閏5.12に引返し泊
32	チベシヤニ（長浜）閏5.13に引返し泊
33	トンナイチャ（富内）閏5.14泊
34	ヲブツサキ（南負咲）閏5.15泊
35	イヌヌシナイ（犬主）閏5.16泊
36	ヲシヨエコン（押江）閏5.17泊
37	ナイブツ（内淵）閏5.18泊
38	マトマナイ（真苫）閏5.19泊
39	マーヌイ（真縫）閏5.20泊
40	カモイコタン 閏5.21泊
41	ウシユンナイベツ 閏5.22泊
42	クシュンナイ（久春内）閏5.23泊
43	ノタシヤム（野田寒）閏5.24泊

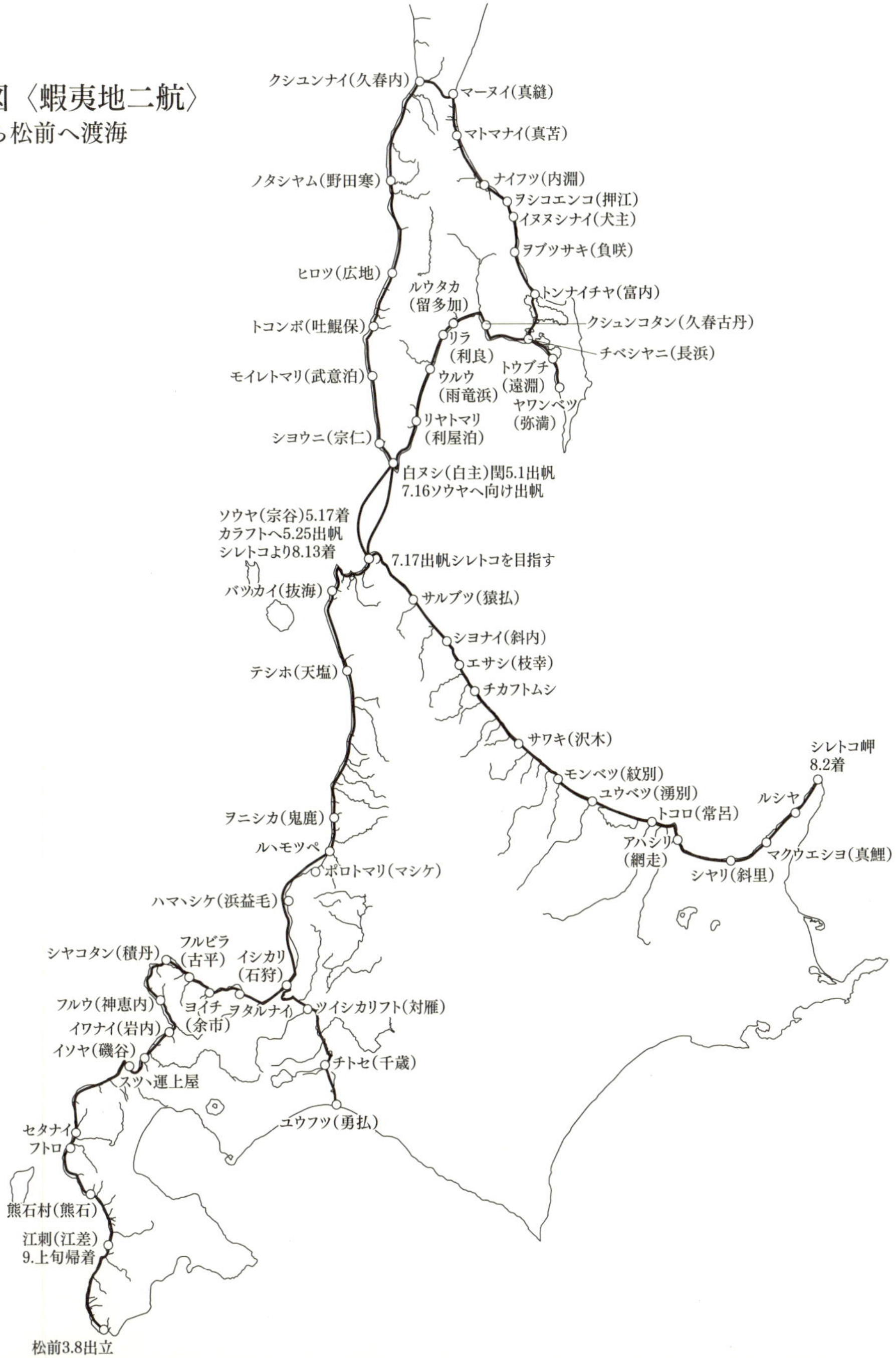

44	トマリホロ（幌泊）閏5.25泊
45	ヒロツ（広地）閏5.26泊
46	トコンボ（吐鯤保）閏5.27泊
47	モエレトマリ（武意泊）閏5.28泊
48	ショウニ（宇仁）閏5. 晦日泊
49	白ヌシ、風待・近郊探訪で1.5ケ月ほど滞留
50	白ヌシ（白主）7.16出帆
51	ソウヤ 7.16帰着
52	ソウヤ 7.17出帆 シレトコを目指す
53	チエトマイ 7.17泊
54	サルブツ（猿払）7.18泊
55	ショナイ（斜内）7.19泊
56	エサシ（枝幸）7.20泊
57	チカフトムシ7.21泊
58	ホロナイ（幌内）7.22泊
59	サワキ（沢木）7.23泊
60	モンベツ（紋別）7.24 泊
61	ユウベツ（湧別）7.25泊
62	トコロ（常呂）7.26泊
63	アバシリ（網走）7.27泊
64	シャリ（斜里）7.28泊
65	マクウエシヨ（真鯉）7.29 泊
66	ルシャ 7.30泊
67	シレトコ（知床）8.1泊
68	シレトコ岬 8.2着
69	ルシャ 8.2泊
70	シャリ 8.3出帆
71	弁財便にてレフンシリ 8.8着
72	リイシリ 8.8･9泊
73	リイシリ 8.10出立
74	ヲタトマリ番屋 8.11泊
75	バツカイ（抜海）8.12上陸
76	ソウヤ 8.13着 シレトコより
77	日本海側をイシカリへ
78	イシカリ 8.18泊
79	ツイシカリ（対雁）8.19泊
80	シユママツプ（島松）8.20泊
81	チトセ（千歳）8.21泊
82	ユウフツ運上屋 8.22着
83	江差 9月上旬帰着

近の山から切り出したもので、松前城下へ運ばれるのだという。少し進むと毘沙門堂跡が見えた。信広が最初に居城にしたとされる場所で、アイヌの首長コシャマインが蜂起したとき、ここから出陣してコシャマイン父子を討ったとされる。

武四郎は『松前系譜』を用いてそれに触れ、「(上ノ国は) 海岸船着宜敷《よろしき》川有、材木の津出し又橋舟にて渡来よく」として、敵が攻めてきても一時の防御ができるこの地を選んだ信広の軍略を讃え、返す刀で、こう指弾した。

今の松前の処ニては只津軽えの渡海の便計《ばかり》にして何の為ニなる事ぞや。

(「蝦夷日誌」二 133)

上ノ国を発って五勝手を越えると、やがて江差だ。武四郎は前年に続いてまた齊藤家を訪ね、ここで世話になることにした。

息子の作左衛門が、顔を合わせるなり早速、嬉しい話をしてくれた。江差に住む松前藩のお抱え医師、西川春庵《にしかわしゅんあん》が北蝦夷地 (樺太、現在のサハリン) 勤務を命ぜられたので、武四郎をその配下にして随行させてはどうか、と相談していたという。

これなら大手を振って蝦夷地を歩くことができるし、そのうえ公儀の手形でもない限り絶対に望めない北蝦夷地までも行くことができる。武四郎は飛び上がって喜んだ。

出発寸前、江戸で別れた石井潭香《いしいたんこう》が江差にやって来た。石狩詰めを命じられ、赴任の途中だという。武四郎はその奇遇に感謝した。

四月十日《五月五日》、武四郎は西川春庵の草履取りとなり、名を「運平」と変え、一同に混じって江差を出立した。このなかには樺太詰めとなる斎藤復一《さいとうまたいち》や新井田謙三《あらいだけんぞう》らが含まれていて、道々話が弾んだ。

乙部、熊石を越え、帆越岬をかわして太櫓《ふとろ》へ入る。昨年はこの先の瀬棚《せたな》の境界で松前藩の役人に通行を阻まれ、引き返したのだが、こんどは医師の付人だから、咎められることもない。

武四郎はこう書いた。

セタナイ　訳《やくし》て犬の沢と云《いえ》り。むかし此処にて犬を夷人が海ニ沈めしより号《なづく》と。（略）勤番江差役所より足軽のもの壱人相勤る。（略）出稼之もの来るともこれ迄九一の割也。是より奥は二八に相成候也。
（「蝦夷日誌」二 202）

前段は地名がつけられた意味、後段は松前藩の運上制度下の出稼ぎ労働者の漁獲配分を記しており、ここを境に収入の分け前が九対一から一割上がって八二になることを示している。つまり九一金とか八二金というのは、労働者の取り分が一割とか二割というわけである。

船はやがて瀬棚のモッタ（茂津多）岬に近づいた。ここは西蝦夷地三大岬と呼ばれる難所で、船乗りたちは、航海の安全を祈って木幣《イナウ》を海中に投じた。

アイヌ女性は四人だけ

シュマコマキ（島牧）に至る。背後に岩がある、の意。その意の通りに、岩場を背に運上屋や弁天社が建っていて、アイヌの家が三、四軒見えた。勤番医師（武藤篁斎）の話によると、幕府が一時直轄していた二十五年前までは八十人余りもいたアイヌの数が半分以下の三十六人に減り、しかも男性は三十二

上の国小砂子あたりの海岸線

上ノ国の夷王山

人いるのに、女性は四人。そのうち一人は老婆、二人は子供という。

武四郎は、医師が運上屋の支配人市三郎に訴えた言葉を聞いて、こう書き留めた。


今十年十五年も過なば当所にハ夷人の種も尽《つき》る様にぞ思ハれけると語りける。実に残念なること也。他場所より何卒して女夷を三四人も此処へ置ずんば、後如何ニも致しかたなき様ニなると語りたり。

（「蝦夷日誌」二 208）


この指摘に武四郎は、後頭部を殴られたような衝撃を受けた。このままにしておけば夷人の種も尽きる。女性を三、四人ここへ移すように、そうでなければ「致しかたなき様になる」というのである。

その原因がどこにあるのか。人数が減少したとはいえ、男性が三十六人もいるのに、女性が四人、そのうち老婆が一人、子供が二人ということは、若い女性がどこかへ連れ去られていることを意味した。その先が和人の場所請負人や支配人、あるいは場所で働く和人であるのは容易に考えられた。

だがアイヌの人びとはそれに耐えているように見えた。武四郎の胸にむらむらと怒りの炎が燃え盛った。この人たちを庇護しなければ、蝦夷地の開拓も繁栄もない、と思った。

後の話だが、ここの支配人は医師の言葉に従い、（エリモ）裳からアイヌの女性を三人連れて来るなど対応した。武四郎が後に幕府役人として蝦夷地を調査し、全支配人を五段階で評価をしたとき、ほとんどが「下」だったのに、シュマコマキの支配人市三郎は「中」と判定している。

シュマコマキ（島牧）を越えると、その突端にペンケイサキ（弁慶岬）という岬があり、海を抱くようにシッキ（寿都）湾が広がっていた。地名のペンケイ岬から生まれたのであろう。この地も義経伝説の舞台で、家来の弁慶が登場する話が伝わっていた。

岬の基部に位置するシッキ（寿都）のウタスツ（歌棄）から、歩いてイソヤ（磯谷）まで出た。このあたり武四郎が「波浪静かにして船懸りよろし。実に好港と云べし」と書いたように、好漁場として知られる。漁期になると出稼ぎのやん衆たちがどっと押しかけ、それを追ってやってきた女たちで、まるで花街のような賑わいを見せていた。

武四郎は浜辺の漁獲量や運上金（税金）などを記したうえ「其繁栄夷地の様ニも思われがたし」と記した。そして按摩や三味線弾き、祭文《さいもん》読みなどに混じって「七連《ななつら》」と称する売女がいるのを目にして、その淫らな風景に眉をひそめながら、こう書いた。

七連の名は鯡の茅に貫しを七連にて一夜の花代と定めしなればなり。扨《さて》其一連と云は五十尾ヅツを一連と云也。

（「同」二　212）

女性の一夜の花代がニシン七連（一連五十尾）。まさにニシンは金なり、魚に非ず、というわけである。

寿都町歌棄の浜に立つ「江差追分」の碑

女を寄せない海

ライデン（雷電）峠を越えてイワナイ（岩内）に入った。ここから先、積丹半島にかけても豊かな海が広がり、西側のフルウ（古宇、神恵内）一帯と突端のシャコタン（積丹）、東側のビクニ（美国）など各漁場とも豊漁に沸き立っていた。積丹はアイヌ語で、シャック・コタン、夏の場所の意。季節がめぐり夏が来ると、「宝の海」になるのである。

だが積丹半島の突端に位置する神威岬は三大岬の難所の一つで、「女人禁制の海」と呼ばれ、恐れられていた。

船が和人の女性を乗せて岬の先を通過すると、海底に潜む女の魔神が怒って風を巻き起こし、波を泡立たせて船を転覆させる。魔神の正体は義経に捨てられたアイヌ女性なのだという。

この話は松前藩が一六九一（元禄四）年、二シン保護禁令を定めたとき、奥地で紛争などが起こるのを想定して、「神威岬以北への女人通行禁止」の触れを出した。以来、いつしか魔神の恐怖が語られ、長く流布されてきたという。

武四郎は、

> 此処迄人間《（和人）》共女を連行《つれいけ》ども、是より奥ニは堅く女を禁ずる也。若し又隠して彼地へ携《たずさ》へ行くときハ、大颶にて船を没却すると云伝ふ也
>
> （「蝦夷日誌」二 229）

と書いた。

「江差追分」の次の一節は、そんな男女の別れを歌ったものともいう。

> 忍路《おしょろ》高島《たかしま》およびもないが
> 　せめて歌棄《うたすつ》磯谷《いそや》まで

神威岬を越えたその先の、忍路、高島まで行けなくてもいい、せめて岬の手前の歌棄、磯谷まで連れていって、という女性の哀願の歌というのだ。男性の歌もある。

> 蝦夷地海路にお神威なくば
> 　連れていきたや場所までも

積丹半島の先に立つ神威岩（積丹町）

神威岬さえなければ、おまえを奥地の漁場まで連れて行きたいのに、という歌詞である。この恐怖に彩られた伝承が破られるのは、これより十年後。幕府が松前藩から蝦夷地を取り上げて直轄にする後である。

半島の東側にあるビクニ（美国）の先に、メタライ（カムイミンタルヲマイ）という場所があった。神々の遊ぶ庭といわれる。

ここを過ぎるとフルビラ（古平）である。ニシン、サケ、マス、タラ、ヒラメ、カスベ、ホッケ…、それにコンブ、アワビ、ウニなど何でも穫れるという。文字通り、〝豊饒の海〟なのである。

半島の付け根に当たるヨイチ（余市）に着いた。アイヌ語でイウヲチ。イウは温泉、ヲチは、ある、で、温泉があるの意。音訳からついた。別に、この地を吹く寅卯（東北東、東）の風を、ヨイチ、というので、その名になったとの説もある。武四郎は地名の持つおもしろさを書き綴った。

ここで初めてオムシャを見た。オムシャとは運上屋の役人がその地域のアイヌの人びとを集めて行う儀式で、正装したアイヌの古老らが役人に射止めたアザラシを贈り、役人が酒や煙草、小刀、針などを古老らに贈る。これにより両者の気持ちを通わせ、交流を和やかにするのである。

しかしこの時期を境にしてオムシャはしだいに廃れだし、逆に和人によるアイヌの人びとに対する差別や収奪が強まっていた。武四郎は、

オムシャの図　ヨイチ場所
（「蝦夷日誌」二）

> 扨《さて》威儀を見るニ到而《いたって》規律正しく、老を尊び、其様中々人間《シャモ》の及ぶ処にあらず。（中略）実ニ其甚淳朴《ウブ》なる事見るニ忍びがたし。かかる自然の人物をして、今の苛政ニ志を摧《くじけ》さしむること、如何ニもなさけなき次第にぞ有ける。
> （「蝦夷日誌」二　242）

と場所請負人である和人の姿勢を痛烈に批判した。

オタモイから余市方面をのぞむ

高島のお化け

一行はヲショロ(忍路)に入った。「江差追分」に歌われた名高い好漁場である。武四郎はヲショロの漁獲の豊富なことを記したうえ、この地の印象を記した。

> 此地《このち》北向。西南東の三方ニ山を帯て北面小湾ニ枕《のぞ》む。桃花源《とうかげん》の風趣《ふうしゅ》自然と有也《あるなり》。
>
> (「蝦夷日誌」二 244)

次に高島へ行く。高島はこのあたりでは珍しい和名である。弁天社や稲荷社、アイヌの家などが建っていた。ヲショロから高島にかけて、漁場を一手に引き受けているのが西川徳兵衛という請負人である。

昼食に、請負人の下で実務を取りしきる支配人が、珍しい食べ物を差し出した。この人物は

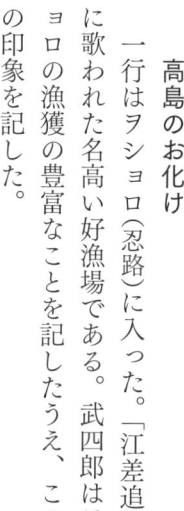

好事家で、人を楽しませるのが好きらしい。手帳を見てみよう。

蝦夷地中ニ無品《なき》一種有。我等此処へ休らひしニ蜆汁《しじみじる》を出しぬ。如何ニも珍敷《めずらしく》覚え皆賞しける。

（「同」二　244）

蝦夷地の浜辺で、蜆《しじみ》がそれほど珍しいとも思えないが、武四郎には初の体験だったのだろうか。それとも支配人の話によったものか。

ここで武四郎は舟に乗るが、汐を吹き上げるクジラの集団を目撃する。「沖の方を眺むれば処々線香火花を上る如く鯨魚の汐を噴を見たり。其数多くして見事なるもの也」と書き、岸に近寄ってくるクジラを見て「夷人ども船端を打てヲエベス、ヲエベス、と呼て船を避る也。実に此処にて鯨漁を始る時は一ケ年ニ一千本の漁は固く有べし」と驚愕しつつ書いた。ここに出てくるヲエベスとは豊漁の神とされるエビスを指しているのだろうか。

驚きはこれで終わらない。次に武四郎は、不思議なものに遭遇する。ヲタモイに近づくと、東の方に雲や霞に覆われた高島岬が突然、近くなったり遠のいたりしだした。おかしいなと思っていると、突然、同乗していたアイヌの男たちが、

「そら、岬が変化するぞ。明日は雨だ、雨だ」

と叫び、武四郎に向かい、

「しばらく岬を見ていてください。おもしろいことが起こりますから」

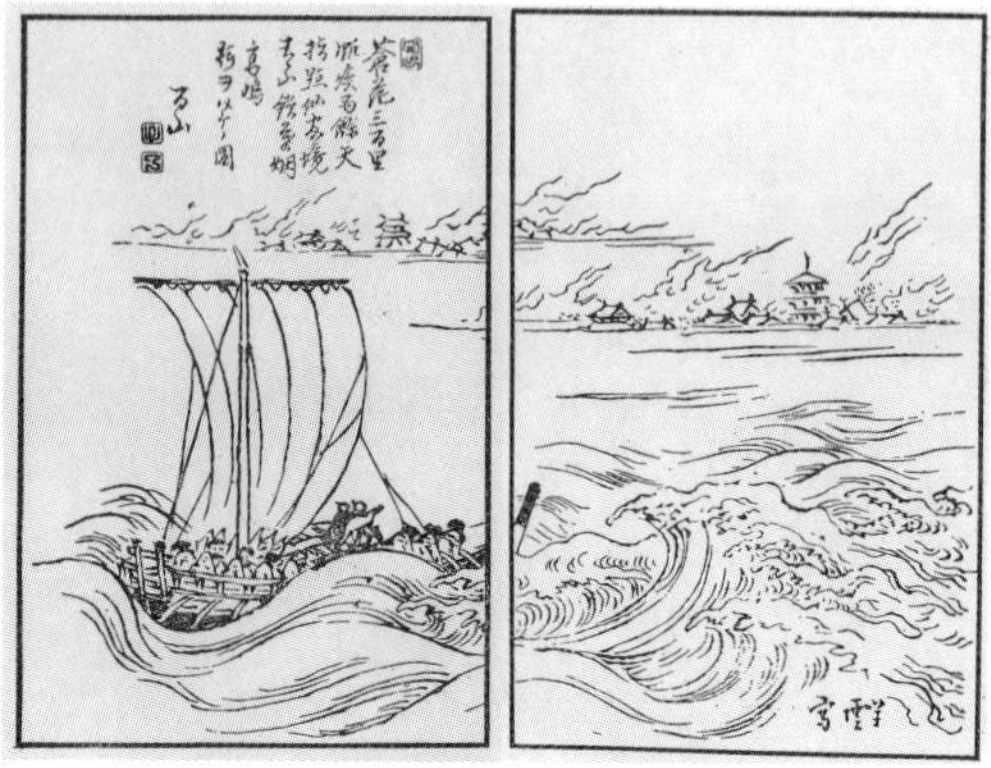

高島お化けの図（「西蝦夷」四）

と言った。

その言葉が終わらないうちに、右手の雲霞の色が紫と赤に変化し、海上の一点に小島が現れ、それが天に向かって峰のように膨らみ、その麓とおぼしきところに光輝く楼閣が現れ、樹木が五色の花を咲かせた。と、それが一瞬、鳳凰か竜蛇に変わり、まるで目のくらむような光景と化した。

武四郎はとっさに筆を取り出し、その模様を描こうとしたが、あまりに早い変化についていけず、筆を海中に捨てた。と、東風がさっと吹き抜けて、楼閣も、鳳凰も、一瞬のうちに消えて、またもとの海原になった。

武四郎は呆然となった。アイヌの人たちの話によると、高島沖でこれまでしばしば起こっており、人びとはこれを「高島のお化け」と呼んで恐れているという。しかもこの現象が起こると、三日の間にかならず雨が降るというのだった。

はたして翌日、雨になった。これが蜃気楼といわれるもので、武四郎はその不思議な体験を、手帳はもとより絵にも描いた。

ヲタルナイ（小樽）からアサリ（朝里）を越えて少し行くと、カムイコタンに近づく。蝦夷地にいくつもある神処の一つである。と、いままで晴れ間が消えて、急に深い霧に覆われた。武四郎は気象のあまりの変化に、こう書いた。


此処ニ来るやヲタルナイ山も雲霧ニ隠れて少しもミえず。只渺々《ただびょう》としたる計《ばかり》してぞ有ける。（中略）…此地ニ而は最早七、八里（約二十八〜三十二㌔）も隔たるや如何なる日にも見えがたし。其は晴たりと見れども、実は晴ざるなるや。（「蝦夷日誌」二　256）

石狩川の主はサメ

石狩湾は北面に雄冬岬、西面に積丹半島を配し、十里余の砂浜が延びている。その湾に注ぐわが国最大の長さを誇る石狩川が見えてきた。アイヌ語でイ・シカリ・ペッ。その・曲がりくねった・川、の意。音訳である。

川縁にはヤナギやアシ、イタドリの草木が生い茂っている。「川幅二百五十間、深さ七尋《ひろ》」と記されているので、川幅およそ五百㍍、深さ十㍍ほど。

河口を少し上ると運上屋や勤番所、倉庫などの建物が建っていて、その前に大きな船が接岸して、荷揚げをしていた。小高い場所に砲火台が見えた。勤番所には目付代と呼ばれる重役をはじめ、医師、足軽まで合わせて十三人が詰めていた。

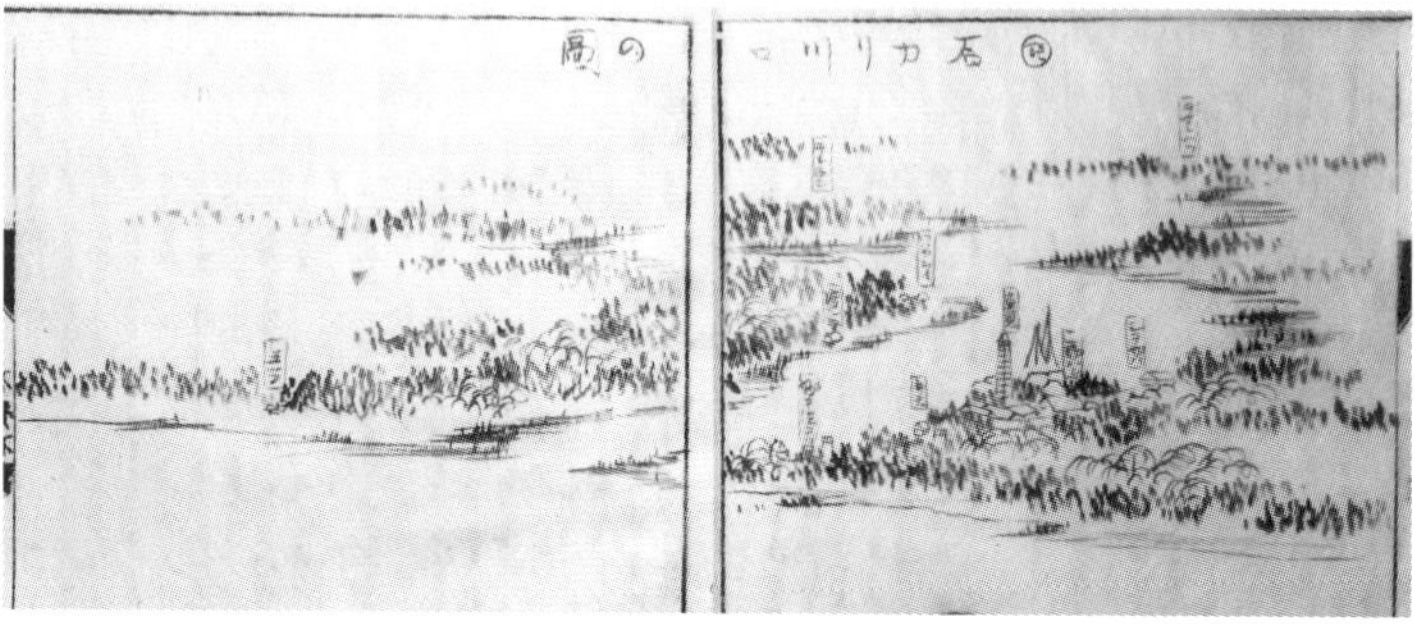

石カリ川口の図（「蝦夷日誌」二）

石狩川河口で捕獲（2004年5月）されたチョウザメ（石狩市観光センター）

石狩川河口（石狩市）

ここが石狩十三場所といわれる蝦夷地きってのサケの好漁場で、川筋に十三の場所があり、村山伝兵衛という請負人がすべてを取りしきっていた。その運上金、つまり松前藩へ納める税金は二千二百五十両、いまでいうと数億円にもなる膨大なものだ。

出船入り船に伴って人びとの出入りが多く、本州などから文化人もやって来た。そのせいで石狩の町は古くから栄えていた。だが冬場になるとしばしば南風による激しい波浪が起こり、弁財船の入川を拒んだり、船を破損させた。乗組員たちはそれを「石狩物」と呼んで恐れた。

ここで武四郎は、石狩川にチョウザメが棲息していて、よく獲れると聞かされた。体長六～八尺（約一・八～二・四メートル）もあるといい、一度はこの目で見たいものだ、と思った。

川沿いに妙亀法鮫《みようきほうこう》大明神社という社《やしろ》が建っていた。この社の神はサメなのだという。アイヌの人たちの話によると、石狩川の主はサメで、サケの漁獲期に祈りを捧げると、豊漁に恵まれるうえ、どんなに川水の水かさが増えても、このあたりだけは水浸しになることはないという。

「サメ様の日」の祭りは大変な賑わいで、人びとはサケ漁を休んで感謝を捧げるという。武四郎は漁場ならではの信仰を興味深く記した。この祭りは、現在もなお続く町の名物として知られる。

石狩の浜でも、アイヌの人たちに対するオムシャが行なわれていた。その申し渡しのなかに「番人や労働者がアイヌ女性に乱暴するようなことがあったら、すぐに支配人に届けるように」と書かれていた。武四郎は地域によってこれほど違うのかと思い、石狩場所の心くばりに安堵するのだった。

サメをご神体として祭る石狩弁天社（石狩市本町）

でも、ここもアイヌの数はしだいに減少していた。運上屋や請負人の人使いの酷さよりも、疱瘡《ほうそう》の蔓延が原因だった。武四郎は、

> 夷人此病《このやまい》を伝染せば十に七八は助かることなし。是《これ》と云《いう》も平日の喰物悪き故《ゆえ》と申せども、実は其《その》医師の療ニ熟せざる故なりや。
>
> （「蝦夷日誌」二 264）

と医師の未熟さを書いてから、続いて松前藩の医師が薬を間違えて投与したため、アイヌの人たちが七十人余りも亡くなった事実を掲げ、ロシアから帰国した漂流者の中川五郎治という者が一八二四（文政七）年に初めて松前で施した種痘を、アイヌにも施し、病を断ち切るべき、と訴えた。だが医師付きでしかない一介の町人の意見など届くはずもない。ちなみに箱館奉行がアイヌの人たちに種痘実施のため、東蝦夷地

黄金山（石狩市浜益）

に桑田立斎、西蝦夷地に深瀬洋春の両医師を派遣することを場所へ通達したのは、この時より十余年後、幕府領になる一八五七（安政四）年のことである。

コロポックルに興味

船は日本海沿岸に沿って北上した。アッタ（厚田）のアイカップ（愛冠）岬を越えると急に波が荒くなった。船を浜辺に近づけて波の静まるのを待ち、再び出立した。ハママシケ（浜益）川を過ぎるとき、子ガネ（黄金）山が見えた。この山から金や銀が採れると聞いた武四郎は、舟を降りて川にざぶざぶと入っていき、手拭いを流した。すると大粒の金がいくつか採れた。

そこへ地元のアイヌの若者がやって来て、

「ここの金を採ると運上屋の親方に叱られるので、早く帰れ」

と身振り手振りで訴えた。武四郎は慌てて金

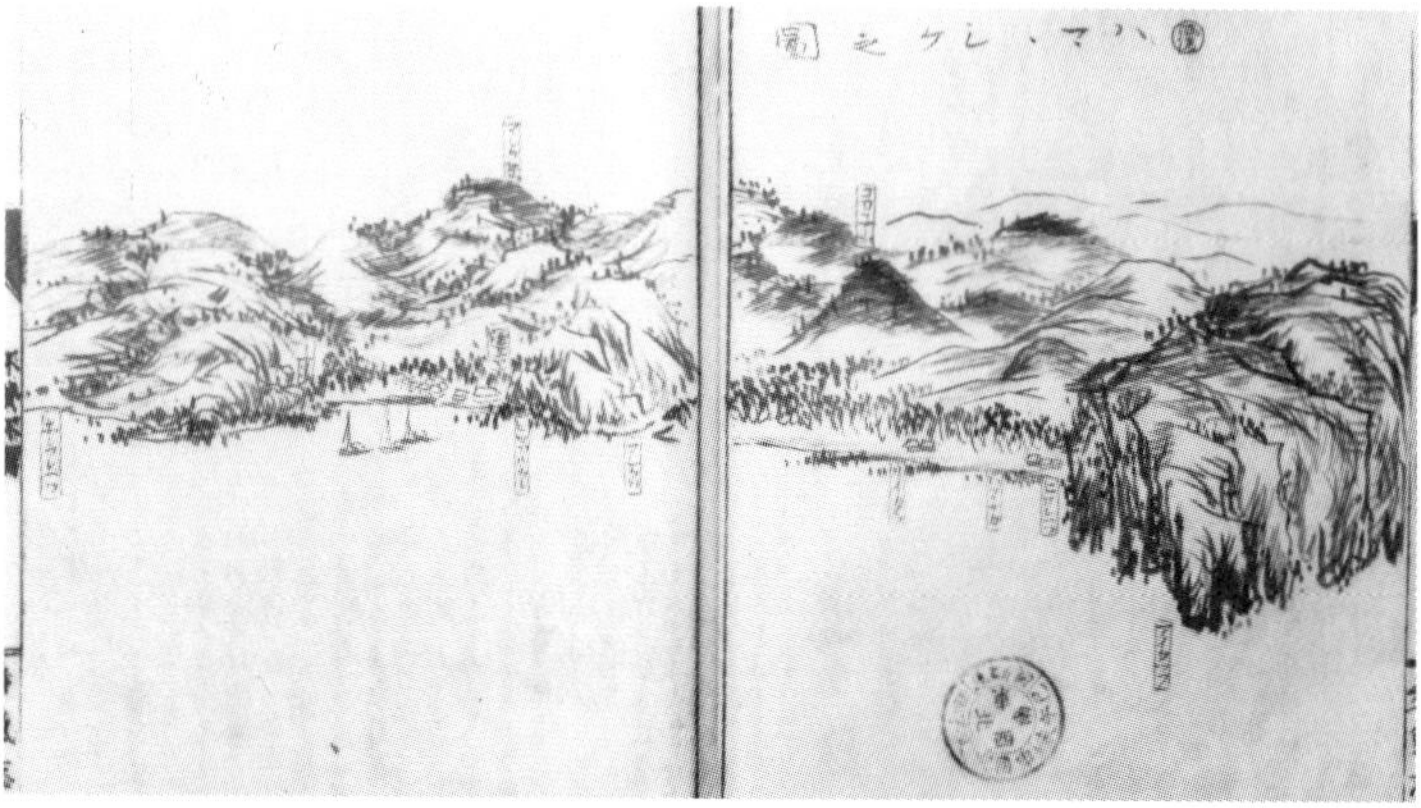

ハママシケの図　コガ子山が画かれている（「蝦夷日誌」二）

雄冬岬沿いの海岸（石狩市浜益）

の粒を懐に隠し、船に戻るなり、ふーっ、と太いため息をついた。

海岸線伝いに進んでウフィ（雄冬）岬をかわす。アイヌ語で、焼ける、の意。途中、二つの瀑布とショカンベツ（暑寒別）川の流れを見ながら、やがてマシケ（増毛）に着いた。ここは石狩と並ぶ好漁場で、運上金も千百両に上るが、歩行での往来が出来ない「蝦夷地三大嶮の第一」といわれるほどの険しい断崖が続く。
ル、モッペ（留萌）へ向かう途中、立ち寄ったアイヌの家の人から、コロポックルの話を聞いた。アイヌ神話に出てくるフキの下に住む小さな神で、この話に武四郎は不思議な感慨を抱いた。
ル、モッペは、潮の静かに入るところ、の意。その地名にふさわしく、深く切り込んだ穏やかな湾で、船が何隻も停泊していた。陸地には運上屋や勤番所などの建物、それに弁天社、稲荷社が見えた。土地がよく肥えていて、ヒエ、アワ、ナス、ダイコン、イモなどを栽培している。
だが運上屋の支配人は、畑仕事を許すと、そちらに人手を取られて漁業の仕事がおろそかになるとして取り締まるので、アイヌの人たちは隠れて作物を作っていた。番人もそれを黙認していた。

武四郎はこの地でも、アイヌの人たちが短期間のうちに極端に減っているのを知った。しかも働ける男性は別の場所に移され、年頃の女性は和人の請負人に連れていかれたという。憤慨した武四郎は、

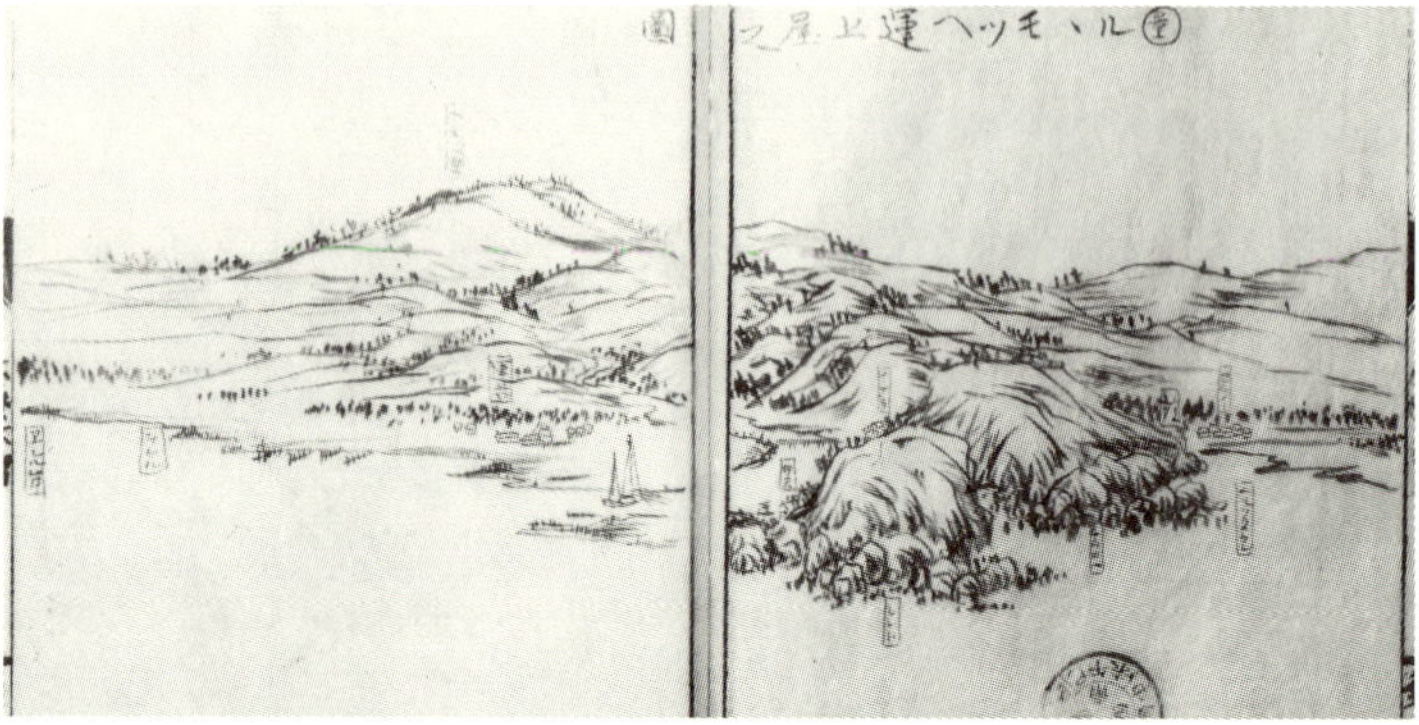

ルヘモッペ運上屋の図（「蝦夷日誌」二）

夷人小屋　六、七軒。惣《すべ》て此処《ここ》公領前は弐百五、六十人も有し由なるに、今は纔《わずか》百人計となりしと。実に今五、六十年もせば夷人の種は絶るべきと覚ゆ。

（「蝦夷日誌」二　310）

と書いた。武四郎自身が「夷人の種は絶る」と書いた初めてのもので、こうした厳しい指摘は、以後もしばしば目にすることになる。なお文中の「公領前」とは幕府直轄前の時代をいう。

ヲニシカ（鬼鹿、小平）を越える。このあたり見渡す限り平坦で、前方の海上に小さな島が見えてきた。テウレ・シリ（天売島）とエハンケ・シリ（焼尻島）だ。シリは島を表す。前者は音訳、後者もヤンケに訛った音訳である。

このあたりの家屋は、屋根をササでふいていた。前年歩いた東蝦夷地では見られなかっただけに、武四郎はその巧みな工夫に感服した。

トママイ（苫前）に着いたのは五月十三日《六月六日》、江差を発って一カ月余り、春の盛りである。ソウヤ（宗谷）から派遣された勤番人が常駐していた。ここでも武四郎は、同様にアイヌの人数が減っていると聞かされる。

カラフトは韃靼《だったん》の部ナリ

ハボロ（羽幌）に入る。ここを流れるハボロ川は砂金が採れると聞いて、川底を掬ったがあまり採れない。それでも何度か掬って「烟管《きせる》の

小平町の鬼鹿海岸に立つ武四郎像

天塩川（天塩町）

ふくに二杯計《ばかり》も」採ることが出来た。

ウエンベツ（遠別）川を越えた。ウエンとは、悪い、の意。ただ何が悪いのか。上流に石油が湧いていて魚が棲まないからか、水そのものがまずいからか、はたまた川中に石があって歩きづらいためか。わからない。

テシホ（天塩）に至る。大きな川が流れていた。サケの好漁場で、先年までここにトママイ運上屋が置かれていた。だが川上から大量の木材が流れてきて、漁場の網を破損し、肝心のサケ漁が難しくなり、運上屋も移されたという。しかしテウレ（天売）島、エハンケ（焼尻）島への運送の便がいいので、冬の間も番人が一人だけだが留守居をするという。

テシホ（大塩）川が大きく曲がって延びており、まるで沼のように見えた。武四郎はこう記した。


凡幅三百五十間。また五百間位の処も有。緩流《かんりゆう》にして一つの沼の如し。蝦夷地三大川の第二等也。

（「蝦夷日誌」二 328）


川幅が七百〜千ﾒｰﾄﾙにもなる大河なのに、流れは緩やかだという。ここからさらに北上し、バッカイ（抜海、稚内）に着いた。海岸線は白砂の砂浜が続いている。だが海上は風波が激しくて危険が多いそう。目前にリ・シリ（利尻）島が望まれた。

ノッシャフ（野寒布、稚内）に着いた。この岬の東側に、湾を挟んでソウヤ（宗谷）岬が見え、湾を形成していた。やがてソウヤ岬に着いた。浜辺からゆるやかな断崖が重なり、大きな平山

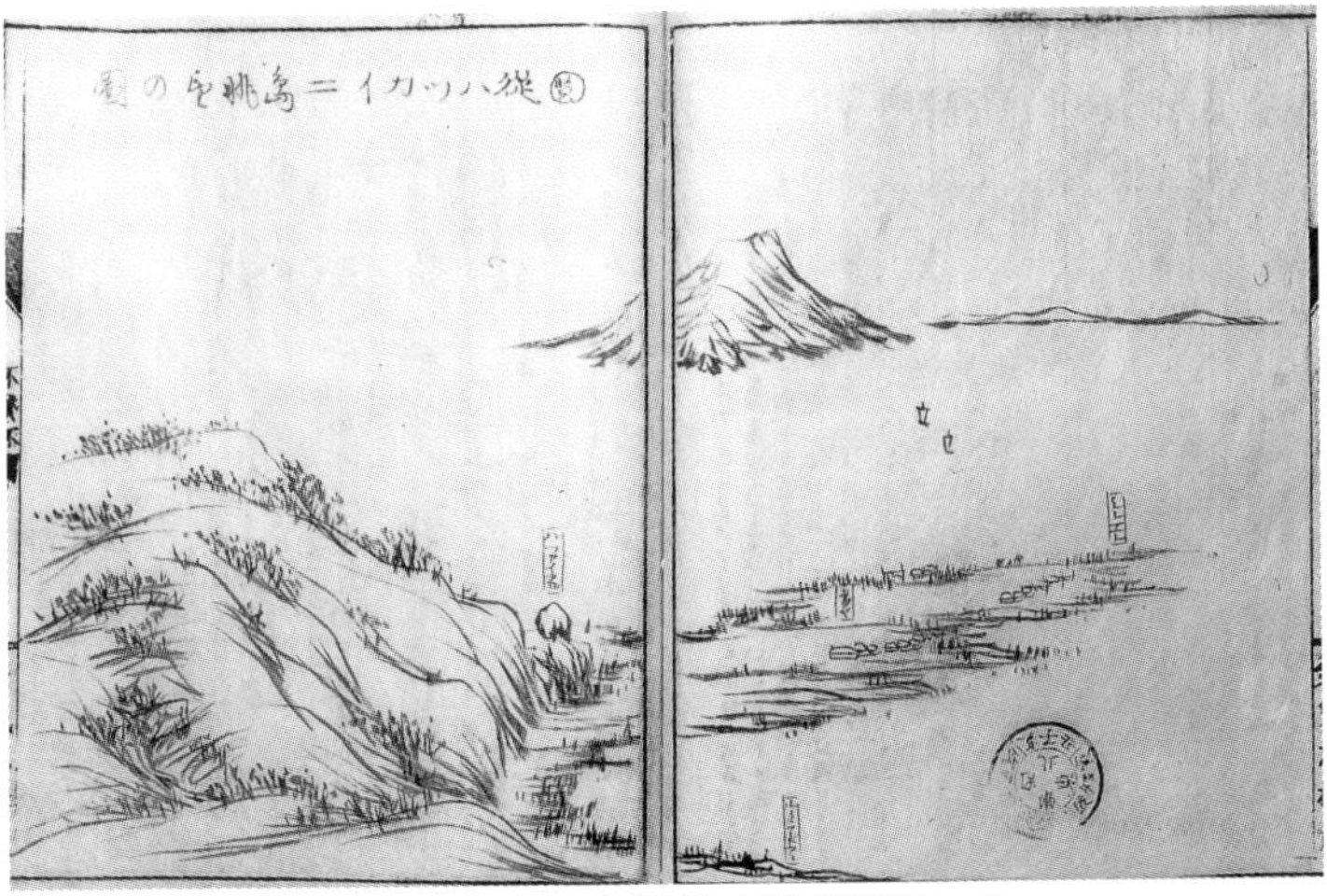

バッカイより二島眺望（「蝦夷日誌」二）

を形作っていた。運上屋の上に勤番所が建っており、物頭《ものがしら》と呼ばれる重役以下、目付、添士、徒士、足軽、医師ら二十三人が勤務していた。前方にソウヤ（宗谷）海峡が広がっている。ここが西蝦夷地の北端になる。武四郎はここに立ってカラフト（樺太）の島影を望み、こう書いた。

表海湾ニ面し平山を背《せ》（にし）て幅壱丁、長六七丁の平坦地也。（中略）船懸り澗、運上屋前三四丁ニ懸るなり。此湾口壱里計の間暗礁多くして甚《はなはだ》の難場《なんば》也。只一条の船の通行すべき深岸有《ふかききしある》ノミ也。（中略）実に奇なる海湾と云なるべし。（「同」二　344）

そのうえで、カラフト（樺太）が韃靼《だったん》と呼ばれる中国大陸に包含されているのを実感し、『日本紀通証』の次の文章を続けて書いた。

カラフト（樺太）に渡る

武四郎は引き続き医師の西川春庵に従って五月二十六日《六月十九日》、ソウヤ（宗谷）岬から船で出航、ソウヤ海峡を越えてカラフトの南端のシラヌシ（白主）へ渡った。ここからは「蝦夷日誌」

渡島蝦夷、北隣韃靼地、曽宇耶《そうや》、至加《からふと》羅布土《にいたる》、加羅布土 則《すなわち》 韃靼の部ナリ
（「同」二 344）

宗谷運上屋跡の碑（稚内市宗谷村宗谷）

宗谷岬（稚内市）

二編のなかの「哈喇土《カラフト》日誌」をもとに、書き進める。

船を降りると、眼前に大きな勤番所が建っていて、重役以下二十余人が詰めていた。隣に立つ運上屋は会所と呼ばれ、出入りが多い。近くに弁天社が建っていた。アイヌの家が三軒あり、そこに各地からの出稼ぎのアイヌの人たちが三十人も住んでいた。

一行はここからアニワ（亜庭）湾伝《づた》いに北進した。この湾はシラヌシに近い西ノトロ岬から対峙する中シレトコ岬まで、半円を描く形で延びている。ここで注意したのは、知床、能登呂など同音の地名が北海道にも現存することである。

チシヤ（知志谷）という小さな川のそばに、コロポックルの住居の跡が残っていると教えられた。西蝦夷地でもこの話を聞いていた武四郎は、まだ見ぬコロポックルの想像画を描き、独り悦に入った。

残雪のなかからフクジュソウが可憐な姿を覗かせていた。ウリュウ（雨龍）浜、タランナイ（多蘭内）と進むうち、暦が閏五月に変わった。閏月とは昔の陰暦で用いたもので、月日を調整するために設ける。現在の陽暦でも四年に一回、二月二十九日を設けているのはご承知の通り。

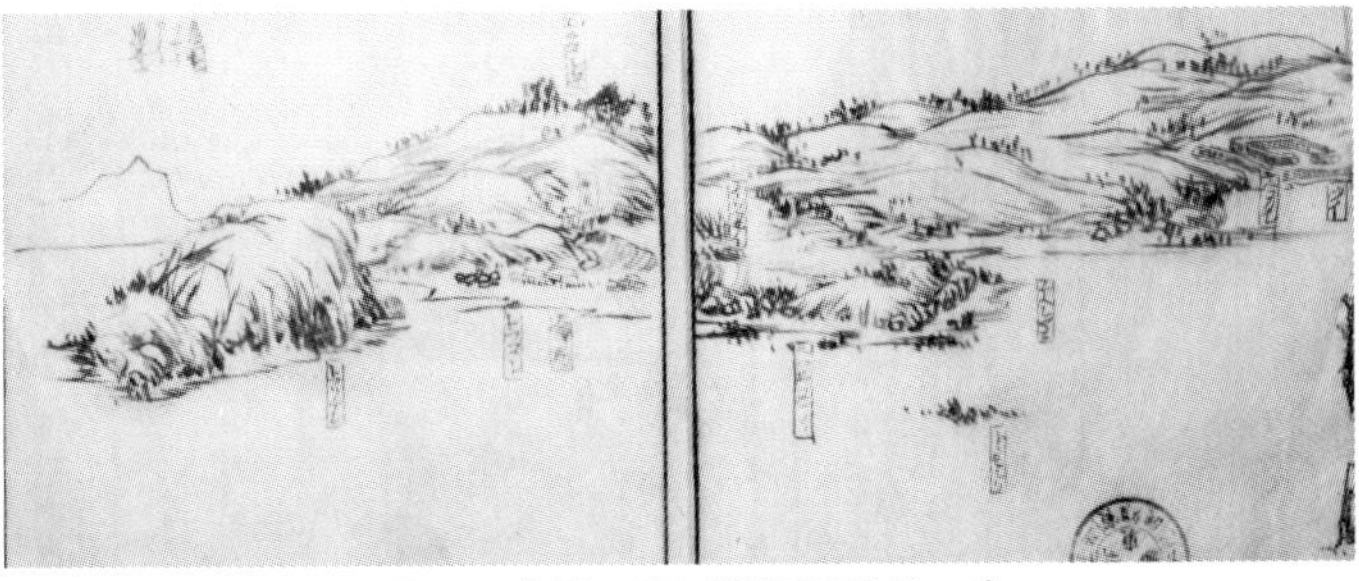

シラヌシ会所の図（「蝦夷日誌」二）

浜辺にアイヌの家が一軒、二軒と建っているのが見えた。急にあたりに臭気が漂ってきた。クジラの死骸が発散する匂いだった。春になるとクジラが湾内に寄ってきて、流氷が融けて流れだすと、その氷塊にぶつかって死に、浜辺に打ち上げられるのだという。クジラが流氷にぶつかって死ぬという話を聞いた武四郎は、驚きで言葉も出なかった

暗くなって来たので、今夜はここで野宿と決まった。松明《たいまつ》を灯して浜辺に出ると、魚が群れをなして海面を飛び跳ねていた。同行の若者たちと一緒になって魚を六、七尾獲り、焚き火で焼いて、これを肴に酒を飲んだ。そのおいしさに心を和ませた武四郎は、

実ニ海外の遊び是等のことを都人にしめすとも、誰か是を誠《(真)》とせざらん。

(「蝦夷日誌」二　392)

と記した。カラフト(樺太)にまで来て、こんな話を都の人にしても、誰も本当とは信じないだろう、という意味である。

翌日《六月二十八日》、クシュンコタン(久春古丹)に着いた。武四郎は「休明光記」を用いて、中国産の豪華な絹織物の衣服について書いた。

この衣服はアムール川(中国名で黒龍江)の下流域に住む山丹人《さんたんじん》(この地方に住む少数民族)が、年に一度の「朝貢《ちょうこう》」のとき、中国の皇帝より受ける衣服だが、それを物々交換で樺太アイヌが手に入れ、さらに松前藩が一手に買い取り、「蝦夷錦《えぞにしき》」と呼んで珍重していた。別に「山丹服」

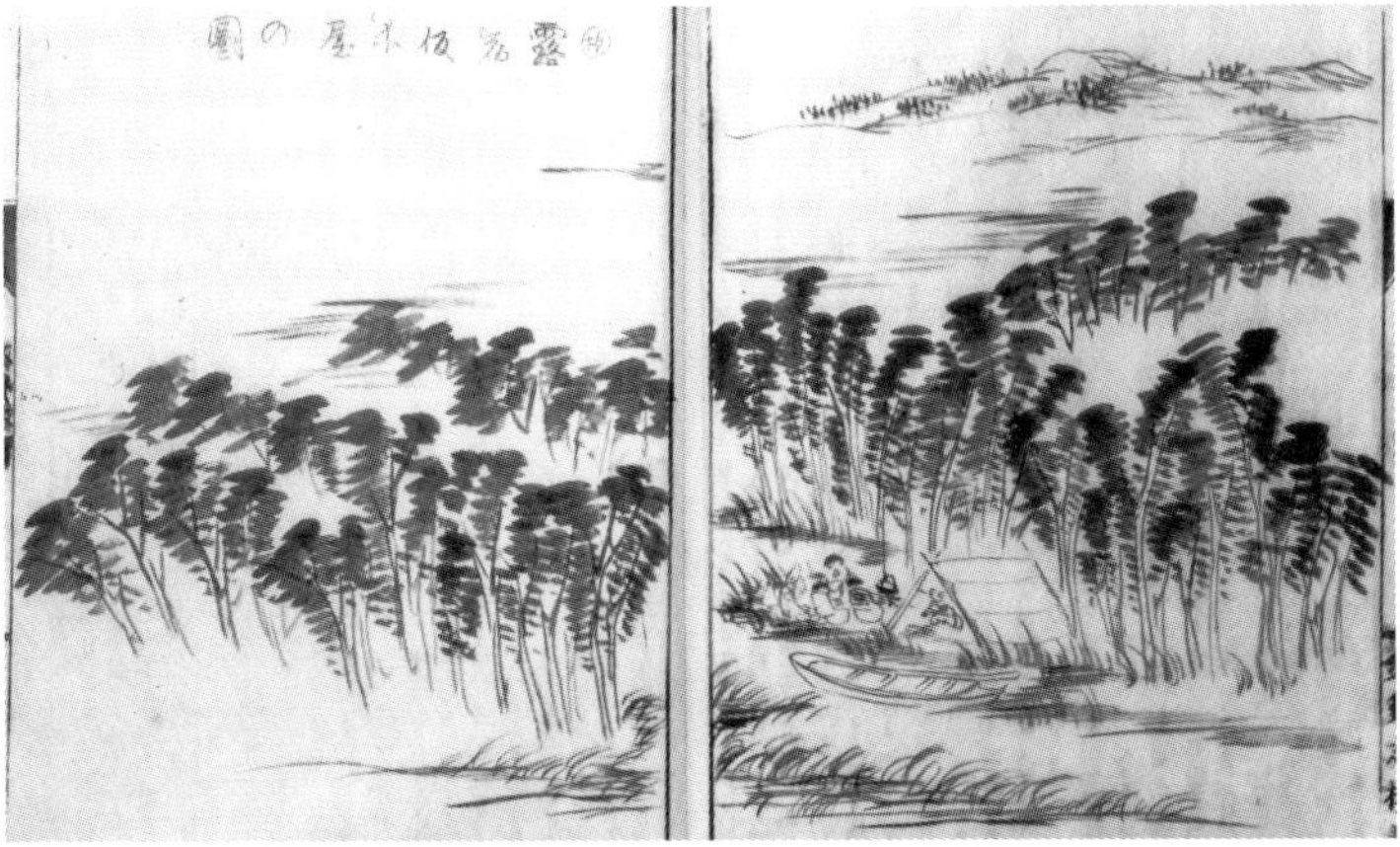

露宿仮小屋の図（「蝦夷日誌」二）

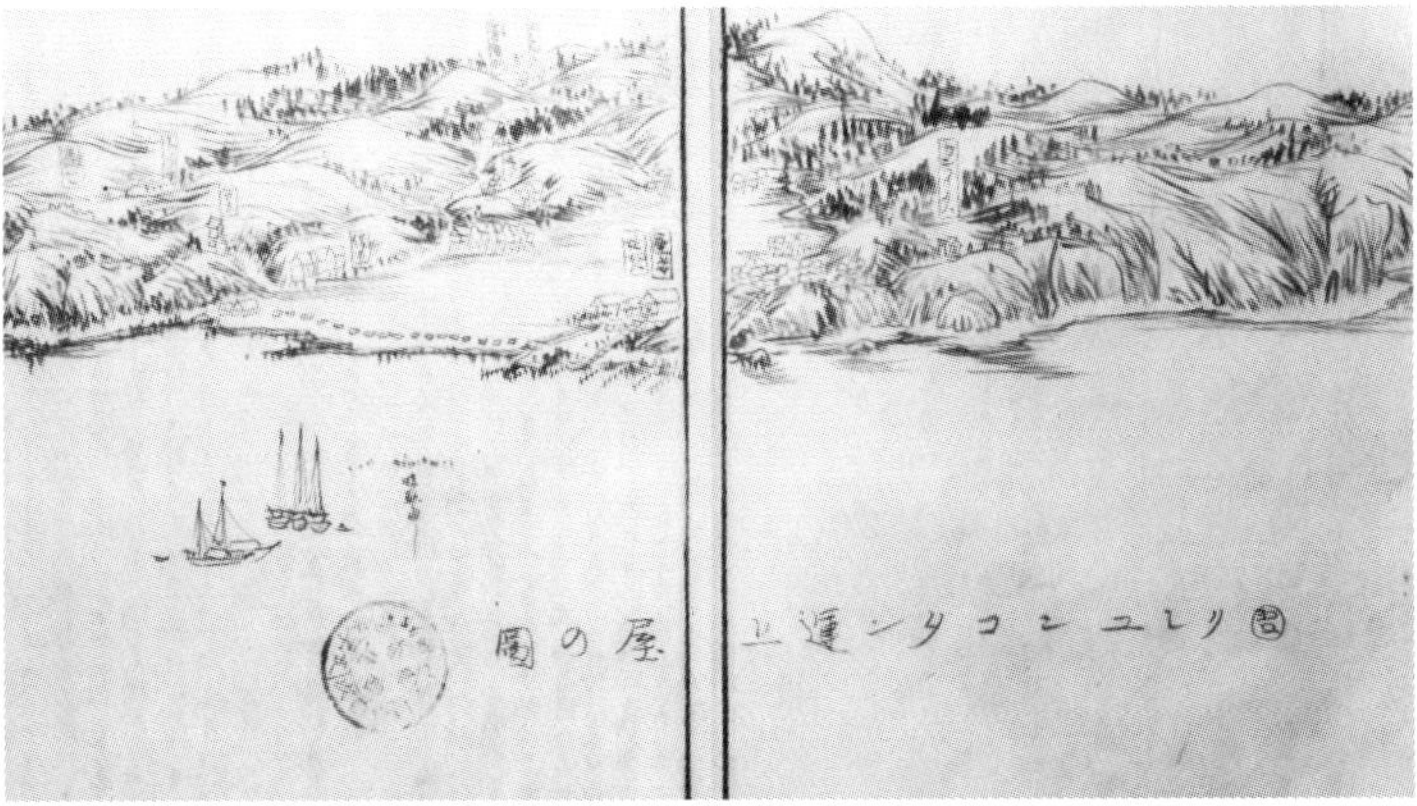

クシユンコタン（久春古丹）運上屋の図（「蝦夷日誌」二）

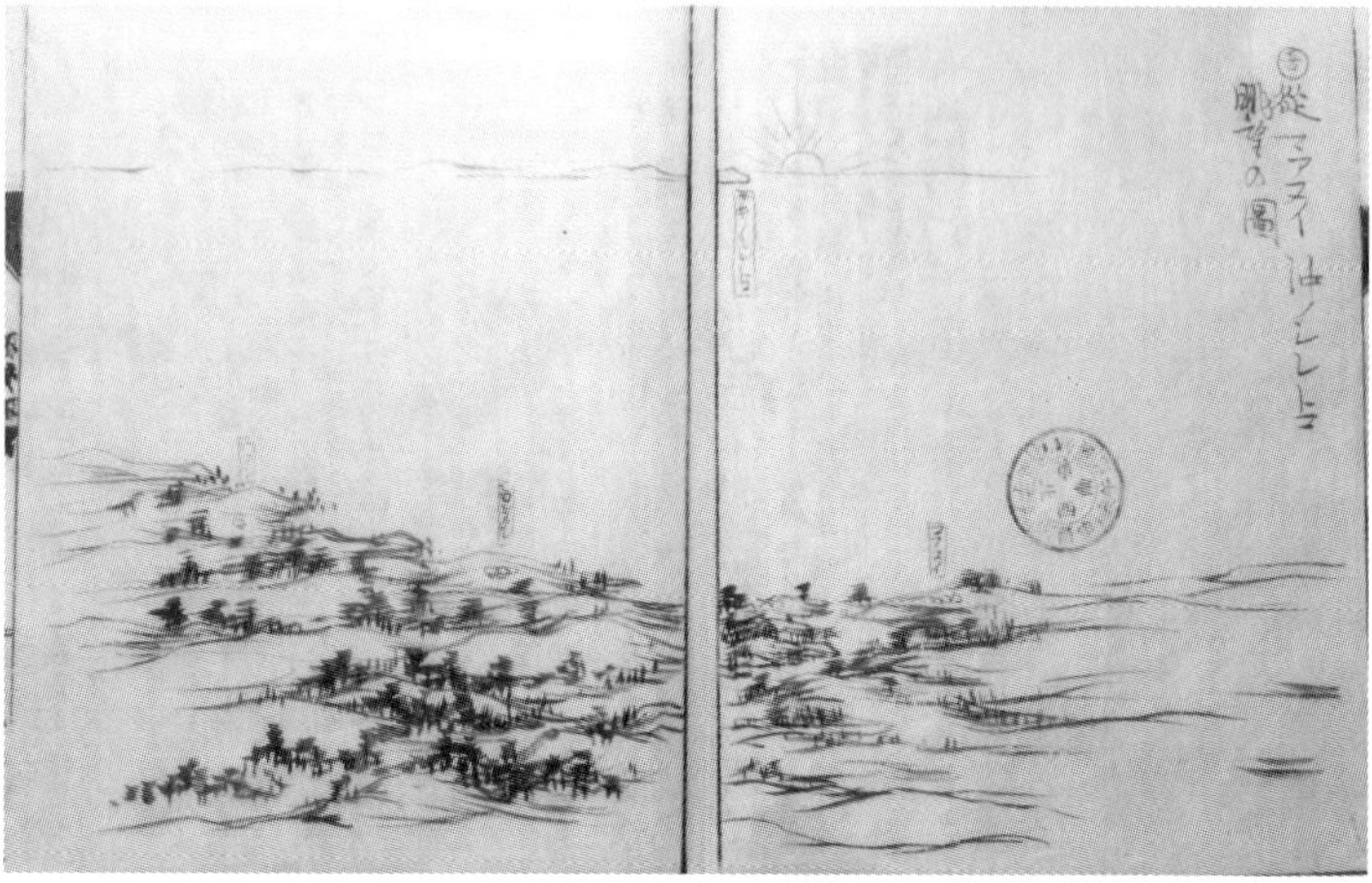

マーヌイ沖よりシレトコ眺望の図（「蝦夷日誌」二）

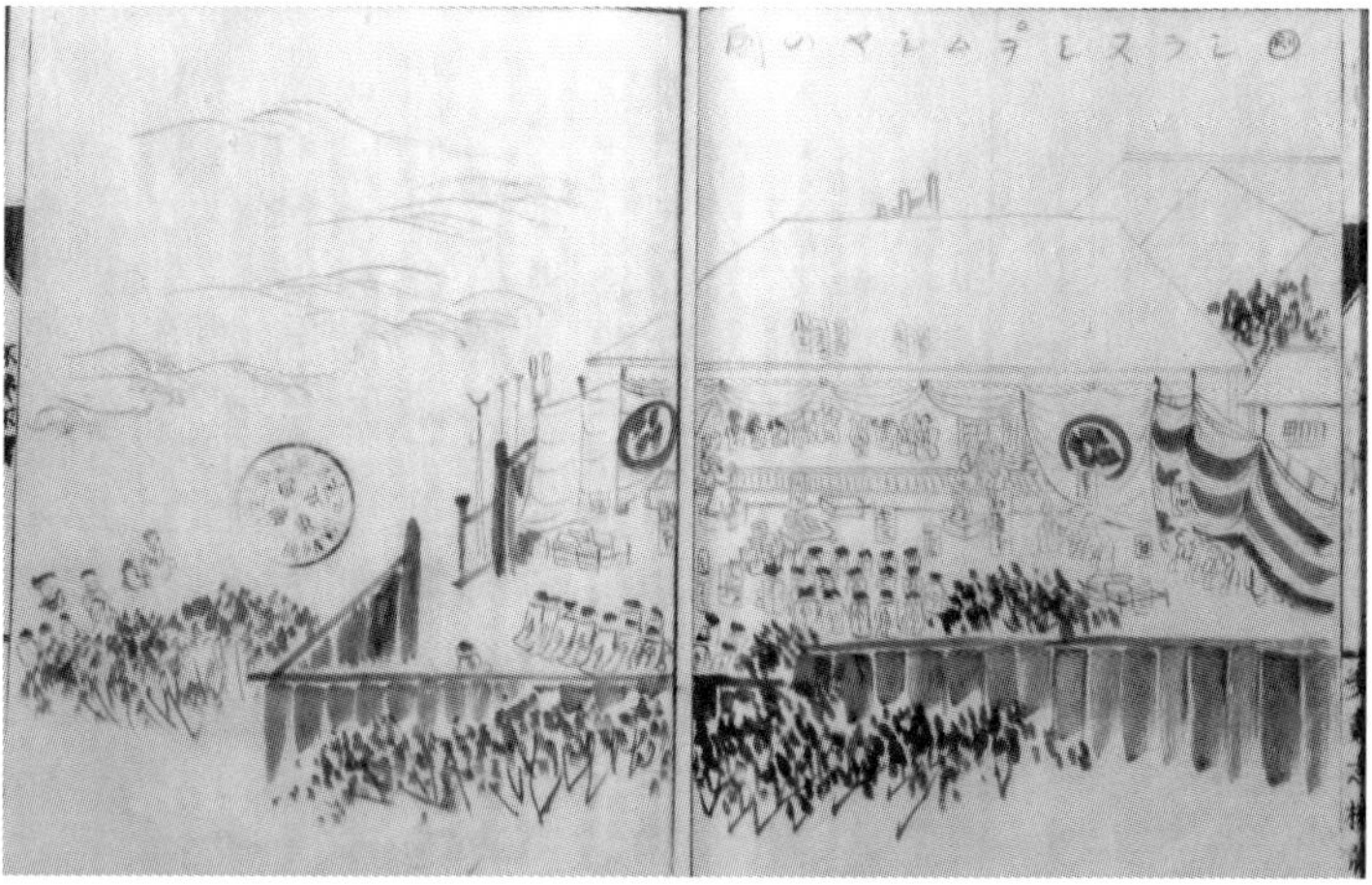

シラヌシ　ヲムシヤの図（「蝦夷日誌」二）

の呼び名もある。

　この中国産の「蝦夷錦」は明治以降も大切にされ、北海道内にはいまも衣服のままのほか、袈裟衣、唐幡、陣羽織、刀袋、敷物などに改良されて、数多く残されている。

　一行は東海岸トンナイチャ（富内）を経てマーヌイ（真縫）まで行き、そこからカラフト島の内陸を横断して西海岸のクシュンナイ（久春内）へ抜けた。クシュンナイは、波穏やかな沢、の意。そのせいであろう。クジラを追ってイギリス船やアメリカ船が来航し、乗組員が上陸していた。

　武四郎は、これではわが領土が外国人の思うままにされると心配し、松前藩の対応のまずさと、幕府の異国に対する意識の低さを指摘し、「蝦夷日誌」二編の最後に、

　心なき君どちこそは蝦夷知らぬ　書つくしたる我身くるしき
　　　　　　　　　　　　　　　憂北生　弘
　　　　　　　　　　　　　　（「蝦夷日誌」二　510）

と和歌を書き遺した。

　シラヌシ（白主）まで下った武四郎は、ここで西川春庵ら一行と別れて、一人で海峡を越えて七月十六日《九月六日》、ソウヤ（宗谷）に戻った。およそ二カ月半におよぶカラフト（樺太）調査だった。

シャリ（斜里）の砲台に緊張

ここからは武四郎の一人旅になる。といっても一人では歩けないので、行く先々でアイヌの若者を案内に雇って進んだ。

ソウヤからウマに乗り、オホーツク沿岸を南下した。なだらかな浜辺がどこまでも続き、樹木はまったく見当たらない。浜風が激しく砂を巻き上げた。

ヲニシベツ(鬼志別)を越えてサルブツ(猿払)に入ると、アシ、ハギ、トドの樹木が見えてきた。このアシ、ハギをアイヌ語で、サル、ブツといい、そのまま地名になったという。武四郎はアイヌ語の地名が、地形や樹木を語源にしているのを実感した。

近くにアイヌの人家があったので、頼んで泊めてもらった。親切な夫婦は食事の後、歌を歌ってくれた。アイヌの子守歌であろうか。それを聞きながらやがて、安心してぐっすり寝入った。

トンベツ(浜頓別)、シヲナイ(斜内)を経て、エサシ(枝幸)に着いた。道南の江差と同音である。このあたりどこもニシン、カズノコ、サケ、マス、ヒラメ、ソエ、ホッケ、アワビ、ホタテ貝などの魚貝類やコンブなどがよく獲れる。アイヌ語で、エは喰《く》う、サシはコンブ、の意味から、エサシ・枝幸、の名がついたという

ここに宿泊（七月二十日《九月十日》）して、翌朝出立した。ツル、カリが群れをなして飛んでいるのが見えた。トンナイウシに建つ領境標識（ソウヤ・モンベツ）を見て南下すると、やがてヲ、ム（雄武）、続いてヲコッペ（興部）を過ぎてモンベツ（紋別）へ入る。港は穏やかで、よく晴れた日は少し山の上へのぼるとアカンノボリ（雄阿寒岳と雌阿寒岳）が見えるという。

斜里海岸より知床連山を望む

網走の帽子岩

武四郎はここから舟に乗り、ショコツ（緒骨）川を遡った。一里（約四キロ）ほど行くと川幅が狭くなり、水の勢いが激しくなった。サケが群れをなして上るのを見て、その勢いに驚いた。そこからさらに遡ると岩石が砕けて黒水晶のように剥きだしていた。武四郎は、

光沢鏡のごとく東部ニ有る処のトカチ石と少しもかわることなし。（「蝦夷日誌」二 367）

と書き、あまりに珍しいので、二つ、三つ拾って、持ち帰った。

ユウベツ（湧別）はトウベツとも言い、沼の川、を指す。別に、サロマ、の意味もあるという。武四郎はこの湖を「廻り凡《およそ》十里余も有るよし也。沼尻船渡し也。番屋、夷人小屋有」と書いた。

海岸線はどこも豊かな集落が続く。トコロ（常呂）を過ぎてほどなく、大きな河口が近づいてきた。番屋やアイヌの人家も見える。でも河口と見たのはノトロ（能取）湖の湖口だった。あまりに大きいので見間違えたのだ。

ここからアバシリ（網走）に入る。浜辺に番屋や長屋が建っていて、海中にウハタラ（帽子）岩が見えた。武四郎は岩についてこう書いた。

番屋前十丁計《ばかり》海中に有。周《まわり》三丁。周廻暗礁多し。鮑《あわび》、海鼠《なまこ》多くして夷人日々是へ漁事ニ渡る。（「同」二 370）

アバシリ(網走)周辺にはモコト(藻琴)沼、クッシャロ(屈斜路)湖などの湖沼が数多く点在し、土地もよく肥えている感じがした。武四郎は、

土地肥沃《ひよく》にして此処《ここ》よりシャリ迄の間を開発せば、三十万石の余も上るなるべし。（「同」二　370）

と書いた。当時の大名の石高は五、六万石、というのが多く、三十万石といえば中位以上にランクされるから、よほどこの地に惚れ込んだのであろう。

シャリ運上屋跡の碑（斜里町）

この地の女性たちは、アカンノボリなどの山に入り、立木の皮を剥ぎ取り、温泉に浸してから晒し、それを叩いて布地にし、織ってアッツシ（着物）にしていた。そのアッツシの白地が他のものと比べてもっともよく、評判がいいという。武四郎のこの地への期待度がより高まった。

シャリ(斜里)に着いたのは七月二十八日《九月十八日》。もう秋風が吹き出していた。アイヌの人家が

建っていて、少し離れて勤番所、そのそばに運上屋、食糧蔵などが並び、砲台が築かれていた。五百匁砲、三百匁砲が各一門、十匁砲が五門、運上屋に保管されていて、いつでも引き出せるようになっていた。匁砲の匁は砲弾の重さを指す。

毎年一度ずつ〝筒さらえ〟といって砲撃訓練が行なわれていると聞いた武四郎は、国境を接する北辺がつねに緊張した日々を送っているのだと実感し、身が引き締まった。

知床に再び立つ

二十八日、シャリ(斜里)から舟で突端のシレトコ(知床)岬に向かった。岬に沿って進むうち、マクウエンショ(真鯉)あたりで日が暮れたので、陸地に上がった。迎えの人が松明《たいまつ》で照らしながら舟を船澗《ふなま》に引き入れた。上陸して番屋で一泊。

翌日はウトルチクシ(宇土呂)を過ぎて行けるところまで行き、ルシャという土地のアイヌの民家に泊めてもらった。その夜、大勢の人たちがやって来て、番人も混じって酒を酌み交わした。賑やかに宴会になり、踊りを踊る者も現れた。武四郎がお礼に、針を二本ずつ差し出すと、アイヌの人たちは喜んだ。眠りについてからも、夜通し火を炊いて守ってくれた。

このころのアイヌの人たちへの土産の人気ナンバーワンは、縫い物に用いる針。なかなか手に入らなかった。もう一つがタバコ。こちらは嗜好品としただけではなく、煙の匂いで虫を寄せつけないことにも用いられた。

知床半島に連なる断崖（斜里町側より）

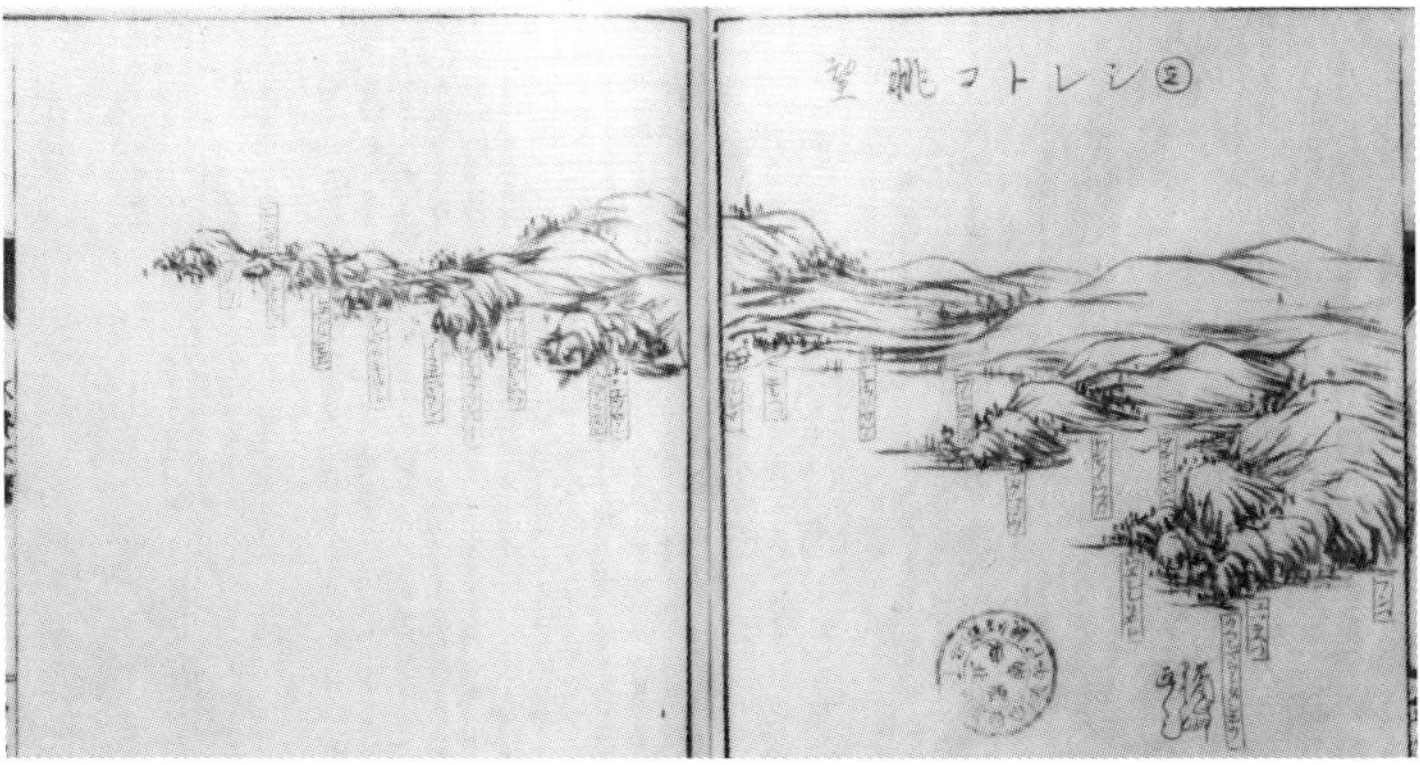

シレトコ眺望（「蝦夷日誌」二）

八月一日《九月二十一日》朝早く、こぬか雨が降りしきり視界がきかないなか、武四郎は早々に食事を済ませ、みの笠を携えて舟に乗り込んだ。岬に沿ってしばらく行くと木幣《イナウ》を立てたカムイ岩が見えてきた。神のやどる岩で、現在の獅子岩を指す。武四郎の舟も木幣を海中に投じて、航海の無事を祈った。

シレトコ岬にもう一息というところで、急に波が荒くなってきた。近くにアイヌの人家が五軒ほど見えた。まだ正午を過ぎたばかりだが、今日は無理と判断し、舟を陸地に近づけて上陸した。

浜辺で酒盛りする武四郎たちを見て、アイヌの子供たちが海岸からアワビを三十個ほど獲ってきた。これを茹でて肴にして酒を飲むうち、いつしかみんな酔いしれて、そのまま岩場で眠ってしまった。

翌二日未明、武四郎らは早々に起きた。「日誌」にはこう書かれている。

其家《そのいえ》の夷人も同じく船ニ乗りて出けるに、未だ日の出ざる間に行んといさミて行ニ、此処の夷人はまた櫂《かい》も甚《はなはだ》上手ニ而《て》

（「蝦夷日誌」二 376）

夜明け前に舟を出したが、アイヌの若者の巧みな櫂《かい》さばきに見ほれている、というもの。そのうち舟は、小さな岬をいくつか越えて、ヘケレホロ岬に着いた。やがてクナシリ（国後）島の島影から朝日がのぼってきた。武四郎はその鮮烈きわまる美しさに藤田東湖の次の一首を記

した。

玉ほこの陸奥《みちのく》こえてみまほしき
　　蝦夷が千しまの雪の明ぼの
（「同」二　377）

舟は断崖をかわして進んだ。霧が深く、前方に見えるはずのノッケ（野付）岬も見えない。武四郎は岩場を見つけてシレトコ（知床）岬に上陸し、その突端に立った。前年、東回りで岬に着いたときに立てた標柱が見えた。駆け寄るなり、標柱の裏に、喜びを込めて次のように書いた。

弘化《一八四六》三丙午《へいご》八月二日
勢州一志郡雲出川南須川村
松浦竹四郎　従二西部一又到二此処一　西部よりまたここに到る

これにより武四郎は、二年がかりで東西蝦夷地の海岸線を一周し、さらに北蝦夷地、樺太の南半分を踏破したことになる。当時としては驚異的な調査といわれた。

この二回の調査で詠んだ和歌が知床半島の両岸の町、羅臼と斜里に歌碑・顕彰碑となって建っている。それを掲げる。

松浦武四郎歌碑（羅臼町共栄　マツカウス洞窟前）

松浦武四郎顕彰碑（斜里町字ウトロ）

仮寝する窟におふる石小管
　葺し菖蒲と見てこそハねめ

山にふし海の浮寝うき旅も
　馴れれば馴れて心やすけれ

シレトコ（知床）岬の再訪を遂げた武四郎は、ここから再びアバシリ（網走）に戻り、弁財船でリフンシリ（利尻）に八月八日《九月二十八日》に着き、十三日にソウヤ（宗谷）に戻った。
ソウヤから石狩、勇払を経て九月上旬《十月二十五日頃》江差に着いた。
これが武四郎の「蝦夷地二航」と呼ばれるものである。

第四章　北方領土をめぐる

頼三樹三郎と百印百詩

江差に戻った武四郎は、また齊藤佐八郎のもとに身を寄せた。偶然だが、そこに意外な人物が待っていた。頼三樹三郎《らいみきさぶろう》という二十二歳の〝憂国の志士〟だった。

三樹三郎は儒者、頼山陽の第三子で、父の死後、江戸の昌平坂学問所（東京大学の前身）に学ぶうち、幕府の政治に不満を抱き、酒に酔って葵の紋（徳川家の紋）の入った石灯籠を押し倒した。それが原因で退学になった三樹三郎は、この際、見聞を広めようと思い立ち、奥羽(東北)を巡った後、蝦夷地へ渡り、江差にいる父の門人の医師、西川春庵の計らいで齊藤家を訪ねた。

西川春庵は武四郎を草履取りとして召し抱え、西蝦夷地から樺太まで連れていってくれた恩人である。武四郎がソウヤ(宗谷)からシレトコ(知床)岬を回っている間に、先に帰国していた。

三樹三郎と武四郎は出会ってすぐに意気投合した。たがいに文人だが、ともに国家の行方を心配し、いまの幕府ではだめだ、と考えていた。二十二歳の三樹三郎、二十九歳の武四郎。七つ違いの若い二人である。

佐八郎の息子で鴎州《おうしゅう》の雅号を持つ作左衛門や西川春庵が、こんな二人を見て、

「ぜひ一日百印百詩《いちにちひゃくいんひゃくし》の会を催しなされ」

頼三樹三郎（1825－59）

百印百詩の碑（江差町）

と勧めた。

一日百印百詩とは、会場を設けて参会者が集まり、随意に「題」を出し、その題を武四郎が「篆刻」し、三樹三郎が「漢詩」を作り、詠む。それを一日かけて百回繰り返すのである。そんなとてつもない催しを、二人は快く承諾した。

その日、一八四六（弘化三）年十一月十四日早朝六時、江差港を見おろす会場の雲石楼《うんせきろう》に、大勢の人びとがやってきた。緊張感がみなぎり、静かな熱気が漂うなか、最初に一人の文人が声を張り上げた。

「第一のお題は『清晨《せいしん》』です」

その言葉を聞くなり、武四郎が題の二文字を刻みだした。三樹三郎がしばし黙考してから、用意の紙に筆で漢詩の五言絶句《ごごんぜっく》をさらさらと書いていく。

五言絶句とは、五文字の漢字で歌われる近体詩で、中国の唐代（六一八〜九七五）に好んで詠まれたものだ。

山青残月薄　山青くして残月薄く
燈白古邨寒　灯《ともしび》白くして古邨《こそん》寒し
橋霜人未過　橋に霜人未だ過《わた》らず
満耳水珊々　満耳《まんじ》水珊々《みずさんさん》たり

山稜が青い輪郭を描き、月影はまだ薄く山の端に残る。常夜灯の白い明かり。橋を渡る人もまだいない寒々とした夜明け。耳に聞こえるのは清々しい水の流れの音だけ、という意味の作品である。

三樹三郎がそれを詠み上げると、思わず歓声が沸き起こった。

一詩に八分二十秒

続いて「開窓《かいそう》」の声がかかった。武四郎の題を刻む小さな音と、三樹三郎の筆を走らせる音が響いた。会場は水を打った静けさである。

「汲泉《きゅうせん》」「澆園《ぎょうえん》」「炊煙《すいえん》」と順番に題が出されて、二人はそれを刻み、詠み書いていく。その姿に人びとは感動し、心を昂らせた。

第六十七番は江差を舞台にした「襲衣《しゅうい》」である。

江刺逢氷雪　江刺《えさし》氷雪《ひょうせつ》に逢《あ》い
達人故々留　達人故《たつじんゆえ》に故留《こりゅう》す
初冬寒似剣　初冬の寒さは剣《けん》に似《に》て
透徹五重裘　透徹《とうてつ》す五重《ごじゅう》の裘《きゅう》

旅先の江差で氷雪に遭遇し、やむなく長逗留するしかない。まだ冬に入ったばかりなのに、寒さは剣のように鋭く、五枚がさねの皮衣さえ、突き抜けるようだ、という意味である。

百印百詩の会は延々と続き、百番目の「清課了引太白」の六文字を武四郎が彫りあげ、三樹三郎が「驪然引太白」から始まる四行の漢詩を書いて詠み上げ、盛んな拍手のなか、午後八時にすべてが終了した。ざっと十四時間に及んだ。

一つの詩題を刻み、漢詩を詠むのにかかった平均時間はわずかに八分二十秒。おそるべき天才の若者二人によるパフォーマンスといえよう。

三樹三郎は最後の詩を詠んだときの感想を、

「常軌を逸した行動であろうが、いつまでも語り伝えられるであろう」

と少し鼻を高くして、述べている。また武四郎は、

「一時の遊戯三昧に至ると雖《いえども》も然も亦韻琴なりき」
と述べた。

三樹三郎が病気になり、回復しないまま年が明けて、近くの五厘沢温泉に移って養生した。

その後、姥神神宮に奉納する「江差八勝」を有志とともに選定し、江差を離れたのは一八四七(弘化四)年夏。それから十二年後の一八五九(安政六)年十月、「安政の大獄」の嵐が吹きすさび、幕府の政治を批判したとして逮捕され、処刑される。

武四郎が三樹三郎の天分を惜しんで、著書『鴨崖先生一日百詩』としてまとめたのは後年(一八六四　元治元年)のこと。鴨崖は三樹三郎の雅号で、そこには、

筆は飛びて、刀は舞い、百印百詩とっさにして成る。

と、そのときの模様が書かれている。

偶然の二人の出会いとはいえ、北海道と名を変える前の蝦夷地・江差で、こうした高度な文化事業が催されていたことに、ただ驚嘆する。

ちなみに孫にあたる松浦孫太が「一日百

頼三樹三郎詩
松浦竹四郎印
百印百詩　完
多氣志樓藏

百印百詩

印百詩」を発行したのは、一九一一（明治四十四）年のことである。

武四郎は正月、江差を発って松前の山田三郎方に止宿。箱館に至り、五月、南部脇の沢、弘前、秋田、酒田を経て、新潟より佐渡へ渡った。江戸へ戻ったのは十一月中旬だった。

翌年は、下総、九十九里、州崎などをめぐり、水戸藩加藤木賞三らと会って、水戸とのつながりを深めた。

三度目の調査は北方領土

武四郎が三度目の蝦夷地調査に挑んだのは一八四九（嘉永二）年、「蝦夷地再航」から三年後のことである。武四郎は三十二歳になっていた。

探検の時期に間が空いた理由はほかでもない。松前藩による厳しい妨害だった。理由は武四郎が蝦夷地に入るたびに、松前藩の政策を批判し、秘匿している町並みや産物ばかりか、アイヌの人たちの暮らしぶりの、触れられたくないことまで記録する。このまま放置して置くわけにはいかないとして、江戸に戻ったところをつけ狙いだしたのだ。危機を察した武四郎は住居を転々と変えた。

その反面で、北への関心は高まるばかりだった。すでに東西蝦夷地と北蝦夷地を踏破しているので、残るはネモロ（根室）の北辺に位置する南千島のクナシリ（国後）島、エトロフ（択捉）島、シコタン（色丹）島、ハボマイ（歯舞）諸島などの島々を巡ること。つまり現在、北方領土といわれている島々である。ここまで離れていたら松前藩も追跡できるまい、と判断したのだった。このころになると武四郎は、アイヌの言葉を聞きわけられ、話もできるようになっていた。

一月二十一日《二月十四日》に江戸を発ち、茨城、仙台と知人を訪ね、青森の三厩《みんまや》から船で蝦夷地の松前に着いたのが四月七日《四月二十九日》。そこから箱館まで行き、一カ月ほど滞在して閏四月十八日《六月八日》、クナシリ（国後）場所請負人の柏屋喜兵衛所有の長者丸に乗り込み、箱館を出立した。すでに初夏の季節を迎えていた。

長者丸の模型（北海道博物館　札幌市）

船は連日のように激しい風波にたたかれながら、太平洋岸に沿って東へ東へと進んだ。羅針盤を取り出して、揺れるなかで辛うじて絵を描いたが、「拙なる筆にて書きとめ易きにあらず」と記したほどの出来の悪さだった。

ようやくネモロ（根室）沖のアキロ（秋勇留）島に着いたのは十一日目の二十八日《六月十八日》。ハボマイ諸島のなかの一つの小さな島で、周辺に点在するタラク（多楽）島、トド（海馬）島などの島々を眺めながら北東へ針路を取り、日の暮れるころ、シコタン（色丹）島の西端のアナマ（穴澗）湾に着いた。

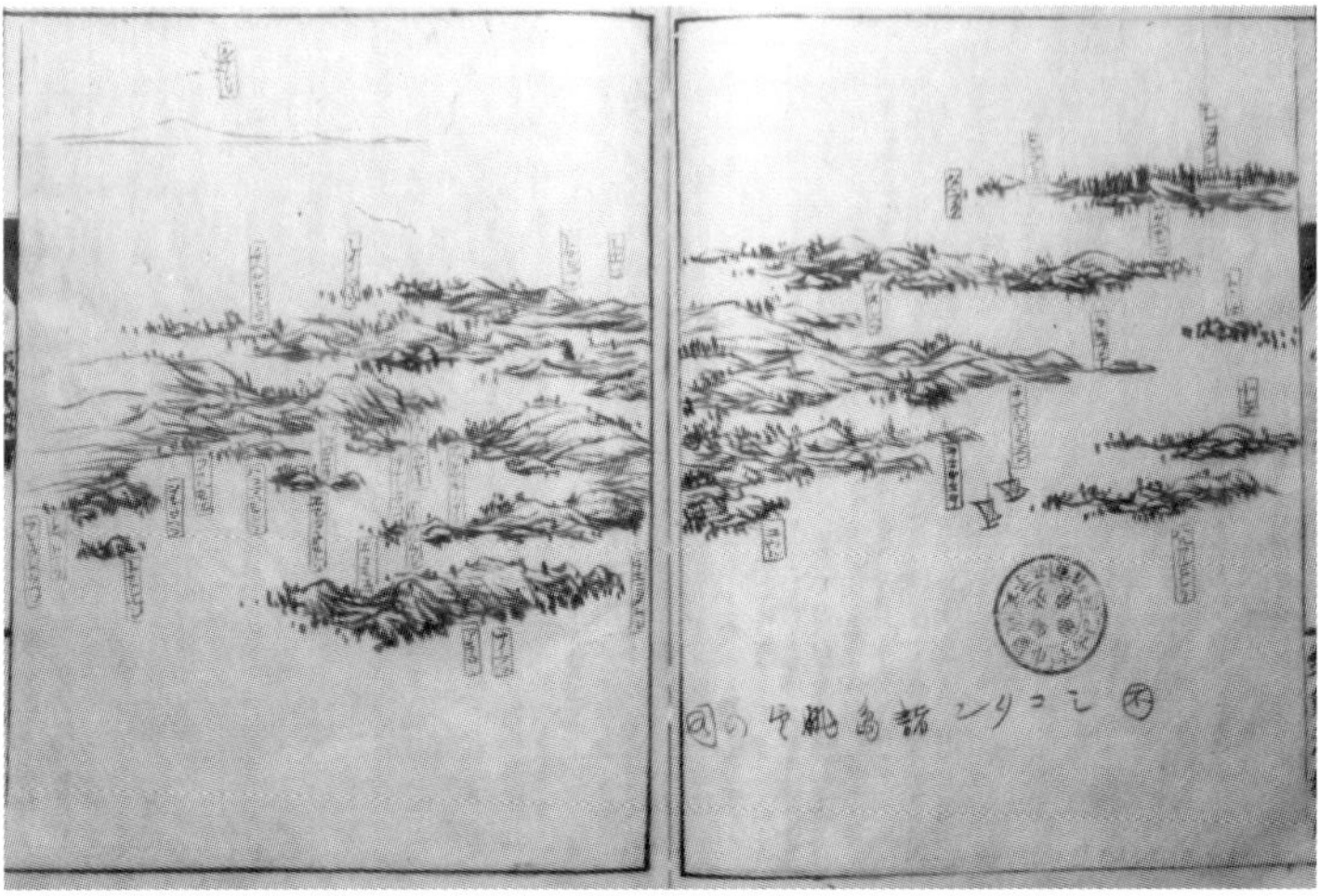

シコタン島眺望の図（「蝦夷日誌」三）

平島にして高山無《なし》。只《ただ》北の方に当りて少し平山、椴木《トドノキ》立有《たちある》のミ。島中に沼多し。至て湿深き地にして霧靄日々難退《しりぞくはむずかし》、水甚《はなはだ》わろし。

（「蝦夷日誌」三　51）

武四郎は土地の人から、この島はネモロ領であり、三十年前まではアイヌの人家が三十軒も建っていたのに、いまは一軒もないことや、異国人がしばしば漂流してきて冬を過ごすことなどを聞かされ、このまま放置しておいていいのか、と恐れを抱いた。

その反面で、意外なことを思う。なぜか島に棲むキツネに魅せられ、ここのキツネはほとんどが三毛《みけ》で、その毛は柔らかくて光沢があり、襟巻きなどにするといい、そして数少ない玄狐《げんこ》という黒毛は敷皮にいい、と書いた。

さらに武四郎は、津軽（東北）のキツネはよく

嘉永2年（1849）松浦武四郎足跡図〈蝦夷地三航〉

１月22日江戸を出立、土浦・水戸・仙台に滞在し
４月７日三馬屋から松前へ渡海、４月21日箱館着

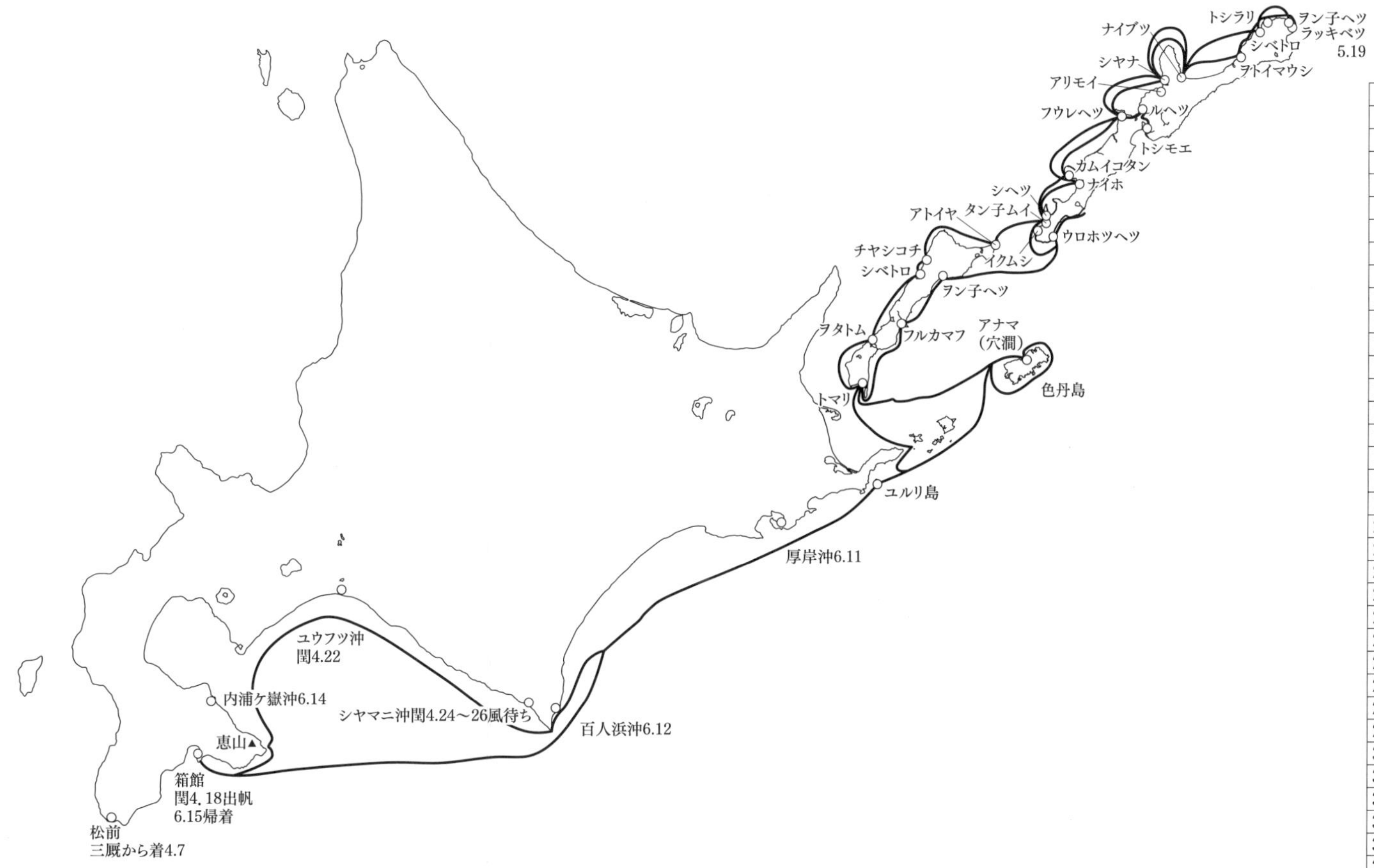

1	箱館 閏4.18出帆
2	椴法華 閏4.19船中、20･21風待ち
3	恵山に登る 閏4.21
4	ユウフツ沖 閏4.22
5	エリモ沖 閏4.23
6	シヤマニ沖、閏4.24 ～ 26風待ち
7	ユルリ島 閏4.27着
8	アナマ（穴澗）閏4.28泊
9	トマリ（泊）閏4.29泊
10	ヲタトム（小田富）5.1泊、2･3風待ち
11	シベトロ（蘂取）5.4泊
12	チヤシコチ 5.5泊
13	アトイヤ（安渡移矢）5.6泊
14	タン子ムイ（丹根萌）5.7泊、8滞留
15	カムイコタン（神居古丹）5.9泊
16	フウレベツ（振別）5.10泊、11･12滞留
17	シヤナ（紗那）5.13船中泊
18	ナイホ（内保）5.14泊
19	ヲトイマウシ（乙今牛）5.15船中泊
20	トシラリ 5.16泊 17･18滞留
21	ラッキベツ　アトイヤ 5.19泊
22	ヲンネヘツ　5.20泊
23	シベトロ（蘂取）5.21泊
24	ナイブツ 5.22泊
25	シャナ（紗那）5.23船中泊
26	フウレベツ（振別）5.24泊
27	ルベツ（留別）5.25泊
28	トシモエ（年萌）5.26泊
29	フウレベツ（振別）5.27泊、28滞留
30	ナイホ（内保）5.29泊
31	シベツ 5.30泊
32	ウロホツヘツ 6.1泊
33	ヲン子ヘツ（遠音別）6.2泊
34	フルカマフ（古釜布）6.3泊、4 ～ 7滞留
35	トマリ（泊）6.8泊、9･10滞留
36	アツケシ（厚岸）沖、6.11
37	百人浜沖 6.12
38	エトモ崎沖 6.13
39	内浦ケ嶽沖 6.14
40	箱館 6.15帰着

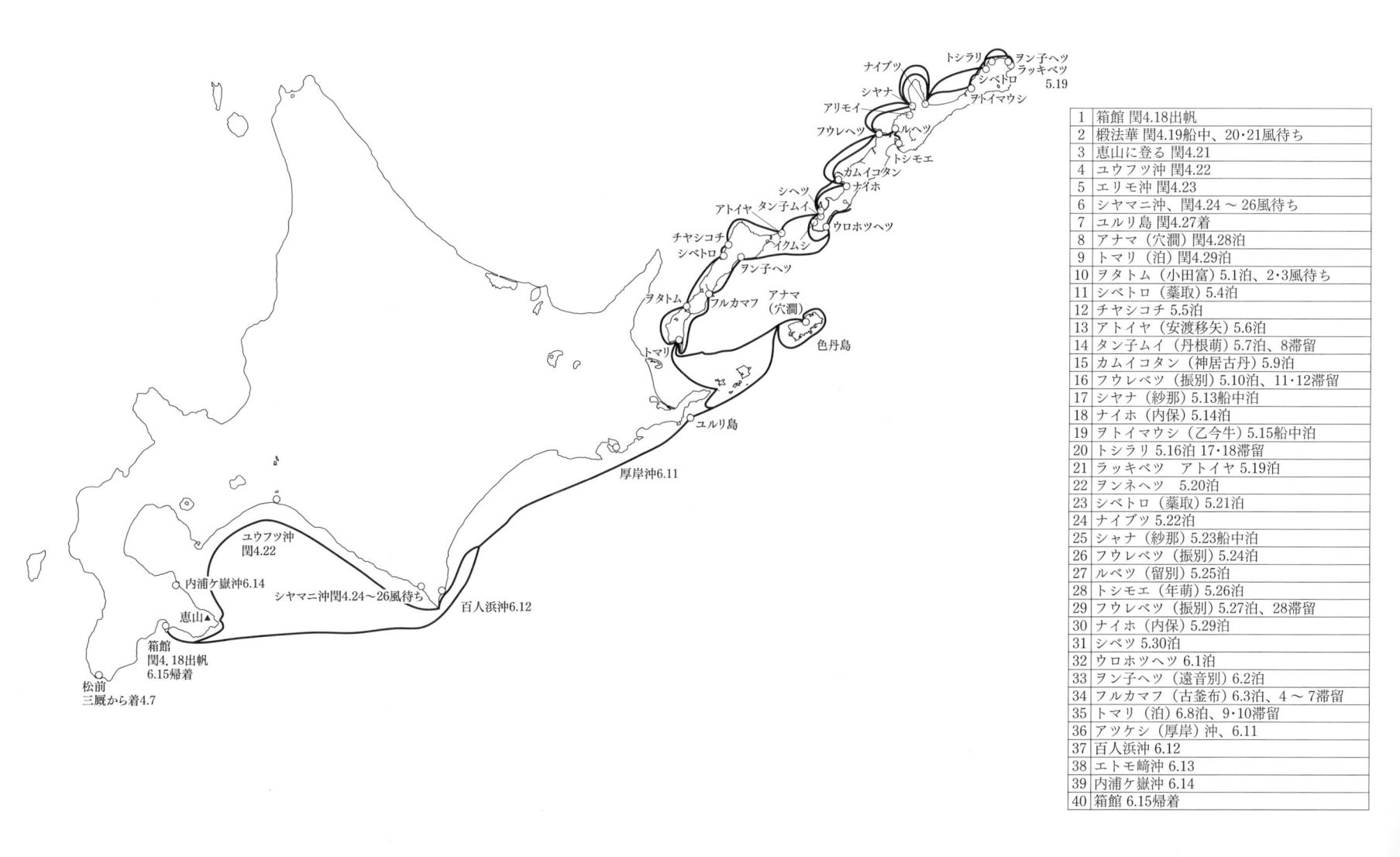

人を欺くというけれど、この島のキツネは人間に騙されて毛皮にされているとして、日本人が外国のキリスト教に惑わされて仏教を信じようとしない風潮を皮肉り、おもしろおかしく書いた。

翌日の明け方、前方に浮かぶクナシリ（国後）島を目指した。ほどなく朝日が昇ってきて光りが満ち溢れ、チャチャ（爺々）岳が海面に映った。武四郎は思わず、

　クナシリチヤチヤノボリに旭《あさひ》さし当り、輝《かがやき》海波に映じていと目覚敷《めざましき》ありさまなり。

（「蝦夷日誌」三　55）

と興奮気味に記した。

クナシリ島の南端トマリに着いたのは閏四月二十九日《六月十九日》の九ツ時（正午）ごろ。目の前に運上屋が建っていた。後ろに弾薬庫があり、三種の砲台が設置されていた。勤番所には重役以下目付、徒士、小頭、足軽、下男、そして医師まで三十一人が詰めていた。以前は十九人体制だったが、異国人とのトラブルに備えて急に人数を増やしたのだという。

武四郎は北辺の島々がいま、さまざま問題を抱えて緊張しているのを肌で感じた。

荒波激しい国後水道

翌日は快晴だったので、舟でクナシリ島を巡った。チヤラセワツカという磯がすべて鉄砂に

チャチャノボリ（「蝦夷日誌」三）

チヤチヤヌプリ（ノボリ）（「千島写真帖」）

覆われていたのを見て、「薪水共に下直《げじき》に候得ば、若干の利有べきに」と感想を記した。

無風のためヲタトム（小田富）という地に二日間滞在し、出航した。シシャルフチという海岸に、材木を立てかけた形の、珍しい岩を見た。柱状節理《ちゅうじょうせつり》と呼ばれるものである。これは、蝦夷地を経てこの島までやってきた義経が、クマを飼ったときに檻にするのに材木を用いたところ、そのまま岩になったという伝えがあった。武四郎はその話に、義経伝説がここまで及んでいるのか、と驚いた。

クナシリ島の西側を見た武四郎は、シベトロ（蘂取）に泊まり、翌五月五日《六月二十三日》朝、エトロフ（択捉）島へ向かうことにした。準備を整え出発しようとしたとき、番屋からコメを蒸したダンゴが、カヤの結んだものを添えて届けられた。鯨餅《くじらもち》という食べ物である。

きょうが端午《たんご》の節句（いまの子供の日）と知らされた武四郎は、改めて喜びを噛みしめながら、「八千里外の孤島にて此の端午の節句の祝をなす」と記して、遠い故郷に思いを馳せた。

ここを出立して途中、チャシコチで宿泊した。同行のアイヌの若者の話によると、この先、和人にはかなりきつい場所だというので、決死の覚悟を固めた。舟は荒波にもまれながら進んだ。チャチャ（爺々）岳が近くに見えた。チャチャノボリである。標高一八二二メートル。二重式の円錐火山で、山麓は深い針葉樹で覆われていた。

舟はクナシリ島の北東の突端、アトイヤ岬に着いた。ここは風待ちの場所で、海峡を渡るとき風波が荒れると、避難するのだという。仮小屋に番人とアイヌの若者が一人、常駐していた。

武四郎はその手薄な警備体制を心配して、こう書いた。

実ニ海防の備無《そなえなし》と云も余りの事なるべし。（中略）大砲は高き事（所）ニあらざれば、備えざるとのミ思ふて居る事なれば、此処等も備ざることか。水主、船方も少し志の有るものは備《そなえ》の無事《なきこと》と糧米の無事《なきこと》を毀《そしり》けり。

（「蝦夷日誌」三 102）

海中にアトイヤ石という赤紫の石が見えた。石質が硬く、火打ちに使うのにいいというので、武四郎はこれをいくつか拾い上げた。火打ちというのは、まだマッチなどのない時代、石と石をぶつけて散った火花から火を採るときの道具である。

この日はいい天気だが、風がないので、舟はそのまま滞留した。風が強すぎると危険だし、反対に風が吹かないと舟は動けないのだ。

夜になって東風が吹き出してきた。そこへ二人のアイヌがやって来て、エトロフ島まで船に乗せてくれ、と頼んだ。武四郎は「どうぞ、乗りなさい」と引き受けた。

翌朝早く、舟は帆をはらませて出帆した。ところがこのクナシリ（国後）水道と呼ばれる海峡はひどい荒れようで、高波が舟縁をたたき、舟体を大きく揺すった。武四郎はあまりの凄さに、

一条の汐を越、船中も起もやらんことか、上棚辺之上ニ有は中々寝けるものも、ガラガラと皆落けり。

（「同」三 107）

と記した。そして「此渡海の尋常ならざることをしめさんが為ニ志るすものなり」と書いたうえ、近藤重蔵が一七九八（寛政十）年七月にこの海峡を越えたときに記した「近藤日記」の中の文面を用いて、

此時《このとき》生涯の死地、心中に勢州神廟《せいしゅうしんびょう》を遥拝《ようはい》し、祈渡海安穏《とかいあんのんをいのり》、再生帰則行拝せんと誓ふ。（「同」三 107）

と書き添えた。死地に陥り、伊勢神宮を遥かに拝み、渡海の無事を祈ったの意である。想像を絶する荒海だったことがうかがえる。

高田屋嘉兵衛（1769—1827）

「大日本恵登呂府」標柱
（「千島写真帖」）

舟はエトロフ島のタンネムイ（丹根萌）沖を通過した。かつて近藤重蔵が「大日本恵登呂府」の標識を立てたところだ。近年このあたり、異国船をめぐる騒ぎがしばしば起きていた。

文化年間（一八〇四～一七）には、ロシア軍艦の艦長ゴロウニンが日本側に逮捕され、その復讐として高田屋嘉兵衛が逮捕された。結局、嘉兵衛の尽力でゴロウニンが釈放されるという経過をたどった。武四郎はゴロウニンの書「遭厄日本記事」を用いて嘉兵衛の武勇ぶりを記し、異国への警戒心をひときわ強めた。

大滝の勢いに驚く

舟はエトロフ島の西側に沿って北上し、フウレベツ（振別）に着いた。勤番所には銃砲のほかアイヌの人たちが使う毒箭《どくぜん》や弓が備えられていた。ここで武四郎は、松前藩が不始末を起こした藩士を、この勤番所に配置しているのを知ってすっかり腹を立て、

寒気甚《はなはだし》敷嶋故ニ《きしまゆえ》、藩中惣而《すべて》此地へ勤番に渡ることを甚恐《はなはだおそ》るゝ也。故ニ皆不首尾《ふしゅび》の藩士を此嶋へ出すことなり。（略）紅夷赤狄《こういせきてき》と境を同くする巨島へ、其過咎有る士を遣すこと如何とも言がたし。（「蝦夷日誌」三 132）

と書き、怒りの矛先を松前藩に向けた。文中の紅夷とは欧米人、赤狄とはロシア人を指す。

ナイボ（内保）を過ぎてシャナという集落に着いた。このあたりも高田屋嘉兵衛が先年、開

拓した地域だが、ロシア人との間でいさかいが絶えないという。武四郎は、このまま放置していては、日本はやがてロシアに蹂躙されてしまう、とおののき、北の守りをもっと固めねば、と「手控《てびかえ》」に記した。

六月になった。オンネベツ、トウベツなどの集落を泊まりながら進み、やがて突端のラキベツに着いた。だが岸壁がそびえ立ち、舟を寄せるところがない。たとえ舟を繋いでも岩場にぶつかり、破損してしまいそうで、危険極まりない。

近くにラキベツの滝と呼ばれる大きな滝が轟音をたてて流れていた。武四郎は目を見張り、

ラキベツの滝（「千島写真帖」）

> 紀州那智山の滝よりも一等大なり。其形の不及《およばぬ》ことは数等も下るなるべし。（略）落て半腹の大岩ニ当り、此水烟《すいえん》四方ニ散乱する其景色は、何を以て比すべき様もなし。（「同」三　180）

と書いた。那智の滝は和歌山県勝浦町にある大滝で、近くに熊野那智神社、那智観音がある。よほどこれには驚かされたと思われる。

南千島の島々をめぐった武四郎は、ここか

ら折り返して、エトロフ島の南端まで出、再びクナシリ水道と呼ばれる海峡をやっとの思いで渡り切り、クナシリ島に沿ってトマリまで下った。そしてネモロ（根室）半島をかわして太平洋岸沿いに箱館まで戻ったのが六月十五日《八月三日》夕暮れ。夏の盛りだった。

これが武四郎の「蝦夷地三航」という。

「蝦夷日誌」三部作三十五巻

江戸へ戻った武四郎は、市川管斎を訪ねた。前年暮れ、蝦夷地調査で知り合った松前藩士から紹介されたとき、その紹介状には「南千島を歩き、松前藩士をしのぐ蝦夷通」と書かれており、市川は武四郎を一目見るなり、好意を抱いた。

市川宅の一部屋を与えられた武四郎は、これまで蝦夷地で見聞したことを書いた「手控」と呼ばれる手帳をもとに、記録を纏める構想を練った。全体で三編とすることにし一八五〇（嘉永三）年二月から執筆に取りかかり、二カ月余りかけて初航の「蝦夷日誌」一編、十二巻を書き上げた。およそ四十万字に及ぶ。この一編の冒頭に、「二航」の際に訪れた松前を入れたのは、ここが蝦夷地の政治の中心地と判断したからにほかならない。

「蝦夷日誌」にはこれまでも触れたが、踏破した土地の地名、そこまでの距離、運上屋、勤番所の様子、産物、周辺の山川、湖沼、岩礁、岬、道路、けもの道まで細かく記し、さらに多くの絵図を描いた。

武四郎は十五、六歳のころから日記を付けており、筆力もまた人並みはずれていたことを改

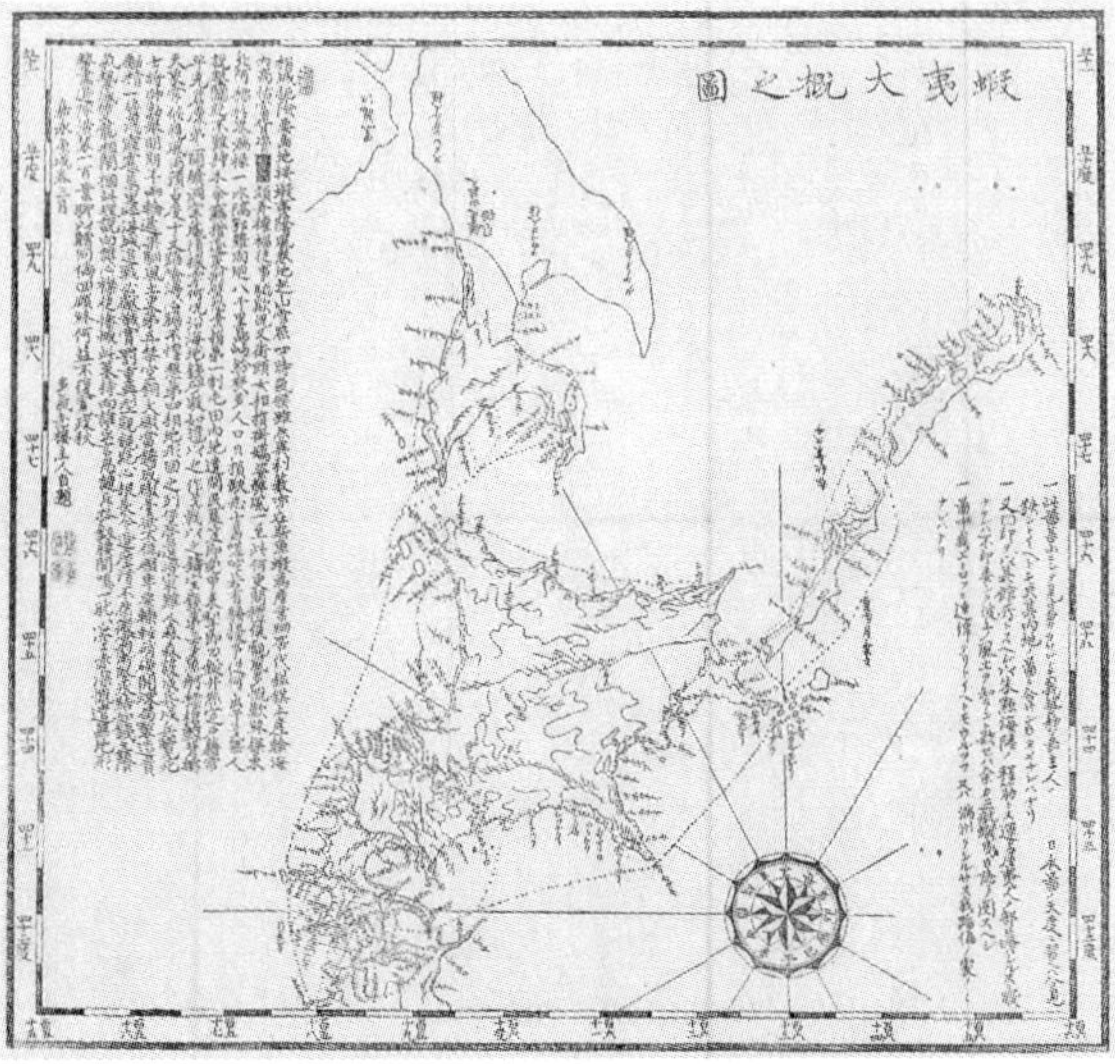

武四郎描く「蝦夷大概図」

めて知ることができる。

蝦夷地探検のなかで武四郎をもっとも怒らせたのは、松前藩の徹底した秘密主義だった。北辺に異国船がしばしば接近しているのに、幕府にも知らせず、ひた隠しにしている。このまま放置しておいたら北辺は間違いなく危機に陥る、として、別の著述「秘めおくべし」にそのことを詳しく書いた。

いま一つ、武四郎の心を傷めたのが、アイヌの人たちの暮らしぶりだった。自然を神として崇め、たがいをいたわりながら生きる人びとがなぜ、これほど苦しまなければならないのか。このまま推移したら取り返しのつかないことになるとして、一日も早い救済策をとるよう訴えた。

武四郎はこの後、再航に当たる「蝦夷

日誌」二編に取りかかり、九月には十五巻が完成した。

この「日誌」の執筆と並行して描き上げたのが「蝦夷大概図」で、これは幕府の許可が下りて発刊にこぎ着けた。武四郎にとって初の蝦夷図で木版無彩の小図である。題簽《だいせん》に「不与買人以貽同好」とあり、「買う者には与えず、同好に士に贈る」の意。地名を細かく入れたこの絵図は、北方に関心を抱く人たちの間で評判になった。

武四郎はまとめたばかりの「初航、再航日誌」の二冊を抱えて友人の峰田楓江を訪ねた。峰田は『海外新話』という本を執筆し、発刊したのだが、この内容が幕府の威信を傷つけたとして謹慎処分になっていた。

峰田は武四郎が持参した書物を読み、その内容を褒め讃えたが、松前藩には都合の悪いことが書かれているので、

「蝦夷大概図だけでなく、この本まで世に出たら、松前藩は黙っていないだろう」

と述べ、そうなったら、世話になっている市川管斎にも迷惑がかかる、と忠告した。

市川宅に戻った武四郎は、これまで長居をさせてもらった礼を述べ、すぐに同家を引き払い、新たに本所入江町の家を借りて、次の執筆に取りかかった。暮れには「三航」八巻が書き上がった。

わずか一年間で蝦夷地踏査記録の「蝦夷日誌」三部作三十五巻のすべてが完成したのである。

誰に頼まれたものでもなく、代償を求めるでもない、ただ自分の知り得た蝦夷地の事情を書き残したい、ただそれだけの気持ちでやり遂げたのだった。

「蝦夷日誌」を水戸藩主に献上

年が明けて一八五一（嘉永四）年、松前藩は予想にたがわず、「蝦夷大概図」が出版されたことに憤慨して、武四郎をつけ狙い出した。武四郎は知人に勧められるまま、浅草観音寺の金蔵院という脇寺に移り、ここで南北朝時代に出された「新葉和歌集」を改めて発刊し、知人に配付した。

この歌集は千四百首の古歌をまとめたものだが、それが幕府の怒りに触れた。書物自体を問題にしたのではなく、将軍吉宗の孫にあたる老中の書物を、とやかくするのは不届きだ、というもの。だが武四郎は平然としている。

そのうち松前藩の追っ手が家の回りをうろつきだした。武四郎は〝逃げるが勝ち〟とばかり、また別に住まいを変えて、こんどは二百年前に熊沢蕃山《くまさわばんざん》（一六一九〜九一）が書いて幕府に禁固刑にされた「断璧残圭」を発刊した。これを知って幕府は激怒した。

武四郎は追跡を避けて十年ぶりに郷土へ戻る。

一昨年に成した「蝦夷日誌」三部作を持って帰省し、二月六日に津に至り、平松楽斎を訪ねると、楽斎は先月末に死去していた。

伊勢、京都を歩いて、知人に「蝦夷日誌」を見せて、北辺の危機を訴えた。江戸に帰ってからは水戸藩屋敷の加藤木《かとうぎ》賞三《しょうぞう》らと会い、逼迫する国情について語り合った。加藤木からその話を聞いた水戸藩主の徳川斉昭（烈公）は、武四郎の存在に興味を持った。

一八五三（嘉永六）年六月四日、浦賀にアメリカのペリー艦隊がやって来て、幕府に国書を手渡し、開国を迫った。「黒船騒動」である。江戸の町は外国艦との戦いになるといって恐れ、騒然となった。武士は鎧兜を揃えようと道具店に押しかけたので、急に値段が跳ね上がり、品薄になった。

その月の十八日、長州萩（山口県）の吉田松陰と肥後（熊本県）の永鳥三平《ながとりさんぺい》が武四郎を訪ね、蝦夷地の現状を訊ねた。二人とも国を憂うる若い武士である。武四郎は北辺の防備が極めて手薄であるとして、いまこそ蝦夷地に目を向けねばならない、と諭した。三人は夜の更けるのも忘れて語り合った。

七月になると、こんどはロシア使節プチャーチンが長崎にやって来て、通商を求めた。新潟にも外国船が来たとの情報が入った。そんな最中、将軍徳川家慶が病没した。しかし幕府はその死を隠したまま、諸藩に対して外国への対応をいかにすべきか意見を聞いた。

武四郎は、開国を求める外国が増えているいま、こんな悠長な態度ではだめだ、幕府とか藩とかでない、日本という国家が一致して事に当たらねばなるまい、と考えるのだった。こうした考え方は進歩的な武士階級のなかに、さまざまな形で広がっていた。

世の中が尊皇攘夷へと動き出した。天皇を崇め、外国人を追い払う、というもので、水戸藩主の徳川斉昭もその方向を目指す一人だった。

武四郎は親友である水戸藩士の加藤木賞三に「蝦夷日誌」を手渡し、

「ぜひ水戸侯に読んでいただきたい」

と願った。

武四郎に興味を持っていた斉昭は、蝦夷地を開拓することが北辺の海防につながると主張することの書に心を動かした。斉昭もまた蝦夷地に着目し、探索を続けていたのだった。武四郎と水戸藩とのつながりは、より固いものになった。

武四郎は各地を歩き、憂国の志士といわれる人たちと会って、わが国の行方について語り合った。そんな折り、蝦夷地の江差で「一日百印百詩の会」を催した頼三樹三郎と京都で顔を合わせ、再会を喜び合った。

江戸に戻った武四郎のもとに、攘夷を主張する志士たちが次々と訪れた。そのなかに中浜万次郎という若者がいた。万次郎は十五歳のとき、船で漁に出て漂流し、アメリカの捕鯨船に救助された。以後、ジョン万次郎の名でアメリカで暮らし、その間に航海術や天文学、測量学などを学んだ。船で世界を回り、十年ぶりに帰国し、長崎奉行所で取り調べを受けた後、いまは幕府の普請役に取り立てられ、船の建造をしていた。

武四郎は万次郎に、蝦夷地の模様を説明して、北辺が危機に晒されているいま、アメリカは何を考えているのか、と質した。万次郎はアメリカの海軍力は強大であり、いずれ艦隊を揃えて、力づくで攻めて来るだろう、と述べた。

攘夷こそがわが国を守るただ唯一の道、と考えていた武四郎は、その一言に自分の考えの甘さを知らされた。

相前後して武四郎は大坂の砲術家、坂本鼎斎《さかもとていさい》に会いたいと思い、その橋渡しを知り合いの吉田松陰に頼んだ。松陰はすぐに応じ、次のような紹介状を書いた。「吉田松陰全集」第八巻より掲げる。

此の人足跡天下に遍《あまね》く、殊に北蝦夷の事至つて精しく、近藤拾蔵以来の一人に御座候。(中略)何卒先生御宅御尋ね申上げ候上、御一座の御高話相伺ひ度き存念故、品に応じ然るべく御教《きょうかい》誨祈り奉り候。

文中の「近藤拾蔵」は近藤重蔵を指す。後段の「品に応じて」は、市井《しせい》人である武四郎の人柄を見抜いたうえで、失礼のあるのを懸念してのことであろう。いずれにしろ武四郎との交流の深さを示すものといえよう。

この松陰の紹介状は、相手の坂本鼎斎が不在で会うことができず、武四郎の手元に遺され、松浦武四郎記念館に現存する。

第五章　豊かな蝦夷地

武四郎、幕府の役人に

一八五四(安政元)年三月、アメリカの艦隊が再び江戸湾にやってきて、国書の回答を迫った。慌てた幕府は急いで日米和親条約を結び、長崎のほか、下田、箱館の開港を約束した。八月になると幕府はイギリスと和親条約を結び、さらにロシア、オランダともそれぞれ条約を締結した。武四郎は、箱館が開港になれば、防備の手薄な蝦夷地は外国人に踏み荒らされるのではないか、と気を揉みながら、「壺の石」という書物を執筆、発刊した。この本はこれまで三度歩いた蝦夷地の事情をまとめたもので、松前を起点に東部七十六カ所、西部七十六カ所の地名、里程の一覧表をつけている。武四郎の蝦夷地関連書物の第一号である。

その一方で武四郎は五月に宇和藩、十月には藤堂藩から依頼され二度下田に赴き、アメリカ使節ペリー、ロシア使節プチャーチンとの応接の模様を細かく報告している。

十一月四〜五日、大地震により下田に津波が襲い、ロシア艦船ディアナ号が大破。その後、戸田（沼津市）へ回航中に沈没した。

翌一八五五（安政二）年二月、幕府は箱館開港を前にして、松前藩から蝦夷地を召し上げて直轄地とし、箱館奉行を三人置いて交替に勤務させ、外国船に睨みをきかせる体制をとった。

松前藩は陸奥国伊達郡梁川に移して三万石の大名とした。松前藩にとって二度目の転封である。武四郎は同月十三日《三月三十日》の「自伝」に次のように書き、続けて和歌を一首詠んだ。

> 松前家三万石に被仰付《おおせつけられ》候。蝦夷一円上知被仰付候。

箱館奉行所跡（函館市元町）

1864（元治元）年に完成した箱館奉行所

後方羊蹄山《しりべし》の胡砂《こさ》はれ初《そめ》て夷人等も
　春立《はるたち》御影《みかげ》今や仰がん

（「自伝」156）

五月になり、向山《むこうやま》源太夫が箱館奉行所の支配勤方を命ぜられた。武四郎の言動を高く評価している向山は、箱館へ向けて出立する前に武四郎を招き、「蝦夷日誌」三十五巻を将軍に献上するように勧めたうえ、

「いずれあなたの力を借りたい」

と述べた。武四郎は向山の好意に深く頭を垂れた。この向山との出会いが、その後の武四郎の運命を決定づけることになる。

「蝦夷日誌」を将軍に献上してほどなく、将軍から武四郎に褒美十両が贈られ、続いて箱館奉行で江戸勤務の堀織部正利熙《ほりおりべのしょうとしひろ》から、幕府の御雇とし箱館勤務を命ずる、との通達を受けた。水戸藩主徳川斉昭の強い推挙があったとされる。その文面を掲げる。

水戸殿家来　加藤木賞三厄介　松浦竹四郎
御雇入被仰付箱館表江被差遣候尤御手当之儀追て可申達候

（「自伝」189）

蝦夷地にいかに詳しいとはいえ、一介の市井人に過ぎない武四郎を、水戸藩家来の加藤木の厄介（食客）とし、武士に取り立てたうえ御雇に採用したのである。雇と言うと低い階級に思

われようが、れっきとした役人である。しかも仕事が、先日出立した箱館奉行支配勤方の向山源太夫の配下だという。向山が早々と手回しし、決めていたのであった。

「これからは幕府役人として、蝦夷地を歩くことができる」

武四郎は、大空に向かって快哉《かいさい》を叫んだ。

十月二日、江戸で大地震が起こり、加藤木の上司である藤田東湖が死去した。加藤木の蔭で何くれとなく心を砕いてくれていただけに、愕然となった。

領地請け取りとアイヌの調査

一八五六（安政三）年元旦、三十九歳になった武四郎は裃《かみしも》をつけ、江戸の箱館奉行を訪れ、堀織部正利熙をはじめ上司らに挨拶して回り、励ましを受けた。

ちなみに箱館奉行は、江戸勤務の堀のほか、箱館勤務の竹内下野守保徳《たけうちしもつけのかみやすのり》、蝦夷地廻浦《かいほ》（巡見）担当の村垣淡路守範正《むらがきあわじのかみのりまさ》の三人が置かれていた。一年交替で職務が替わる仕組みである。

二月六日《三月十二日》、武四郎は箱館奉行支配調役並となる三田喜六《さんだきろく》らとともに江戸を発ち、箱館へ向け出立した。お腹の大きい三田の妻も一緒である。友人、知人ら二十人ほどが町はずれの宿場まで見送ってくれ、しかも泊まりがけで祝宴まで開いてくれた。武四郎は感激した。

翌朝、宿を出た武四郎は奥羽（東北）を進んで、下北半島の北端の奥戸（大澗町）というところに着いた。ここで日和を待って三月五日《四月九日》早朝、宿場役人らに見送られて船で出立した。海は幸い凪いでいて、船は津軽海峡を無事に乗り切り、四ツ時（午前十一時）ごろ、箱館に着いた。

山瀬泊から沖ノ口に上り、宿屋で旅装を解いてから、勤務先となる箱館奉行所に着任の挨拶に出向いた。向山源太夫が待ちこがれていたように出迎えた。茶を一服呑んでいるとき、三田家の用人が飛んできて、三田の妻が急に産気づいたという。急いで医師を呼び、駆けつけた。間もなく元気な赤子の泣き声が聞こえ、武四郎は、前途に光明を見る思いがした。

翌三月六日《四月十日》、武四郎は改めて箱館奉行所に赴き、奉行の竹内下野守保徳より、「蝦夷地請取《うけとり》渡差《わたしさし》図役《ずやく》頭取」の辞令を受けた。「蝦夷地請取渡差図役」の組頭向山源太夫が幕府代表として各地を回り、松前藩より領地を受領するので、その補佐をするという大事な役目だった。

同時に武四郎は「土人撫育《ぶいく》産物取集方等御用」を命じられた。土人はアイヌを指す当時の表現で、アイヌの人たちの撫育と産物の調査である。アイヌの暮らしぶりはいささか承知しているつもりだが、より詳しく調査する必要があった。

出立を前に武四郎は、これまで三度にわたり探査した蝦夷地の実情をまとめた長文の建白書「愚存之程大略奉申上候」を組頭の向山源太夫に提出した。新道開削の具体策を含め陳述したものだ。そのごく一部を掲げる。

> 熊石村より先は何れも処々海岸に絶壁等有之、其場所限り掻《かき》送り船にて通行仕候。別てシマコマキとシツキの間、モッタ、岩内場所ライデン、フルウ場所サネナイ、シャコタン場所ヲカムイ、益毛領ヲフイ等は其里程も遠く、沖合泙《なぎ》候節に御座なく候ては掻《かき》送り出来難く其外所々難場も数ケ所御座候。
>
> （「定本」下 198）

以下、西海岸線をヲタルナイ（小樽）、石狩、アッタ（厚田）、アイカップ（愛冠）、ベツカリ（別苅、増毛）を経て、ル、モッペ（留萌）まで、細かく記載して、最後に「御雇の者　松浦竹四郎」と記した。以後、この表現を多く用いることになる。向山は蝦夷地を熟知している武四郎の存在に意を強くしたのはいうまでもない。

三月二十九日《五月三日》、向山を筆頭に役人三人、槍持ち、草履取りら、それに武四郎と付人の庄吉の九人が、箱館港を水車船で出立した。水車船というのは、船内に取りつけた二つの踏み車を踏むと二つの水車が回って前進する仕組みになっていて、櫓《ろ》や櫂《かい》を使わないのが特徴である。

武四郎は船出の様子を次のように書いた。以下「竹四郎廻浦日記」を用いて書き進める。文中、松前、江差、箱館など道南方面は、当時すでに用いられていた和名の漢字表記とし、その他はカタカナで表記し、必要に応じて漢字地名を入れた。

濛靄懸《もうあいかか》り、一円に眺望も無之《これなく》候得共、万里の旅立一同心勇間敷《こころいさましき》　（「廻浦」上177）

万里の旅立ちの表現に、心の昂りが伝わってくるようだ。

松前藩の厚いもてなし

船は当別（渡島）に着いた。集落の名主をはじめ役付きの者たちが揃って海岸に出て、一行を出迎えた。ここには箱館沖ノ口の出張役所があるので、まずその検分をして、領地の請け渡しを行なう。裃をつけた名主らが丁重に振る舞い、無事に請け渡しが済んだ。

武四郎は当別について細部にわたり記してから、最後にこうつけ加えた。


村東の出口に川有。幅凡《およそ》四間。板橋。上に役所並に稲荷大明神社有。（中略）人家寛政度二十九軒と聞《きく》。当時四十五六軒。名物カジカは未だ絶もせず有るよし。惣て産物昆布、海鼠《なまこ》、鮑《あわび》、カジカ其外雑魚多し。薪有。水よろしと。（「同」上178）

当別の町の繁栄する模様に続いて、人家が寛政年間、いまより約五十年前の前松前藩領から幕府直轄に移るころに比べて、かなり増加していることを書いている。

ところで文面に出てくる名物カジカとは、実は土地の餞妓、つまり売女を指す隠語なのである。何度も蝦夷地を巡っている武四郎にとって、よほど目触りな存在だったようで、以下の「手控」（手帳）にも、土地ごとに出会う売女が、ホッキ、コダシ、蕪《かぶ》、ホヤ、ハマナシ、蛾の字、ゴショイモ、鼻マガリなどの隠語で呼ばれている旨、記している。

釜谷、泉沢を経て札刈に着いた。人家七十軒。この村に長兵衛という八十四歳の老爺と長次郎という者の八十九歳になる老婆がいた。当時は「古希稀なり」といわれ、七十歳の古希は珍しいとされたが、それを越す高齢の人がいるという。武四郎は、

長の字に因有る者は長寿のよし　（「廻浦」上182）

として、組頭の向山にその旨を伝え、「長」のつく長兵衛と長次郎の母親に、褒賞金を与えた。老人らはいたく感激した。以後武四郎は、和人、アイヌの区別なく、高齢者や孝行な子供などに手当て金や慰労金を手渡している。これは武四郎の「爐心餘赤」に見える。

木古内に着くと、松前藩の町奉行と家来たちが出迎えた。ここから福島峠を越えるので、松前藩の命を受けた藩士とクマ撃ちが一行に合流した。ウマに乗るのは向山だけ。知内川を舟渡しで越え、知内に入った。人家五十五、六軒。荒神を祭る神社が建っていた。

この村に「七つの不思議」があるという。武四郎は、不思議とされる話を次のように書いた。

山の下にて薪不自由、川の上にて水不自由、海辺にて魚が無等中也《なきなどもうすなり》　（「同」上185）

難所の福島峠を越えて、峠下の一軒家で小休憩した。ここの老亭主はクマ撃ち名人で、毎年七、八頭ほど仕留め、領主から褒美をもらっているそう。クマが接近してきて襲いかかる瞬間を狙って銃弾を放つのだという。武四郎はその話に、目を丸くした。

福島に着いた。人家百五、六十軒。松前藩士が組頭の向山をうやうやしく出迎えた。八幡宮や寺院を参詣し、宿泊所となる名主の家へ着く。沖合に外国船が三隻見えた。緊張が走ったが、翌朝になると、いずこかへ立ち去り、何事もなく過ぎた。

福　山　城（松前町）

名主宅を出立し、海岸線に沿って吉岡、荒谷、大沢を経て根森へ。ここには松前藩の足軽が一人定住していた。及部《およべ》まで行くと家が増えて、家並が城下まで続く。一行は城下の旅籠に入り宿泊した。町奉行や町目付がやってきて、丁重に挨拶した。

翌朝、旅籠を出ると、町外れの橋のたもとに場所請負人、町年寄らが控え、頭を下げて出迎えた。橋を渡ると町奉行、寺社奉行、吟味役、目付などが並んでいて、同様丁重に迎えた。

福山城に入ったのは四月三日《五月六日》。検分と請け渡しを無事に終えた。これにより松前藩は藩ごと陸奥国伊達郡梁川に移り、出羽村山郡と合わせて、三万石の大名になるのである。一万石格に過ぎない松前の顔を立てた移封といえた。

その夜、向山や武四郎らは松前藩の持てなしを受けた。その豪華な宴に武四郎は、三度の蝦夷地調査のときに接した松前藩士の高飛車な態度を思い浮かべ、奇妙な気持ちになった。
翌日朝、一行は松前藩から差し遣われた、藩士とクマ撃ち足軽二人に付き添われて出立した。半島を迂回する形で、赤神、雨垂石、茂草、清部、江良を越え、難所を過ぎて小砂子に着いた。この間、村々の名主らが麻裃姿で組頭一行を出迎えた。今日も遥か彼方に異国船の姿が見えた。
急流の石崎川に差しかかった。舟が十隻ほど係留していたので、それを跨いで渡った。川岸には一丈（約三メートル）を越えるイタドリが生えていた。このあたりも景気がよく、以前と比べて人口が倍増していた。武四郎はこの村について書いた。

雑木多く、獣は熊狐多く、鷹鵰《たかわし》も多しと。魚類鱒《ます》、鮑《あわび》、鱈《たら》、嘉魚《いわな》、似嘉魚《やまめ》、又鮭《さけ》も上る也。（中略）石崎村人家七十五軒（前私領の頃三十七軒）、人別凡《およそ》弐百九十余人。

（「廻浦」上220）

一行は北上を続けた。汐吹、木の子を越え、上ノ国《かみのくに》に着いた。夷王山《いおうさん》がすぐそばに望まれ、名主が裃姿で出迎えた。人家二百九十軒余、人口千二百九十人ほど。前松前藩領のころは八十五軒というから、大変な伸長ぶりである。
五勝手《ごがって》を越えて四月七日《五月十日》、江差に着いた。武四郎にとっては、蝦夷地《一八四六》再航《弘化三年》以来だから、ちょうど十年ぶりになる。懐かしい町並みに接して、雲石楼で催した「一日百印百詩」を思い出していた。

太田山大権現の修験僧

江差に一日滞在した一行は、翌八日、新たに松前藩士とクマ撃ち二人らを加えて出立した。乙部、熊石を経て十一日クドウ（久遠）に着いた。ここで武四郎は新道計画として「従熊石村《くまいしむらより》クドウ場所迄新道見込之書」と題して次のように書いた。

是よりウスベツを越候てレンケヲタ、ユノシリ等の岬を廻り候へども此処二、三丁上の方熊笹繁り候処を横切に小坂二ツ程越候て、クドウ運上屋前イナヲサキの上え越《こえる》に宜敷《よろしく》御座候。惣《すべ》て此道は出稼の者共内々歩行往来仕居候事に御座候間、少々御手入に相成候はば、追々場所通行の者も歩行仕候踏馴《ふみなれ》し、自然宜敷道《よろしきみち》に相成申候。

（「定本」下　211）

斜面に立つ太田大権現の鳥居
（せたな町）

続いて運上屋請負人の無頓着な対応ぶりを指摘したうえ、破船や溺死人にも触れ、妥当な運上金を出させ、八カ村に任せて新道を開削させれば、もっといい場所になる、と提言した。これが武四郎の「新道見込之書」の第一号である。
帆越岬《ほごし》を回って十三日フトロ（太櫓）に着いた。この地のヒカタトマリに太田山大権現が建っていた。武四郎にとっては二度目になる。難儀な参道の途中に「太田山参詣」の石標が立っていた。

山裾に建つ拝殿のなかを覗くと、一人の修験僧がいた。宗嶮《そうけん》と名乗る大柄な僧は、親しげに武四郎を招き入れた。二人はこもごも語り合った。

それによると宗嶮は備前（岡山県）の生まれで、各地の霊山を回って蝦夷地に至り、この地に住んで三年になるという。その間、布教に務めるかたわら、材木を集めてこの建物を建てたなどと話した。

武四郎が、久遠からここまで山道を開けば、信者たちの参詣も楽になるであろうに、と述べると、宗嶮は、すでに山道を切り開いたが、冬の間は難儀するので、新たな道を開きたい、と答えた。武四郎はその言葉に感心し、今夜にも組頭の向山に伝えると述べた。

これは組頭向山宛ての「太田山々道の儀申上候書」（『定本』下213頁）に見える。

宗嶮の案内で背後にそびえる太田山大権現に参詣した。険しい山道を二百間（約四百メートル）ほど登ると、絶壁の崖下に鉄の鎖が垂れ下がっていた。それに掴まって上がると、目の前に洞窟があり、神仏の像が鎮座していた。武四郎は像にぬかずき、祈った後、和歌を詠んだ。

太田山　太きくさりの　一すじに

頼まざらめや　君の恵を

（「西蝦夷」27）

親しみを覚えた宗嶮は、後に武四郎が病気に罹かり生死の淵を彷徨ったとき、わざわざ舟で二度も箱館を訪れ、枕辺で祈祷している。武四郎の「自伝」（214・215頁）に見える。

この宗嶮こそ、後に小樽の張碓を経て定山渓に入り、定山渓温泉を開くことになる美泉《みいずみ》定《じょう》山《ざん》であった。定山に関する文献は極めて少ないだけに、武四郎のこの一文は貴重なものとなった。

場所請負人の相次ぐ非道

十六日セタナイ（瀬棚）に着いた。運上屋の支配人らが向山一行を出迎えた。セタはイヌ、ナイは沢、の意。昔、シカを追い出してて駆けてきたイヌが、勢いあまってこの湾に落ちたことによるという。

名物の三本杉岩が海面に美しい影を落としていた。武四郎は、

運上屋一棟、板蔵四棟、弁天社、稲荷社、烽火台一ケ所は運上屋の後ろの三本杉の上に有。

（「廻浦」上299）

と書いた。

アイヌの家が十八軒あった。武四郎は家人の名前をいちいち回って記すうち、一軒で老婆と

息子の話を聞いた。老婆は「今回の領地引き継ぎが済むまでは、酒を飲むな」と諭し、息子は「親というのはこれほどありがたいもの」と述べた話を耳にし、どの民族にも通じる親子のうるわしい心情を書いた。

その一方で嫌な話も耳にした。和人の場所請負人が暮らしに困窮しているアイヌの人びとに介抱米と称するコメを渡すとき、一升五合（約二、七リットル）の量をごまかして六合（約一、一リットル）しか渡していない。また畑作を禁じ、隠れて畑作をしていると、「ここは運上屋の地面だ」（「廻浦」上 301）として麻や煙草などの収穫物を全部取り上げてしまうという。

武四郎は請負人など和人の卑劣な態度を批判したうえ、せめてアイヌたちが望む作物だけでも耕作を許し、その種子を配付してやるようにと、組頭向山に宛て「煙草、麻等の種の儀申上書」（「定本」228）を提出した。

シツキ（寿都）に着いた。そこへ次の目的地のシマコマキ（島牧）から迎えの舟が二隻着いた。そのとき、ちょっとしたトラブルが起こった。松前藩士の浦田兵治という者がセタナイからシツキまで道路を切り開く手はずだったが、藩領から幕領に変わったので、見合わすことにしたという。武四郎はすぐセタナイまで引き返して対策を話し合ったうえ、幕府の方針で開削すべきとして「セタナイよりシツキ迄新道見込書」（「定本」下 222）を向山に提出した。

向山は船で出立し、武四郎は徒歩で海岸線を歩く。モッタ（茂津多）岬を越えると、ごうごうと落ちる白糸の滝が見えた。途中宿泊して、シマコマキに着いた。下役たちが丁重に出迎えた。武四郎はここでまたも、アイヌの人びとが場所請負人からひどい目に合わされている話を

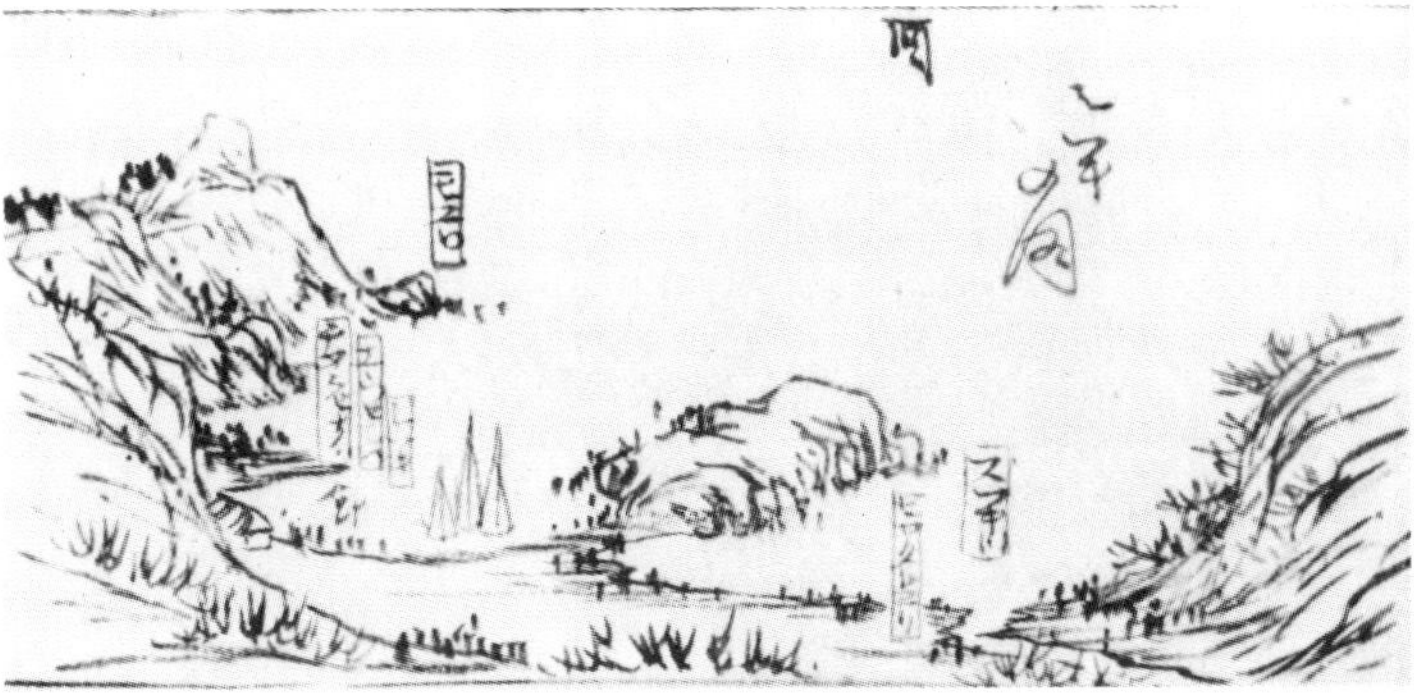

シツキ（スッツ）の図（「廻浦日記」上）

聞いた。

この地の七、八十代の老人三人の息子たちは、毎日、運上屋へ稼ぎに出かけ、そこで食物を与えられるが、家にいる老人たちは食べ物もなく、ひもじい日々を過ごしている。息子たちは三、四十代になるのに、いまだ結婚できないでいるという。武四郎は腹を立て、こう書いた。

養老《ようろう》扶助《ふじょ》も遣《つか》はさず、運上屋へ日々遣はれ候得ば、其《その》日《ひ》は運上屋にて喰えしも、内に居る者は何も喰物なしと。（中略）

ますます介抱は悪敷《あしく》相成候。老人や子供の毎日運上屋へ出ざるものは内に居て饑《うえ》る斗《ばかり》の事なりと、さまざま其難渋を語りたり。（「廻浦」上315）

その夜、アイヌマナイ（相沼内）のシヤモテというアイヌの男性が、武四郎を訪ねてきた。先年《弘化三年 一八四六》再航のおりに、仕事を手伝ってくれた人だった。シヤモテは「ヲクシリ（奥尻）島の請負人が横暴で困っているので、何とかしてほしい」（「廻浦」上316）と訴えた。

武四郎は、こんな純朴な人びとがなぜ苦しまなければならないのか、と言って嘆き、悲しみ、同情し、酒や針を与えて励ました。

北を指して進むうち、ペンケイ（弁慶）岬を越えた。ここには義経伝説が色濃く残っていて、弁慶の角力取場や義経が黄金を隠した糠森などが見えた。平野という地に出たとき、陣羽織《じんばおり》を着たアイヌ三人と付人二人が武四郎を探してやって来た。陣羽織はアイヌの乙名《おとな》、副乙名《わきおとな》、小使《こづかい》など役職者が着用するものという。

見知らぬ人たちなので理由を訊ねると、シマコマキの者だといい、セタナイ（瀬棚）の乙名から「困っていることがあったら、いま蝦夷地を巡回中の松浦様に相談するがいい」と教えられて、やって来た、と述べた。

乙名らは目に涙を浮かべながら、口々に訴えた。

「運上屋の仕事をしても、褌《ふんどし》一筋、煙草《たばこ》二把《たば》も前借りすれば、勘定のときは何ももらえない」

「以前はオムシャで恩恵を受けていたが、いまは酒の匂いを嗅がせたら、すぐ運上屋に預けられてしまう」

「女性はみんな運上屋に取られてしまった。妻は三回も逃げ帰ったが、そのたびに連れ戻された。乙名の妻まで取られてしまった」

武四郎は相次ぐアイヌからの訴えに、我慢がならなくなり、「シマコマキ土人共直訴《じきそ》に付申上書」を書き上げた。そして最後に、彼等悲嘆の趣は何卒御再考の上、土人共立行《たちゆき》候様御処置の程奉二偏《ひとえに》願上一候。
（「定本」下235）

と綴り、組頭向山に提出して、一日も早い対策をとるよう進言した。

新道計画を相次ぎ提出

二十二日《五月二十五日》シツキ（寿都）に着いた。ここも豊かな海が黄金色を漂わせていて、湾沿いに運上屋、板蔵十一棟などが建っていた。道の両側に漁師の二八小屋が並び、漁師を相手にする女性の爪弾く三味線の音が聞こえた。武四郎はその音に「旅情を大いに慰したりける」と書いた。

組頭の向山がその足で津軽藩の陣屋に赴き、請け渡しをした。この陣屋は幕府が前年、蝦夷地を直轄地にし、津軽、南部、仙台、秋田、松前の諸藩に持ち場を決めて警備を命じたとき、津軽藩は箱館の千代ケ岱に元陣屋を置き、ここに陣屋を置いた。それがすべて箱館奉行支配下に移されたわけだ。

この地もアイヌの数は減り続けていた。漁場請負人は枡屋栄右衛門といい、シツキ（寿都）のほかヲタスツ（歌棄）、イソヤ（磯谷）の三場所を持っていた。武四郎は「ヲタスツよりイソヤ迄道筋之事」の表題で「何れも差したる難所も無二御座一候」として、道路開削が容易であるとの文書を組頭の向山に提出する一方で、場所請負人が膨大な利益を上げているのに、アイ

雷電越雪路の焼火の図（「廻浦日記」上）

ヌの人びとが困窮している事実を挙げて、次のように書いた。

三場所と申すのは、利益も多き処なれ共、其出稼が皆小き者のみなれば、米又は諸色等を運上屋より借用致候心得にて行候也。故に運上屋、元手の有候ものは至て此三ケ所を忌《き》らひ候よし。（「廻浦」上 339）

一行はイワナイ（岩内）へ向かった。武四郎は組頭の向山に、新道開削路線を調べたいと申し出で別行動を取り、付人やアイヌの若者らとともに徒歩で出立した。ライデン（雷電）峠の難所を越える。夏なのにまだ積雪があり寒いので、途中、焚き火をして休息した。峠を下るとシリベツ（尻別）川が流れており、それを遡った。

川端渡し守一軒有。（略）萬吉と云当年六十五才にて、（略）倅《せがれ》文次郎と申者と両人にて住す。此川筋並雷電越の事等を聞取。（「同」上 345）

安政3年（1856）松浦武四郎足跡図〈蝦夷地四航〉

２月６日江戸出立、３月４日大澗奥戸から箱館へ渡海

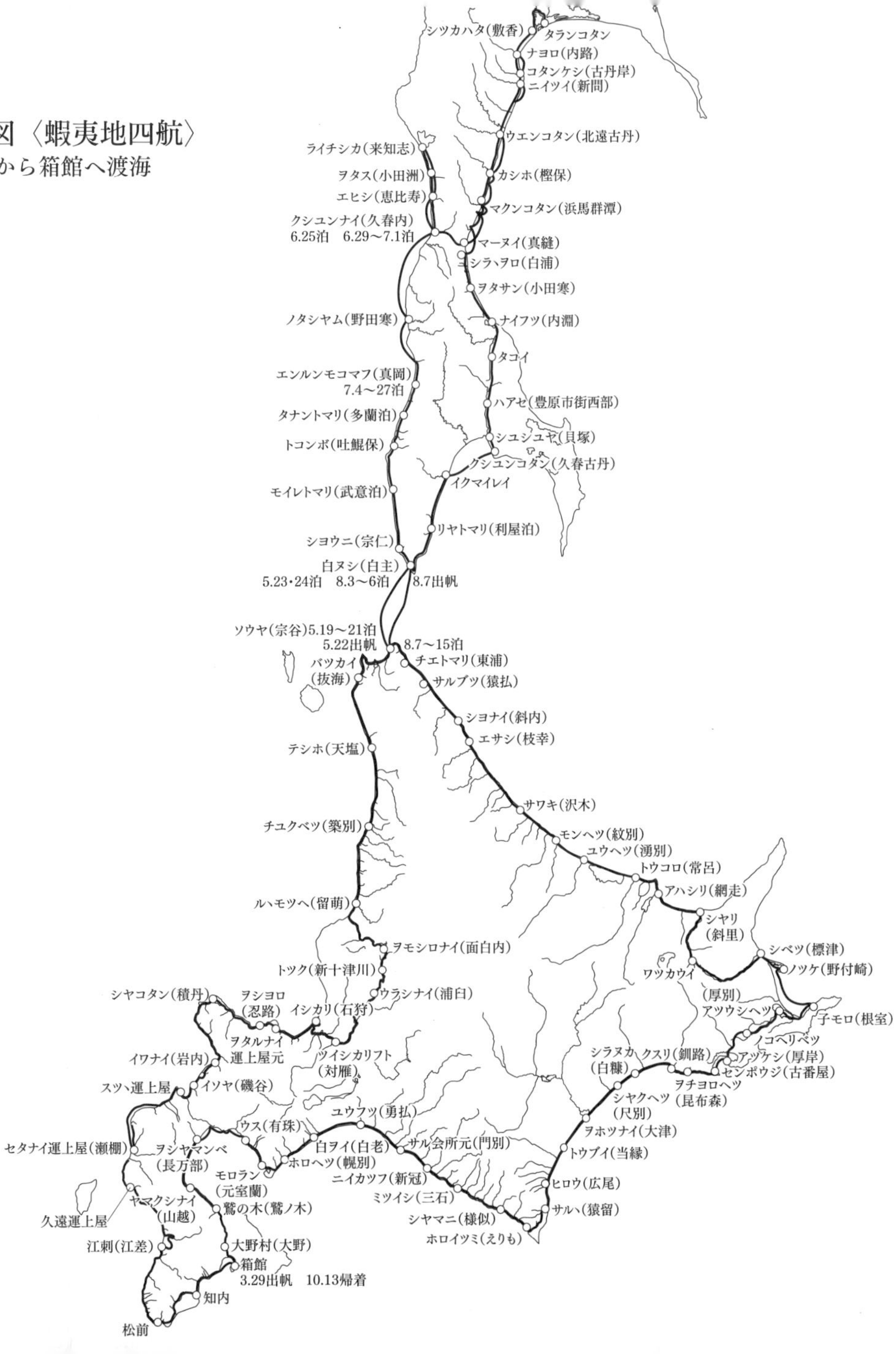

1	箱館 3.29出帆
2	知内 4.1泊
3	松前 4.3・4泊
4	江差 4.7泊
5	久遠運上屋 4.12泊
6	セタナイ運上屋 4.19・20泊
7	スツヽ運上屋（寿都）4.22泊
8	イソヤ（磯谷）4.25泊
9	イワナイ（岩内）4.27泊
10	シヤコタン（積丹）5.1泊
11	ヲシヨロ（忍路）5.4泊
12	ヲタルナイ（小樽）5.5泊
13	イシカリ（石狩）5.6・7泊
14	ツイシカリ（対雁）5.8泊
15	ウラシナイ（浦臼）5.10泊
16	トツク（新十津川）5.11泊
17	ヲモシロナイ（面白内）5.12泊
18	ルヽモツペ（留萌）5.15泊
19	チユクベツ（築別）5.16泊
20	テシホ（天塩）5.17泊
21	バツカイ（抜海）5.18泊
22	ソウヤ（宗谷）5.19 ～ 21泊、5.22出帆
23	白ヌシ 5.23 ～ 24泊
24	リヤトマリ（利屋泊）5.25泊
25	イクマイレイ 5.26泊
26	クシュンコタン（久春古丹）5.27 ～ 6.6泊
27	ハアセ（豊原西部）6.8泊
28	タコイ（多古恵）6.10泊
29	ナイブツ（内淵）6.11泊
30	ヲタサン（小田寒）6.12泊
31	シラヽヲロ（白浦）6.13泊
32	フヌフ（斑伸）6.14泊
33	カシホ（樫保）6.15泊
34	サツコタン（東柵内）6.16泊
35	ニイツイ（新問）6.17・21泊
36	ナヨロ（内路）6.18・20泊
37	シツカハタ（敷香）6.19泊
38	タランコタン（多来加）
39	ウエンコタン（北遠古丹）6.22泊
40	マグンコタン（馬群潭）6.23泊
41	マーヌイ（真縫）6.24泊
42	ヲタス（小田州）6.26・27泊
43	ライチシカ（来知志加）
44	エヒシ（恵比寿）6.28泊
45	クシュンナイ（久春内）6.29 ～ 7.1泊

46	ノタツシヤム（野田寒）7.2泊
47	エンルンモコマフ（真岡）7.4 ～ 7.27泊
48	シヨニ（宇仁）8.2泊
49	白ヌシ 8.3 ～ 6泊、8.7出帆
50	ソウヤ（宗谷）8.7 ～ 15泊
51	チエトマリ（東浦）8.16 ～ 19泊
52	サルブツ（猿払）820泊
53	シヲナイ（斜内）8.21泊
54	エサシ（枝幸）8.22泊
55	ホンナイ（沢木）8.24泊
56	モンベツ（紋別）8.25 ～ 27泊
57	ユウベツ（湧別）8.28泊
58	トコロ（常呂）8.29泊
59	アバシリ（網走）8.30泊
60	シヤリ（斜里）9.1・2泊
61	ワツカウイ 9.4泊
62	シベル（標津）9.6泊
63	ノツケ（野付）9.7・8泊
64	ネムロ（根室）9.9 ～ 11泊
65	アツウシヘツ（厚別）9.12・13泊
66	ノコリヘツ 9.14・15泊
67	アツケシ（厚岸）9.16 ～ 18泊
68	ヲチヨロヘツ（昆布森）9.19泊
69	クスリ（釧路）9.20泊
70	シラヌカ（白糠）9.21泊
71	シヤクヘツ（尺別）9.22泊
72	ヲホツナイ（大津）9.23・24泊
73	トウブイ（当縁）9.25泊
74	ヒロウ（広尾）9.26泊
75	サルヽ（猿留）9.27泊
76	ホロイズミ（幌泉）9.28泊
77	シヤマニ（様似）9.29泊
78	ミツイシ（三石）9.30泊
79	ニイカツフ（新冠）10.1泊
80	サル会所 10.2泊
81	ユウフツ（勇払）10.3泊
82	白ヲイ（白老）10.4泊
83	ホロベツ（幌別）10.5泊
84	モロラン（室蘭）10.6泊
85	ウス（有珠）10.7・8泊
86	ヲシヤマンベ（長万部）10.9泊
87	ヤマクシナイ（山越内）10.10泊
88	鷲ノ木 10.11泊
89	大野 10.12泊
90	箱館 10.13帰着

渡し守の親子に、シリベツ川のことや雷電峠の話を聞いて、調査の参考にした。内陸を歩いて、海岸沿いのイワナイに着いた。すでに向山は到着しており、浜役人らの挨拶を受けていた。イワナイも豊漁に沸き立ち、賑わっていた。しかも土地が肥えていて作物もよく穫れるという。武四郎は絶賛してこう書いた。

　地味《じみ》肥沃《ひよく》にして畑作も能《よ》く出来たり。近頃牛を此処へ送り餌《(飼)》たりしが、是も育ちて追々繁延するよしなり。其上またニヘシナイ山、ノフカ山、丸山、岩内山等連綿たり。其岩内岳は硫黄にして年中燃出る由。浜形子《ね》（北）に向て一小湾をなし、舟懸《ふながか》り至てよろし。

（「廻浦」上　363）

　周辺を探索した武四郎は、「イソヤより岩内領ユウナイ迄新道の事」の表題で、次のように書き、新道の開削を訴えた。なおここでもイワナイを岩内と書いており、カナと漢字が混在していることがわかる。

　冬分より三月下旬迄堅雪の上歩行も有之候事に御座候得共、雪融の後は笹深く熊荒れ候間、往昔より罷越候ものは和夷共に無㆓御座㆒候。

（「定本」下　244）

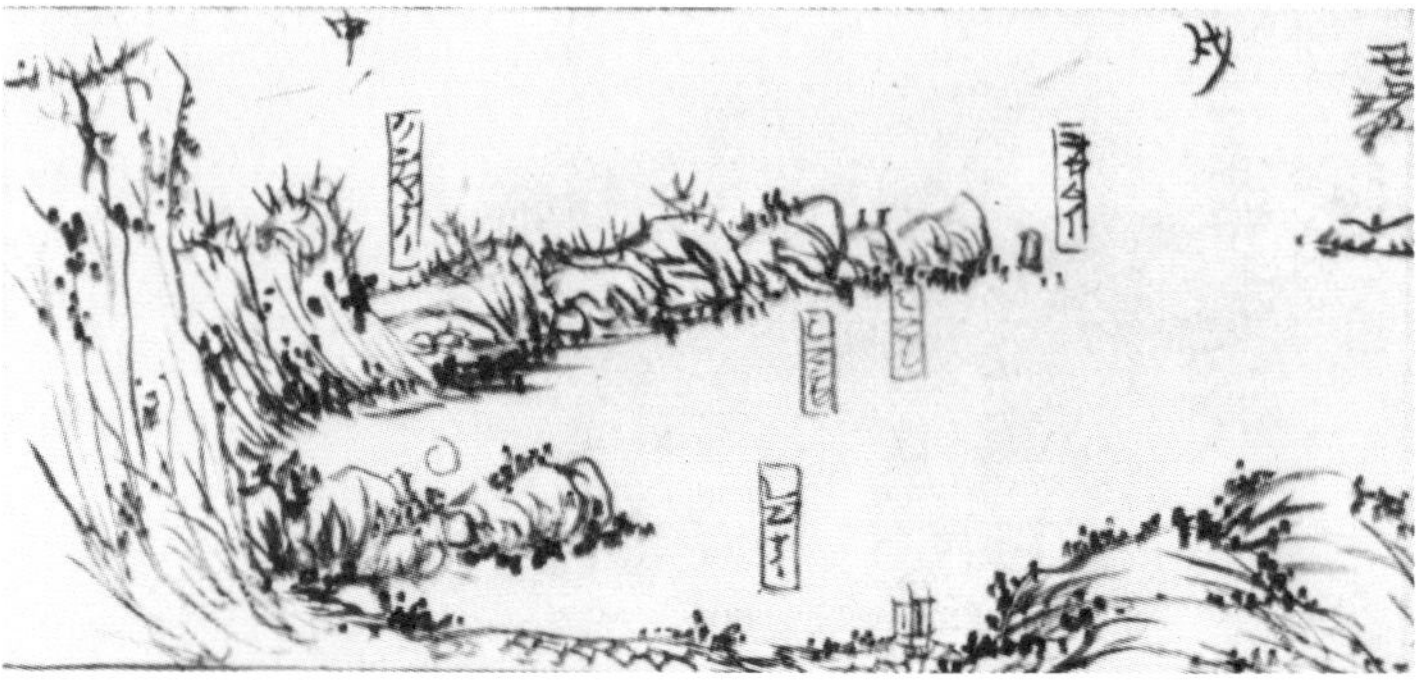

突端にヲカムイの文字が見える（「廻浦日記」上）

尻別川の流れ（ニセコ町）

女人禁制の海が解除に

五月一日《六月三日》、シャコタン（積丹）半島に入る。断崖が連なる西側を北上した。途中、マヱノワシリ、中ノワシリ、シリクワシリの難所を越える。ワシリは和人の発音で、アイヌ語でウエイシル、水際の断崖絶壁、の意。武四郎は書く。

此三ワシリを申《さる》の内と云《いい》一歩を過たば峨々《がが》たる岩間に落る大難所にして、屏風《びょうぶ》の面を通る如き処等有。又呼と答ふ様成窄《せま》き処等も有る也。（「廻浦」上371）

半島の中ほどに、フルウ（古宇）川が横断して流れていた。現在の神恵内に当たる。武四郎はこの川を遡った。少し上がったところに運上屋の水飲み場があったが、人影がない。尋ね歩いてこの一帯に疱瘡《ほうそう》が流行し、ほとんどがカハシラ（川白）番屋へ移った、と知った。今宵、組頭から酒が与えられると知らせると、役アイヌたち長老十二人が集まったが、酒を手にするとすぐ帰っていった。その夜、武四郎のもとにアイヌの男が二人やって来て、こもごもこう訴えた。

鯡場中は椀に一杯づゝ飯を呉《くれ》候得共、鯡場過候よりは如何斗《いかばかり》忙多時節にても二度ならで賄《まかない》なし。其に何程働候共、勘定の時古着一枚か又木綿一反、役夷人にて漸々二反位ならではなし。其外メノコ等は如何斗遣《いかばかりつか》はれ候共何の給金もなし。只遣いを致され漸々烟

「西院川原」の文字が見える（「廻浦日記」上）

草を一把か二把ならで渡し呉ざるによつて、老人や子供は何共養ひ方なしと。（「廻浦」上376）

武四郎は行く先々で聞かされる訴えに、場所請負人や支配人に対する怒りは高まるばかりだった。

岬の西海岸を北上すると、カハシラの崖下に番屋があり、大勢のアイヌの人たちが集まっていた。疱瘡から逃れて来た人たちだった。武四郎は全員を呼び集め、土産の針を三、四本ずつ手渡して慰めた。

その夜、武四郎は「フルウ場所疱瘡の儀に付……」という長い表題の申上書を向山に提出した。

岩石が一面に転がっている「西の河原」に着いた。幽玄な風景を見た武四郎はその模様を絵筆にし、「西院川原」と書き入れた。ここから舟に乗り、シャコタン半島を巡る。

岬の突端にカムイ（神威）岬があり、神像を思わす神威岩が海中に立っていた。前述したようにここは「女人禁制の海」と恐れられた海域だが、幕府が松前藩に替わって蝦夷地を支配することになり、この春、箱館からソウヤ（宗谷）場所に勤務替えになる梨本弥五郎が、妻や部下を連れて船でこの岬の沖を越えるとき、「世の迷いよ覚めよ」と叫んで銃弾を岬に向けて放った。これにより女性もシャコタン半島を越えて奥地へ行けるようになった。

松前藩がニシン保護禁令を定めて以降のことだから、実に百六十年ぶりの解除となる。武四郎は開拓を阻害していた妄信が抹消されたことを、感慨を込めて綴った。

半島の東突端にイリカ（入舸）という集落があり、細長い奇岩、女郎岩が立っていた。あまりの見事さに武四郎は、筆を取り出して描いた。

海面にそそり立つ女郎岩（積丹町）

ビクニ（美国）を経て南下すると、東側の中ほどに位置するフルビラ（古平）に着いた。右に丸山、左にチャラセナイ岬を望む小湾で、船澗《ふなま》がよく、好漁場で名高い。幕府の役人一行を迎える紅染の幟を立てた曳船が近づいて来て、先導した。詰合下役が抵頭して出迎えた。

翌日は小雨。組頭向山は船で出立した。武四郎は向山と別れて、徒歩でヨイチ（余市）に向かった。海岸沿いに奇岩怪石が現れた。テレリヒラ番屋を越えるとやがて峠になる。この峠からの眺望が息を呑むほど素晴らしい。

小さな流れに沿ってサクルヘシナイへ下っ

た。この地名の意味は、夏の山越え、なのだという。積丹を表すシャックコタンは、夏の場所、だから、この道は、「宝の海・積丹への山越え」というわけだ。

浜伝えに歩いてヨイチに出た。下ヨイチ運上屋が建っていた。ここ一帯はモエレと呼ばれ、松前藩時代に上下両方に運上屋を置いたので、総称してヨイチと呼称したという。ヨイチ川を舟で渡る。風が心地よい。武四郎はこの沢から吹く風が「ヨイチ」と呼ばれているのを知り、これが語源か、と微笑んだ。でもほかに、温泉のあるところとか、ヘビのいるところの解釈もあり、はっきりしない。

この時点までに武四郎は意欲的に「イワナイよりフルウ」「古宇よりヨイチ」「シャコタンよりビクニ」「ビクニよりフルビラ」「フルビラよりヨイチ」「イワナイよりヨイチ」の六件の新道見込み書を提出した。ここでは古宇をカナと漢字の混同書きしている。

それは置いて武四郎の目には、至るところどこもかしこも道路が必要に見えたのであろう。この提言は後々、明治新政府になり、形を変えるなどして実現へ向かうのである。

忍路は「懐」、高島は「鷹?」

五月四日《六月六日》夕、ヲショロ（忍路）に着いた。新暦に直すと六月六日。スモモの花が美しく咲いていた。ヲショロ岬が海に大きく飛び出し、海岸線が懐のように膨らんでいる。地名の意味がアイヌ語で「懐《ふところ》」と教えられた武四郎は、地形から地名がついているのを各地で見て来ただけに、うむうむ、と頷いた。

下ヨイチ運上屋（余市町）

海沿いに運上屋、備米蔵、荒物蔵、網蔵、荷物蔵などが並んでいた。アイヌ家屋は三十軒もあり、人口は百二十五人といい、戸数が増えたのに人口が半減しているという。運上屋に入ると、「明日は端午の節句なので」と言って、チマキが出された。組頭の向山が一同に酒肴を振る舞った。

翌朝、向山らは舟で出立した。武四郎は番人の案内で、徒歩で運上屋を出た。モモナイ（桃内）、シホヤ（塩谷）を歩く。このあたりも魚類の宝庫で、さらに土地もよく肥えているようだった。エナオ（稲穂）峠に至る。ここがヲシヨロ（忍路）と高島の境界線で、峠の上に峠越えの人びとが立ち寄る休所が建っていた。武四郎は、

是より高島え行候て右の方本通を下りて行時はテミヤ（手宮）へ下り候間、ヲ

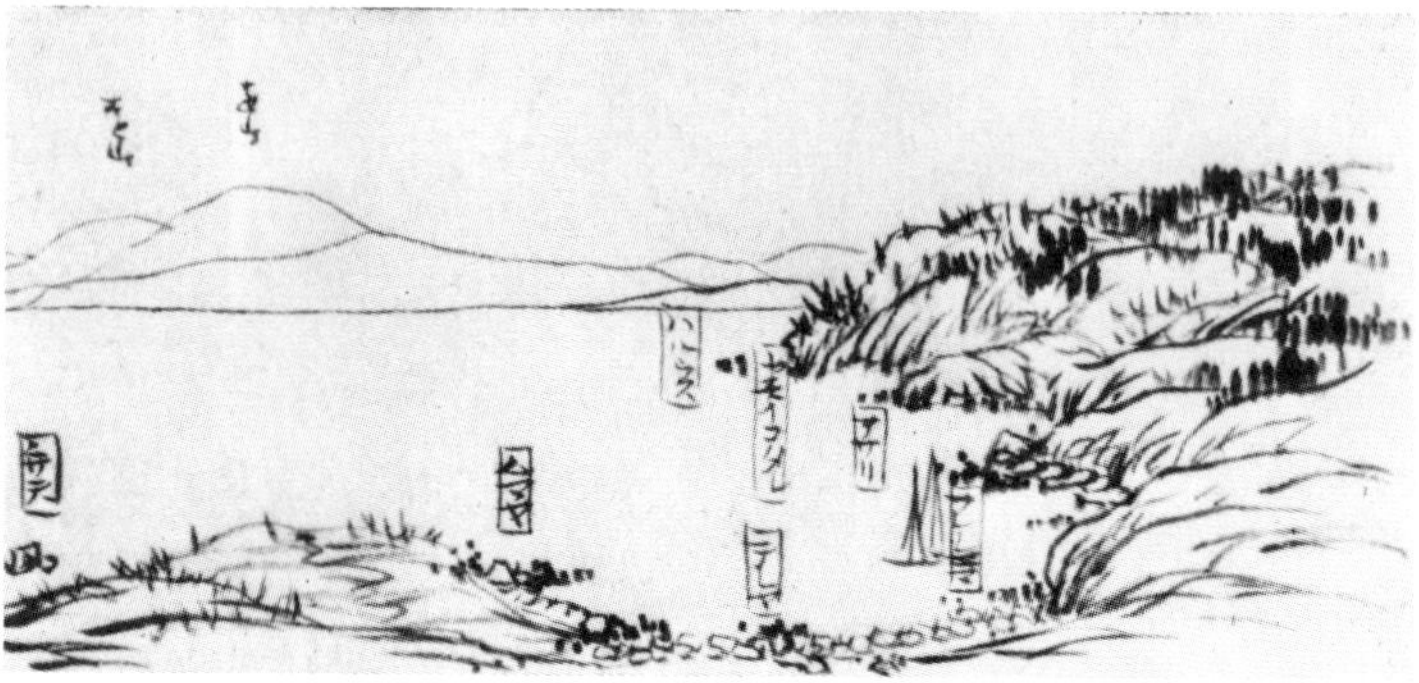

ムマヤ、テミヤ、ハルウスなどの文字が見える（「廻浦日記」上）

タルナイ（小樽内）へ近くして却てタカシマへ遠し。

（「廻浦」上 429）

と場所を巡る順番を考察したうえで、高島への近道を辿った。カヤ原山麓を横切り、山越えして赤岩山に連なる高島の運上屋の裏手に着いた武四郎は、ここに道を開けば大いに便利になると「忍路より高島迄新道書」に書いた。ここではヲショロを漢字にしている。

シリハ崎、シマムイ崎を越えて小湾に入る。ここが名高い高島である。高島は、和名をもとする説と、鷹に似た岩説、鷹が止まる岩説もあるという。風光明媚で風もなく、陸地には建物が数多く立ち並び、船澗《ふなま》に二十隻ほどの弁財船が碇泊していた。湾内の島に弁天社が見えた。

武四郎はいま来たつづら折りの坂を戻って、山上に「右ヲショロ、左リ海岸通ヲタルナイ道」と記した標識を立てた。ここではヲショロとカナ書きである。この時代の地名の混在ぶりを示すものだ。

テミヤを過ぎ、イロナイ（色内）、カッチナイ（勝納）、ノブカ（信香）……と、いまは小樽市街地になっている地域を抜けた。イロナイ川は明治維新後に、高島郡と小樽郡の境界となる川である。その先のアサリ（朝里）を流れる幅五、六間（約十～十二㍍）の川に小橋が架かっていて、それを越えた。

ハリウス（張碓）のカムイコタンの難所に差しかかった。蝦夷地には神が棲むとされる神処がいくつもあるが、それはそこに住むの人たちの信仰心の表れ、と武四郎は胸に刻み込んだ。

ゼニバコ（銭函）を過ぎてヲタルナイに着いた。おやっ、と思われようが、小樽の地名の〝出処〟となるのが東端に位置するここなのである。もともとは、クッタルウシ。イタドリの多い川の意。それが訛ってヲタルナイになった。ちなみに現在は小樽と隣接する札幌市手稲区にその地名が残る。朝里峠を源とする小樽内川は、定山渓で豊平川に合流する川である。

石狩川の河口（筆者撮影）

武四郎が「忍路よりヲタルナイ新道見込書」を向山に提出したのは五月五日。「上下十八丁の坂を往来致させ、空く人足を費し」と、テミヤあたりの模様を記した。

札幌に「大府」を

石狩川の河口に入った。アイヌ語の、イ・シカリ・ペッ、その・曲がった・川、が蛇行して延びている。蝦夷地最大の漁場で、懐かしい建物が見えた。武四郎は石狩川を遡って内陸を調査してから、ル、モッペ（留萌）へ抜けようと、三度《みたび》別行動を取った。

五月八日《六月十日》、アイヌの乙名エンリシウ、セツカウシら総勢十二人とともに二隻の舟に分乗して出立した。舟は川幅二百間（約四百メートル）もの石狩川を滑るように進んだ。両岸にヤナギの木が覆い茂り、それが風に揺れていた。武四郎はこう記す。

川筋いよ〳〵蜿転《わんてん》して、樹の間より目的と致し候サッホロノホリ、ハツシヤフノホリ、シノツノホリなど面揖舮《めんゆうふなべり》に有。

（「廻浦」上461）

ノホリは山、面揖の揖は集まるという意味だから、目的とする山々が舮から見えるということであろう。

サッポロブト（札幌）に出た。ここがいまの札幌市伏古あたり。この先が二股になっていて、左へ行くとナエホ（苗穂）、右へ進むとシノツ（篠津）からトウベツ（石狩当別）を経てツイシカリ（対雁・江別）へ連なる。

少し説明を加えると、この時代の石狩川の川筋は、二度大きく西へ膨らんで流れていた。現在のように直線化されたのは昭和も戦後のことで、ショートカットされた部分が茨戸川などとなって現存する。

武四郎がこの川を遡ってより四十年ほど前に、近藤重蔵が周辺を探索し、ツイシカリに大府を置くべき、と献策している。大府とはこの島の首都の意味である。
だが武四郎は、その先に位置するサッポロブト周辺こそ大府を置くにふさわしい地、と考えていた。見渡す限り沃野が広がり、何百万石、いや何千万石にも匹敵するほどに見えた。当時もっとも大藩といわれた加賀藩（金沢藩）が百二万石。薩摩藩が七十七万石。老中を出す藩でも三万石か五万石程度だったから、魅力溢れる未開の大地に映ったのも頷ける。ちなみに幕府が崩壊したときの幕府領は四百万石。徳川家が移封された駿府（静岡）は七十万石である。

武四郎は石狩川踏査の経緯を述べ、自らの行動を記した。報告の本文に入って、資源の豊富な手つかずの蝦夷地を一日も早く開拓すべきと強調し、北辺が諸外国に狙われ、危機に瀕している実情を重ねて訴えた。そのうえで石狩（札幌）に大府を置くこととその効果を提言した。

石狩川と空知川の合流点（筆者撮影）

ツイシカリ川（一名札幌川・豊平川）三里を上り、札縨《札幌》・樋平《豊平》の辺りぞ大府を置の地なるべしとおもふゆえに、是を酋長ルビヤンケ（ツイシカリ）・モニヲマ（サッポロ）に再三審《ただ》し、以て鎮将《ぶぎょう》竹内（保徳）・堀（利熙）・村垣（範正）の三名に言し置ものなり。
他日此札幌に府を置玉《おきたま》はゞ、石狩は不日にして大坂の繁昌を得べく、十里を遡り津石狩《対雁》は伏見に等しき地となり、川舟三里を上り札縨《札幌》の地ぞ、帝京の尊ふ（と）きにも及ばん。左有時《さあるとき》はユウフツ《（勇払）》東海岸は北陸・山陰の両道にも及び、手宮・高島は兵庫・神戸の両港にも譬《たと》ふべき地とならん。また札幌より新道を切らば、臼《（有珠）》・虻田・岩内の地も其日の便を得、東上川々筋より天塩・十勝の地にも何日か馬足を運ばさしめんと。

（「西蝦夷」185）

この武四郎の建言は、後に明治新政府に引き継がれ、開拓判官となる島義勇らにより実現に向かってていく。

舟は川の流れを遡った。ツイシカリを越えて、川原のあるニイル、ヲマナイに着いた。太陽が早くも西に沈んでいく。一行はここに上陸し、宿泊した。武四郎がわずかな酒を振る舞うと、アイヌの人びとは喜び、楽しそうに語り合った。その言葉遣いや立ち振る舞いに、武四郎は感服した。

ここが現在の岩見沢市北村の「砂浜」に当たり、近くに砂浜神社という社がある。海もないのに砂浜とは、と意外に思ったものだが、武四郎らが舟をつけて上陸した地、と聞いて、納得した。

トック（新十津川町徳富付近）

トックの夜

翌朝早く、舟を出した。ピハイ（美唄）を過ぎる。川の両岸に集落が点々とつながっていた。ウラシナイ（浦臼）過ぎて、左右に見えるキウシナイ（黄牛内）、チャシナイ（茶志内）、カバト（樺戸、月形）、ナエイ（奈井江）を越えた。

右手の断崖に大きな河口が現れた。ソラチ（空知）川の合流点である。ここからソラチ川を遡ると大きな滝があるという。武四郎はそのことを書き留めた。

アイヌの若者たちが、

「明日はトックだ、トックだ」

と言って騒いでいた。武四郎が理由を訊ねると、同行者のなかの三人がトックの出身で、妻が待ち焦がれている、と答えた。現在の新十津川町徳富である。武四郎はこの話に、わが故郷の人たちはどうしているか、と感慨にふけった。

舟はトックに着いた。川沿いにアイヌの人家

史跡松浦武四郎宿泊之地の碑（雨竜町面白内　面白内神社横）

が三軒建っていて、生け捕りの子クマが飼われていた。陸に上がると人びとが声を上げて駆け寄ってきた。

夕方になり、目の不自由な老人と女性がシヤクという固い草を背負って帰ってきた。丸木舟に乗った女性が獲物を手に、イヌを連れて戻ってきて、夫を見て近づき、再会を喜び合った。

武四郎が泊まるセッカウシの家に人びとが集まって来た。妻たちが食用の野菜を煮て、カバの木の器に盛り、運んで来た。賑やかな酒宴になり、男たちは武四郎が用意した酒をうまそうに飲んだ。

雪解け水で溢れた川面を伝う風はまだ冷たいが、闇のなかをホタルが飛び交い、小さく光った。武四郎はその光景を眺めながらら、土産として「右の盲人え白米壱升、女の子ら三人え五合づつ、我が手限にて針五本ずつ遣わした」。

壱升は一・八リットル、五合は〇・九リットル。手限とは、自腹のことであろう。この表現はしばしば出てくる。旅をするうえで土産を用意するのは当然だろうが、武四郎らしい配慮が滲み出ている。

土産を手に喜び合う姿に接した武四郎は、この純朴な人たちを何としても守ってやらなければならない、と心に誓うのだった。

翌朝早く出立。川水は前日にも増して激しくなり、アイヌの若者たちは懸命に舟を漕いだ。突然、川岸にクマが現れ、舟に驚いたのか、川中に飛び込んで泳ぎだし、向こう岸へ着くと、体をぶるぶると震わせて水を切り、悠々と立ち去った。武四郎らはただ、呆然と見ていた。

ユーベオツ（江部乙）、フシコウリウ（雨龍）を越えて夕方、ヲモシロイナイという珍しい地名の地域に着いた。現在の雨龍町面白内である。ここで舟を降り、ヤナギの木で荷物を背おう道具を作った。手の空いている者は夜食の支度に取りかかった。

明日は、八人のうち二人を石狩まで舟で帰すので、今後は残る者がそれぞれに着替えと弁当を持つことにした。別れに際して武四郎は二人にコメ、味噌、醤油、塩を持たせ、妻には茜木綿五尺と針十本ずつを与え、残りの酒をみんなで飲み、酔いしれた。いまその場所に面白内神社が建っていて、すぐそばに「史跡松浦武四郎宿泊之地」の碑が見える。

翌日朝早く、フシコウリウ（雨龍）川の河口からル、モッペ（留萌）に向けて歩きだした。谷地を通ってササ原に出ると、突然、大きなクマが現れた。クマはすぐに姿を消したが、また現れて、一同をひやひやさせた。

近くに小沢があり、ここがクマの通る道だというので、遠回りして野原を歩いた。しばらく行くと崖が崩れ落ちた川原に出た。今夜はここに野宿しようと川原で火を炊いていると、大クマが飛び出してきて、一行を驚かせた。

そばを流れる川にウグイが群れていた。みんなでわいわい騒ぎながら、わずかな時間に百尾も獲った。一升炊きの鍋でコメを二度も炊き、ウグイの味噌汁を、カバの木皮で作った曲桶《まげおけ》に注いで食べた。たちまち満腹になった。笑顔がはじけた。

第六章　自然の恵みと欲望

焼尻、天売を見る

ル、モッペ（留萌）の運上屋に着いたのは五月十五日《六月十七日》夕。浜辺をのぞんで運上屋、備米蔵をはじめ、新たに勤番屋板蔵が十四棟、さらに茅蔵七棟、大工蔵二棟、木挽蔵、鍛冶蔵、船蔵などが建っていた。

詰合調役並と下役、同心、足軽それぞれ一人ずつ詰めていた。浜辺一帯に漁師小屋が建っていた。ニシン、サケ、ナマコ、アワビ、その他雑魚類、それにコンブなどの海草類もよく獲れるという。

アイヌの家は六十二軒、人口は男性百五人、女性百六人。数字の上から問題はないと判断できたが、以前は九十九軒、四百七十二人もいたというから、やはり大幅に減っていた。

武四郎が着いたというので、アイヌの古老たちがやって来て挨拶した。どうやらその存在が人びとの間で噂になっているらしい。武四郎は訪れた人びとに酒や煙草、手ぬぐい、針などの土産を手渡して励ました。

この夜、久しぶりに布団に横になった武四郎は、こう書いた。

霧払《きりはらい》と申《もうす》一杯を傾け、九日目にして布団を着て寝たりけるこそうれしけれ。
（「廻浦」上493）

霧払とは明日の旅立ちが霧などで遮られないように、という祈りの意味であろう。一杯は、いまでいう出発の前祝い酒というところか。

翌朝、武四郎はウマに乗って出立した。浜伝いに行くとやがてヲニシカ（鬼鹿、小平）に着いた。小川が流れていたので、ウマと並んで川を漕ぎながら渡った。背後の山々はいずれも平山で、トドの樹木が見えた。

海岸には寄り木が散乱していて、ウマの足並みが崩れた。それを巧みにたずなでさばいて進む。リキヒル（力昼）を越えると、浜辺は平坦で歩きやすくなった。コタンベツ（古丹別）川を渡る。ウマも乗れる船が用意されていたので、同乗して渡った。

夕方、トマヽイ（苫前）に着いた。ここも海産物が豊富に獲れて、漁民たちは潤っていた。武四郎を出迎えた下役人が、向山らは請け渡しを済ませて、二日前にここを出立した、と述べた。ここで武四郎は、エタキウエンという孝行息子と知り合う。この男性は浜仕事をしながら、そのかたわら老いた両親を懸命に介抱してると知り、遊び盛りの年齢なのに、と感嘆した。

トマヽイから浜伝いに北上してハホロ（羽幌）に着いた。ハポロペツとは流れ出る、広大な川の意。その名の通り、大きな川（羽幌川）が力強くゆっくり流れていた。手前にアイヌの家が二軒あり、そのうちの一軒が親子で渡し守をしていた。そばに番屋や茅雑屋、それに稲荷社

留萌の海岸

が建っている。このあたり砂地が続いており、川筋の北側が谷間になっていて見晴らしがいい。

高台に上るとエハンケとも呼ばれるヤンケシリ（焼尻）島、テウレ（天売）島がよく見えた。武四郎は番人からテウレはコンブ、ニシン、サケ・其外雑魚・海藻類が多いと聞き、島の様子を次のように記した。

当所えはテシホ土人共を遣し漁稼致し候。海鼠・蚫も近年少し不足にて候得共出荷物有之候由。（「同」上502）

テシホ（天塩）を過ぎバッカイ（抜海、稚内）、海岸は小石、船澗のようになっている。上の方は崖になっいて、その傍らにハッカイ岩と言われる大きな岩があった。

ここで組頭（向山）ら一行は昨日この地を出立されたと聞かされた。

バッカイ岩（稚内市抜海）

宗谷岬を沖合から望む（稚内市宗谷）

哀れさ筆紙に尽くせず

ソウヤ（宗谷）岬はヤマセと呼ばれる強い東風が吹き、雨が叩きつけるように降っていた。ここで向山一行と合流した。翌日も大雨。翌々日の五月二十二日《六月二十四日》は濃霧だったが、向山、武四郎はじめ調役、下役、中小姓ら役人九人、アイヌの水主《かこ》たち二十二人、総勢三十一人は前夜から柏屋喜兵衛所有の丸木船都丸に乗り込み、日和を見て、北蝦夷地（樺太）に向け、出航した。武四郎にとっては松前藩医師（西川春庵）に従い渡航（一八四六　弘化三年）して以来、二度目である。武四郎の日記から全員悲壮な覚悟の船出だったことがわかる。

船は濃霧のなかを北に針路を取ったが、島影も見えず波浪に揺られたまま、不安な一夜を明かした。翌日も濃霧。身動きできずにいると、八ツ時（午後二時）ごろになって濃霧が晴れ、島影が見えた。と、また霧が深くなった。やむなく図合船を降ろして武四郎ら三人が乗り、手探り状態でやっとシラヌシ（白主）に上陸することができた。向山もその後に続いた。現地詰めの松前藩士らが、安堵の色を浮かべて出迎えた。

この北蝦夷地の調査は「竹四郎廻浦日記」上下のうちの巻之十三から巻之二十一に至る長文のものである。以下、端折って書き進める。

シラヌシに一日滞在した武四郎は、ここから向山と別れて、アイヌの若者二人とともにアニワ（亜庭）湾伝いに東海岸を進んだ。行く先々に小さな集落があり、そのたびにその地の模様やアイヌの人たちの名前、人数を書き留めた。

湾のほぼ中央にあるクシュンコタン（久春古丹）に着いたのは五月二十七日《六月二十九日》。勤番所の役人たちが勢ぞろいして出迎えた。武四郎は感慨をこめてこう記した。

船場まで同所詰合下役鹿児島（立三）、内藤（道太郎）両人、同心細田某（柳右左衛門）、足軽江沢（四郎）、小島（文作）、茂庭（彦右衛門）の三人、並松前家の詰合金沢長平出迎ふ。

（「廻浦」上574）

この後、武四郎は支配人宅を回って、思いがけないものを見た。カッヘールと呼ばれる暖房器具だった。

支配人平三郎（清水）の家と云もの椴材《とどざい》にて組立、中にカッヘールの竈《かま》を置て寒気の防に成候様仕懸《しかけ》を致し有たり。其さま十一年前とは大に違ひ、実に目を驚かせたり。

（「廻浦」上575）

実はこの暖房器具は、梨本弥五郎がソウヤ勤務になる前、箱館奉行雇の蘭学者武田斐三郎に従い、箱館港に寄港したイギリス船を訪れて初めて目撃し、それをヒントに厳寒地向けに制作したものの一つ。〝火を鉄で包む〟という概念などなかっただけに、武四郎は梨本の先見の明に感じ入った。ちなみに暖房器具が道内の一般家庭に普及するのは、これより三十年ほど先になる。

武四郎を訪ねてアイヌの人たちがやって来た。そのなかに十一年前の蝦夷地再航のときに出会った幼子のヘンカクリがいた。いまは成人してこの地の惣乙名になっていた。武四郎は再会を喜びながら、ヘンカクリが訴える言葉に肩を落とした。

ここでもアイヌの人たちは男も女も遠くへ追いやられ、残るは僅か四軒だけ。運上屋から配られる介抱米は少しも増えていない。それどころかニシン漁期の二、三月は、一日に二度三度、お椀一杯の飯を与えられるが、四、五月は夕方に一椀が出るだけ、という。

そのうえ強く訴えたのはアザラシの処分方法だった。アザラシは食肉だけでなく皮は衣服などに、油は寒気を凌ぐ食用にと珍重しているが、通訳の清兵衛が着任してからというもの、肉はアイヌに渡すが、皮と油は運上屋が取り上げてしまう。これでは暮らしがたたない、と訴えると、清兵衛は「アイヌの三人や四人、打ち殺してもかまわない」（「同」上575）と脅すのだという。

向山組頭に実情を告げてほしいと哀願する姿に武四郎は、「其《その》あはれさ筆紙に中々尽さるべき事にあらず」（「同」上576）と、悲嘆と憤懣を込めて書いた。

翌朝、向山一行が船で着いた。武四郎は向山に対して、新道見込書や漁場の調書などを提出した後、早速アイヌの人たちの実情を話し、「早急に手を打ってほしい」と伝えた。

和歌を詠み、木幣《イナウ》に記す

六月七日《七月八日》、武四郎はまた向山と別行動を取り、出立した。ナンケイ（楠渓）から内陸を抜けてナイフツ（内淵）に着いた。アイヌの家屋は六軒あったが、若い者は稼ぎに出ていて、老人

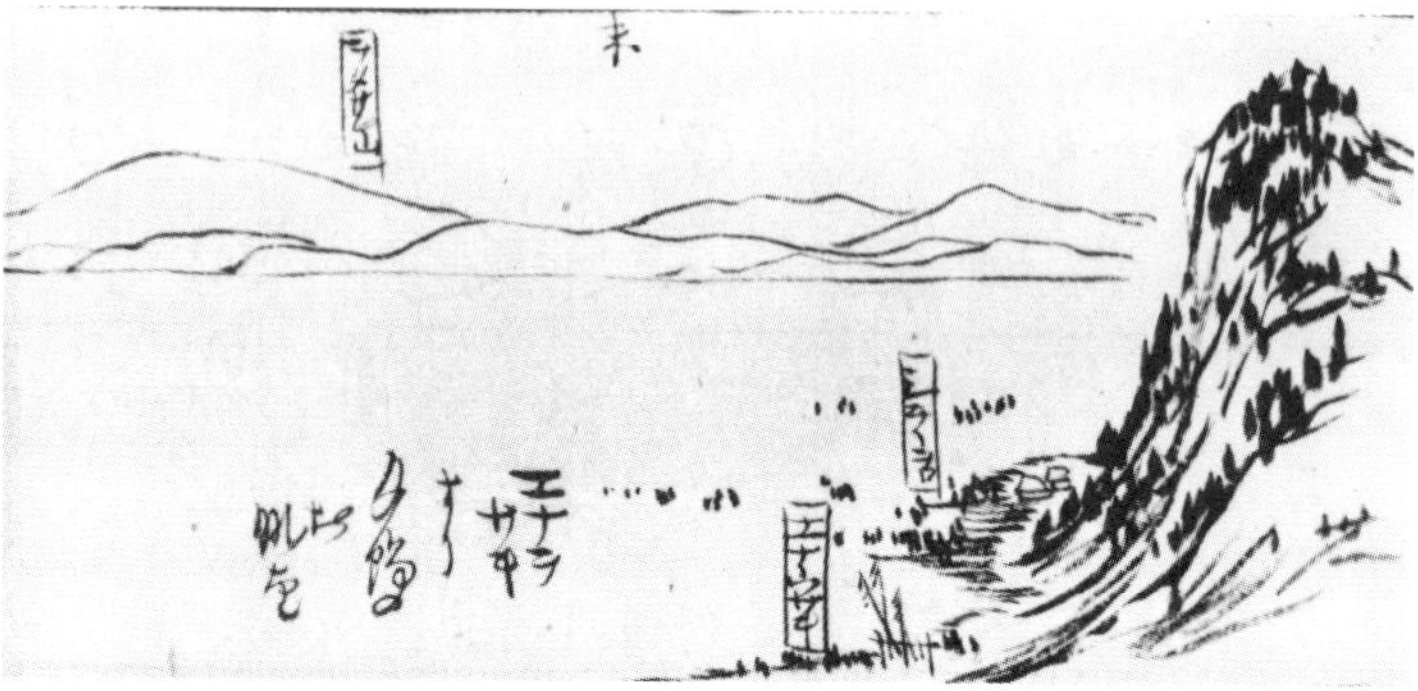
エナヲサキより夕日の頃眺望（「廻浦日記」上）

と子供ばかり。武四郎はすかさず番人を呼び出し、

今夜の介抱米を出し候様申付　（「同」上609）

番人が持ち出してきたコメを、その場で全員にわけ与えた。思いがけない措置に人びとは涙を流して受け取った。

その夜、アイヌの若者たちが、獲ったばかりのアザラシ一頭とマス二十尾ほどを持って、武四郎の宿舎を訪れた。みんな喜び合い、食べているところに、先日から激しい風波のため、この地に滞在しているというヲロッコの人たちがやって来た。玄米を粥にしたものを与えると喜んで食べた。笑い声がはじけて、ひときわ賑やかな宴になった。

武四郎はこんな和やかな一時を大切にしたいものと思いながら、豊かな自然がもたらすさまざまな食物に感謝した。そしてその対極にいる欲望に凝り固まった強欲な存在に、強い抵抗感を覚えるのだった。

ナイフツ（内淵）を発ち、東海岸を徒歩や舟で北進し、各地に立ち寄りながら調査を続けた。シラ、ヲロのウイキシュ

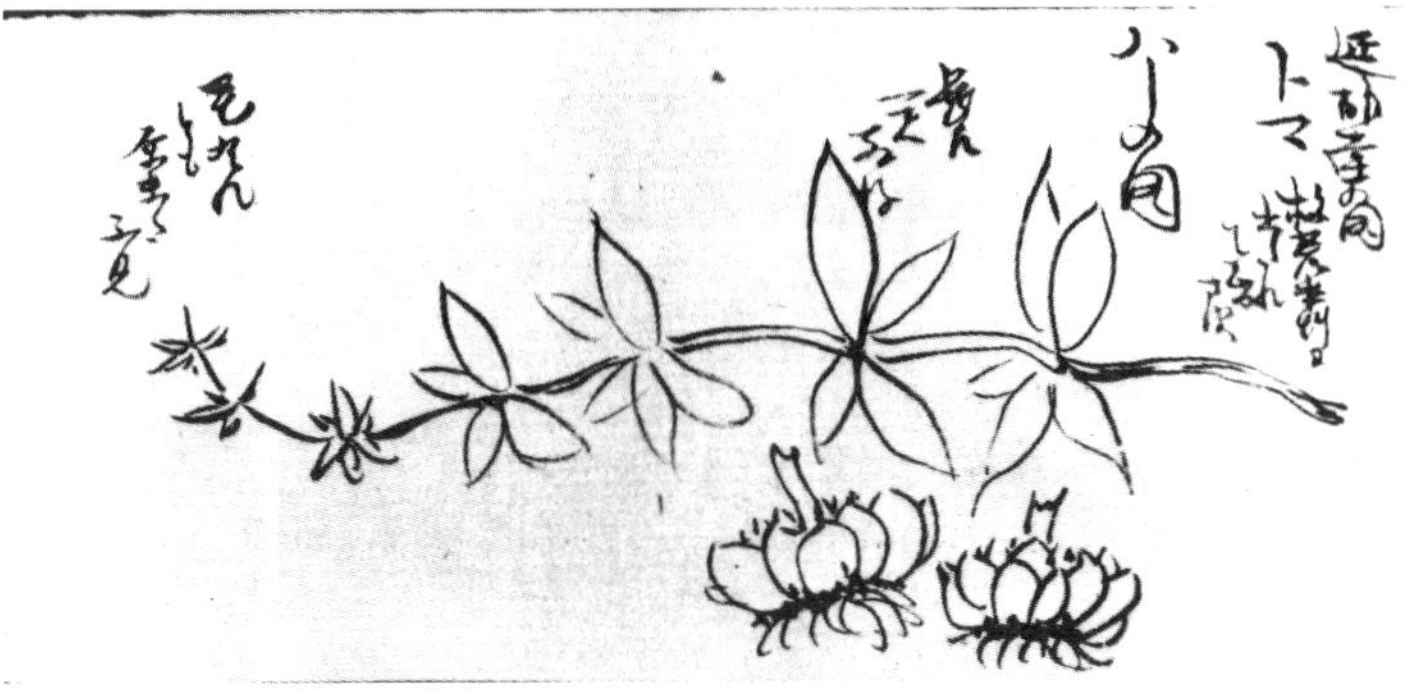

延胡索（トマ）とハーの図（「廻浦日記」上）

の家に入ると、山丹服をまとった五人のヲロッコの人たちが並んで出迎え、招き入れた。この島で一番大きな家といい、武四郎の来るのを待ち構えていたという。合計二十二、三人も集まってきた。

ここでヲロッコや、樺太アイヌだけでなく、冬になると雪車という橇《そり》のようなものでやって来る山丹人とも交易をしているとの話を聞く。そして集まった人びとに触れてこう書いた。

> 此辺より女夷子《カナチ》（女子）共前髪に三角形に玉を綴りて下げ置候。此玉を下げる事凡《およそ》此辺三四ケ村限り也。扨《さて》夜に入るや近所より皆召連候土人へ思ひ思ひに馳走を持来り呉《くれ》……。（「廻浦」上626）

そのうえ武四郎に、トマを煮て与え、さらにハーを煮、干したフキやシャクを湯で上げ、細く切ったものに魚油を差し、マスの身や卵を入れて練り回し、チエトイを水で解き入れて、冷やしたものを差し出した。ハーもフキもシャクも食用の草である。

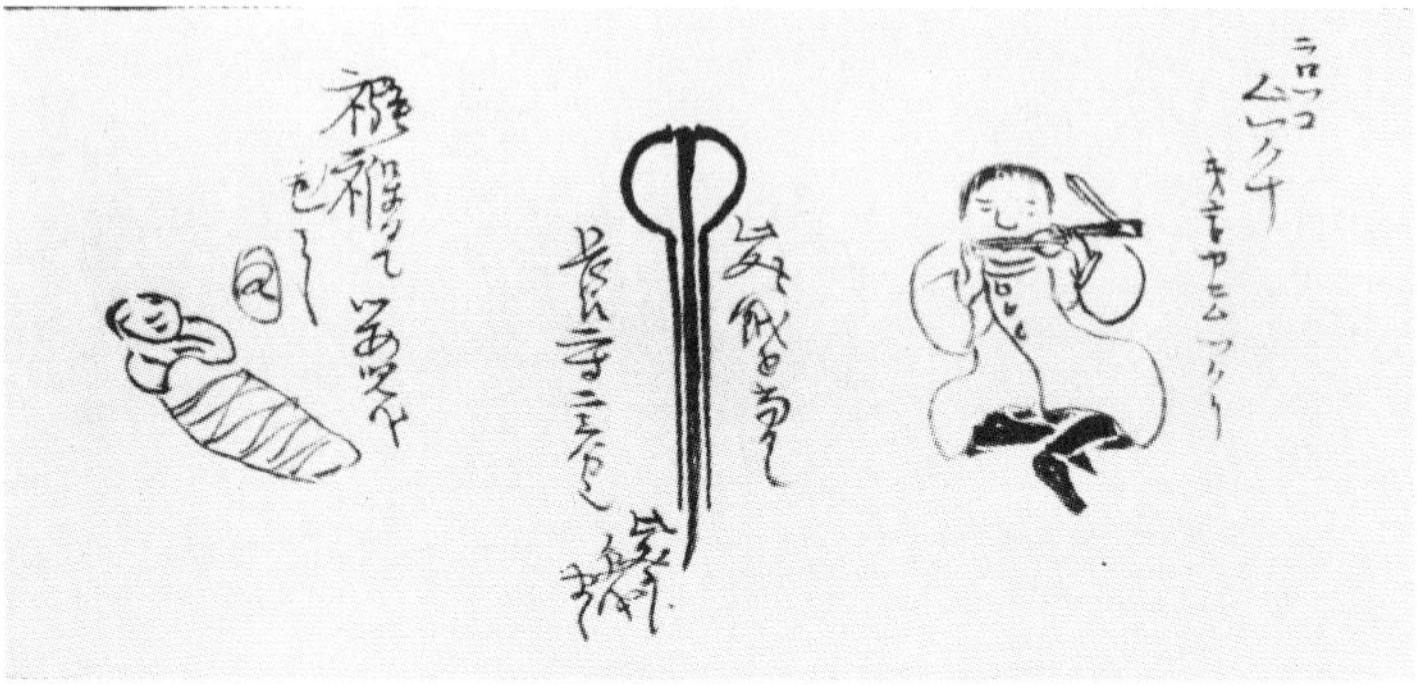

ムックリを吹くヲロッコ人（「廻浦日記」下）

思いがけない食べ物に武四郎はすっかり感激し、「実に其質朴懇切なる事は涙のこぼるゝ斗《ばかり》なりける」（「同」上627）と記した。

そこから足を延ばしてトッソ岬に出た。岸壁が天を突いてそそり立っていた。同行のアイヌの若者たちは神に祈ろうと木を切り、木幣を作った。

武四郎はその風景の美しさに見惚れて、次の和歌を詠み、木幣の柄に記して、海中に投じた。

事なくてトッソの岬を越ゆるとは
　手向の稲穂神やうけらん　（「廻浦」上637）

シスカ（敷香）に着いたのは六月十九日《七月二十日》。シスカに近いシツカハタまで行った武四郎らは、ここから折り返してマーヌイ（真縫）まで戻り、峠を越えて西海岸のクシュンナイ（久春内）に至った。ここで向山一行が今朝、舟で出立したと知らされる。

話によると昨日は舟が足りず、徒歩で出立したアイヌたち八人が山中で迷ってしまい、急ぎ探索を出したが、そのうち全員、ふらふらになって戻ってきたという。武四郎は驚き、反省の気持ちをこう記した。

今日の道の危急をぞ覚えたりける。然し先《まず》無難にて存念通り一日に此処を越せしも造化の神の守らしめならんと、天地に拝して伏たりけり。（「廻浦」下212）

武四郎が北蝦夷地で記したもののなかで、目をひくのは樺太アイヌをはじめヲロッコ・ニブフなど少数民族の生活様式を描いたものである。例えば樺太アイヌが住む三角や四角の屋根の家、さまざまな太刀や小刀、獣を射る弓矢、漁に使う網、雪道に用いるソリ、女性が用いた木烟管《きせる》、ヤナギの皮で作った食器類、皿に用いる帆立貝、鍋を吊るす自在鍵、鳥の羽で作った団扇《うちわ》、子供を寝かせるゆりかごなどなど。

そして、祈りを捧げる家族、矢筒を背負い猟に出る男、漁網を仕掛ける男、衣服を織る女、ムックリを吹くヲロッコ、……、さらには植物もいくつも克明に描かれていて、センタンネという植物の絵には、ここに住む人は「実の大きさ桜桃のことし」と注釈が書かれている。武四郎の、人や自然を見る目の優しさであろう。

組頭向山源太夫、死す

武四郎はヲタス（小田州）の宿所で組頭向山の一行に追いついた。ところが向山は厳しい日程ですっかり体調を壊してしまい寝込んでいた。武四郎は心配しながらも、組頭に替わってラ

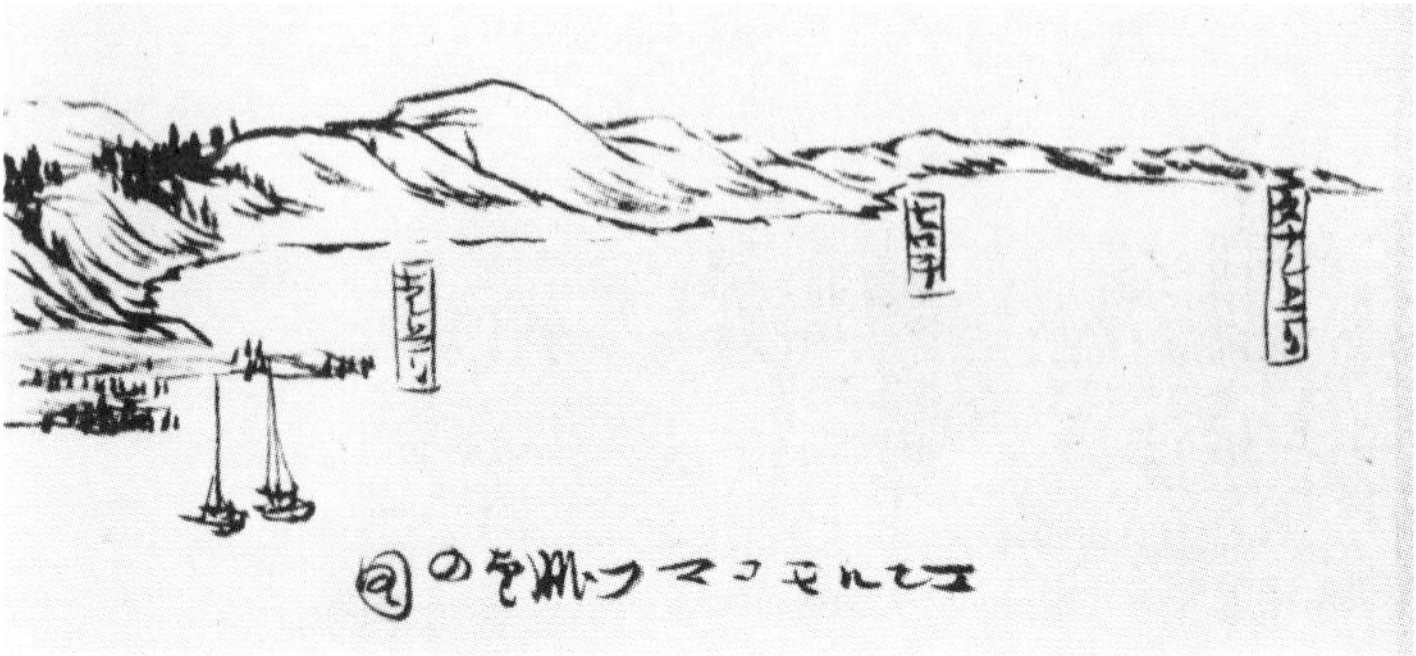

（真岡）に滞留（「廻浦日記」下）

イチシカ（来知志）まで行き、仕事をこなすと踵《きびす》を返してクシュンナイ（久春内）まで戻った。

そこへアイヌの人たちがやって来て、大声で訴えた。組頭に同行している宗谷詰めの下役の鹿児島立三が、子ヘビを殺したというのだ。アイヌ仲間には、ヘビを殺すと雨になる、という言い伝えがあり、旅のときはご法度とされていた。

果してその日は雨、翌日も雨になった。武四郎は一カ月ぶりに月代《さかやき》を剃った。アイヌの人びとの恐れを己《おのれ》の心として、月代を剃ることで、神に詫びる印としたのだった。

武四郎はクシュンナイからトマリオロ（泊居）、ノタシャム（野田寒）、トコタン（床丹）を経て、七月四日《八月四日》、向山が横臥している西トンナイ（真岡）へ駆けつけた。組頭はその後も不快が続き、容態は少しもよくならなかった。

それどころかさらに悪化したので七月二十八日《八月二十八日》、駕籠で出立し、モイレトマリ（武意泊）からシャウニ（宗仁）を経て、船でシラヌシ（白主）に着いたのは八月三日《九月一日》。だが治療もできないまま、一日も早くソウヤ（宗谷）まで戻って、医師の診察を受けることにした。だが強風が吹き荒れ、船を出すこ

組頭、病臥のためエンルモコマフ

とが出来ない。武四郎は困惑しながらこう記した。

（組頭の）顔色愈《いよいよ》あしく候間、此処にて養生を勧れども聞入なく、日和次第明日にも渡海せんと支配人に申聞さる。（「廻浦」下 277）

明日にも出立を、と思いながら、連日の強風で船が出せず、八月七日《九月五日》になりやっと凪になったので出帆し、同夜、ソウヤ沖に着いた。ソウヤ（宗谷）勤務の梨本弥五郎らが迎えの船でやって来て、向山を抱えて上陸し、養生所（病院）へ運び込んだ。

向山は医師の指示で薬を服用し、眠りについた。翌八日は少し良くなったかに見え、武四郎らを安堵させたが、再び悪化した。医師らは付ききりの治療をしたがその甲斐もなく、向山は十日九ツ時（午後零時過ぎ）、あっという間に息を引き取った。武四郎は愕然となった。全身から力が抜けていくような絶望感に襲われた。

生あるものは必ず死ぬ。仏に仕えた身だから、それは重々

ショナイ、カムイトトの図（「廻浦日記」下）

承知しているつもりだが、実際にその人物を失って、命のはかなさを思い知らされた。ひるがえって向山源太夫という何ものにも替え難い人物がいたからこそ続けられた仕事であった。信頼され、すべてを任されたからこそ、全力で取り組んできた。向山に差し出した報告書はざっと六十件にのぼる。やり場のない悲しみと虚しさがない混ぜになって、武四郎の全身を覆った。

十一日《九月九日》夕、梨本の指図で、組頭向山源太夫の葬儀が、ソウヤ役所から少し離れたチトマナイで、ソウヤ詰めの役人が出席して、しめやかに行なわれた。別離の合掌の後、遺体は荼毘にふされた。真っ赤な炎が立ちのぼり、天空に消えていく。武四郎は向山と廻った蝦夷地の長いようで短かった領地請け渡しの日々を、ぼーっとした頭で思い巡らしていた。

火が下燃になるころ、番人たちが銃を空に向け、空砲を十数発放った。武四郎がそれを問うと、「臭気のためにクマやオオカミが集まり来るのを恐れてなり」（「廻浦」下 281）と答えたので、涙を呑んでその旨を記した。

翌日朝、遺骨を拾い、その場にトドマツ七株を植えて、墓標とした。向山の死は飛脚便で箱館奉行に伝えられたが、その死はしばらく公表されなかった。

初七日を終えた武四郎は十六日《九月十四日》、向山の遺骨を抱いて出立した。亡き向山に代わって、オホーツク沿岸を回り、残るいくつかの領地の請け渡しを済ませ、同時に新道の開削が必要な地域を調べ、アイヌの人たちの生活ぶりをまとめねばならなかった。

ヲニシベツ（鬼志別）を出立して、サルフツ（猿仏）、ショナイ（斜内、浜頓別）と宿泊を重ねながら進んだ。ウシタイベ岬を越えて、エサシ（枝幸）着いたのは夕刻。詰合と足軽が出迎えた。さらに南下してトンナイウシ着。ここが境界になっていて「是より西ソウヤ領、東モンベツ領」（「廻浦」下329）の標識が見えた。

「廻浦日記」に記された怒り

オホーツク沿岸を下る。たびたび襲い来る暴風に悩まされながら八月二十五日《九月二十三日》、モンベツ（紋別）領に入った。領地請け渡しの箇所は少ないので、ここからオウム（雄武）、モンベツ（紋別）を経てユウベツ（湧別）へと続く集落に立ち寄り、地域の状況を調べ、アイヌの人びとの氏名、年齢、暮らしぶりなどを聞いた。

どこも働き手はソウヤ（宗谷）に取られ、残された老人と子供たちは、ここを立ち去ることも出来ないでいた。向山を失い、アイヌの人たち暮らしぶりを憂いて旅をする武四郎の怒りが、ここに来て頂点に達した。

箱館奉行に提出された「竹四郎廻浦日記」を見ると、その怒りがどれほどのものであったか

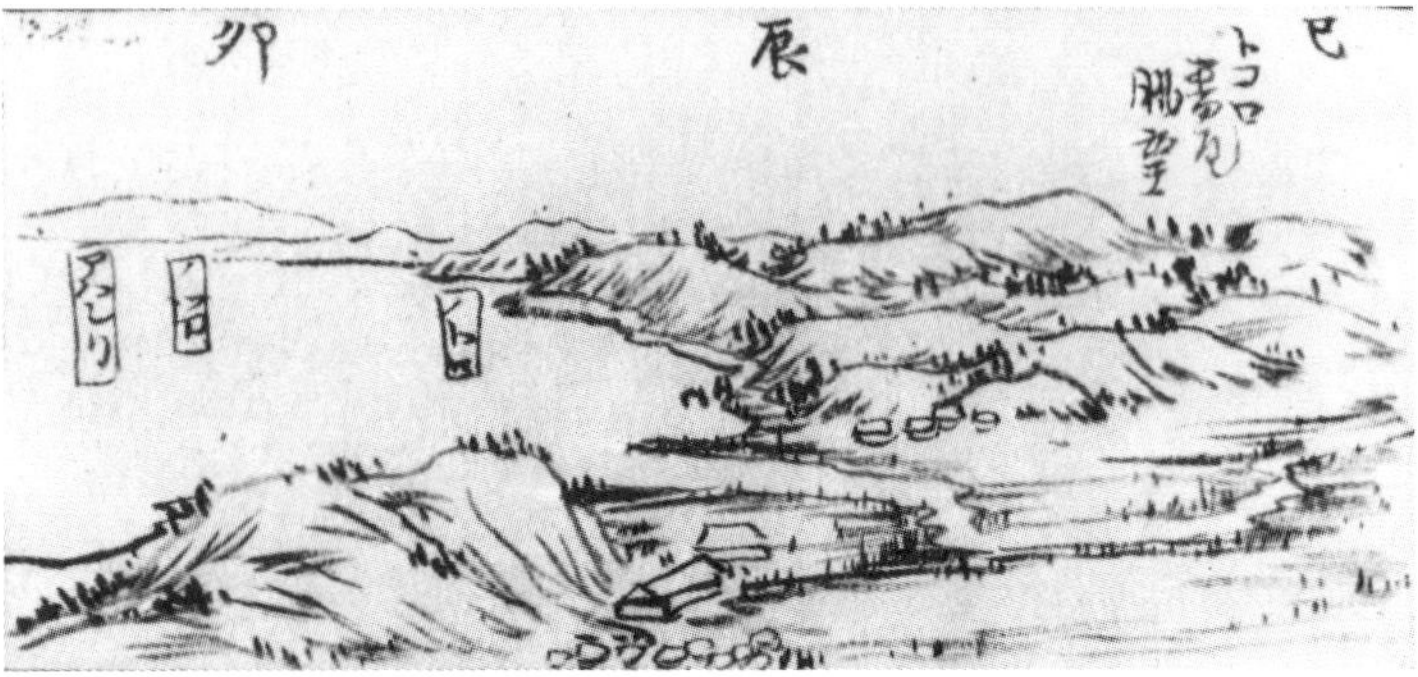

トコロ番屋（「廻浦日記」下）

がわかる。「巻之二十三」のほぼ全部を使い、二万五千字も費やして克明に綴っている。

そのうちヲンネヲトロの部分を掲げる。冒頭に、八十軒あった家がいまは二十二軒に減っていると記したうえ、こう続けた。

惣乙名サントアイノは当年早八十七才なるよし。子供はソウヤへ行し由。小使チンチン（四十九才）一人の娘（二十六才）と共にソウヤへ引上られ、留守は女房一人なり。（略）又ニコタス（三十三才）は妻と共にソウヤへ取られ、家は立朽《たちくさり》に致し有とかや。

（「廻浦」下346）

続けて、セトクアイノは夫婦でソウヤ（宗谷）に取られ、幼児は老母が面倒をみている。エヌシヤスは昨年やっと帰ってきたが、こんどは息子が取られた。アヘシキ夫婦は二人の幼児を残して取られ、ヲナムラクは妻と子供三人を老婆に預けたまま三年も戻らない……。

根室の納沙布岬

文章はまだまだ続くが、アイヌの絶叫が聞こえてくるようである。
サロマ湖を越え、トコロ（常呂）を過ぎると、ノトロ（能取）湖が見えてきた。番所詰めの足軽が出迎えた。ここでカシワという若いアイヌ青年が妻子を残してクナシリ（国後）へ連れていかれ、七年間も戻らないと聞き、武四郎は胸が張り裂けそうになった。
アバシリ（網走）に着いた。番所をはじめ備米蔵、板蔵、鍛冶小屋、大工蔵などに混じって通行屋が建っていた。ここに宿泊。モコトウ（藻琴）湖、トウフツ（濤沸）湖を越えて、シャリ（斜里）に着いた。場所の支配人らは武四郎が来るというので、クナシリ（国後）へ出稼ぎに行っていたアイヌたちを戻したが、また来年も継続して行かせるという。この支配人の物言いに、今後の対応をどうすべきかと武四郎は首をひねった。

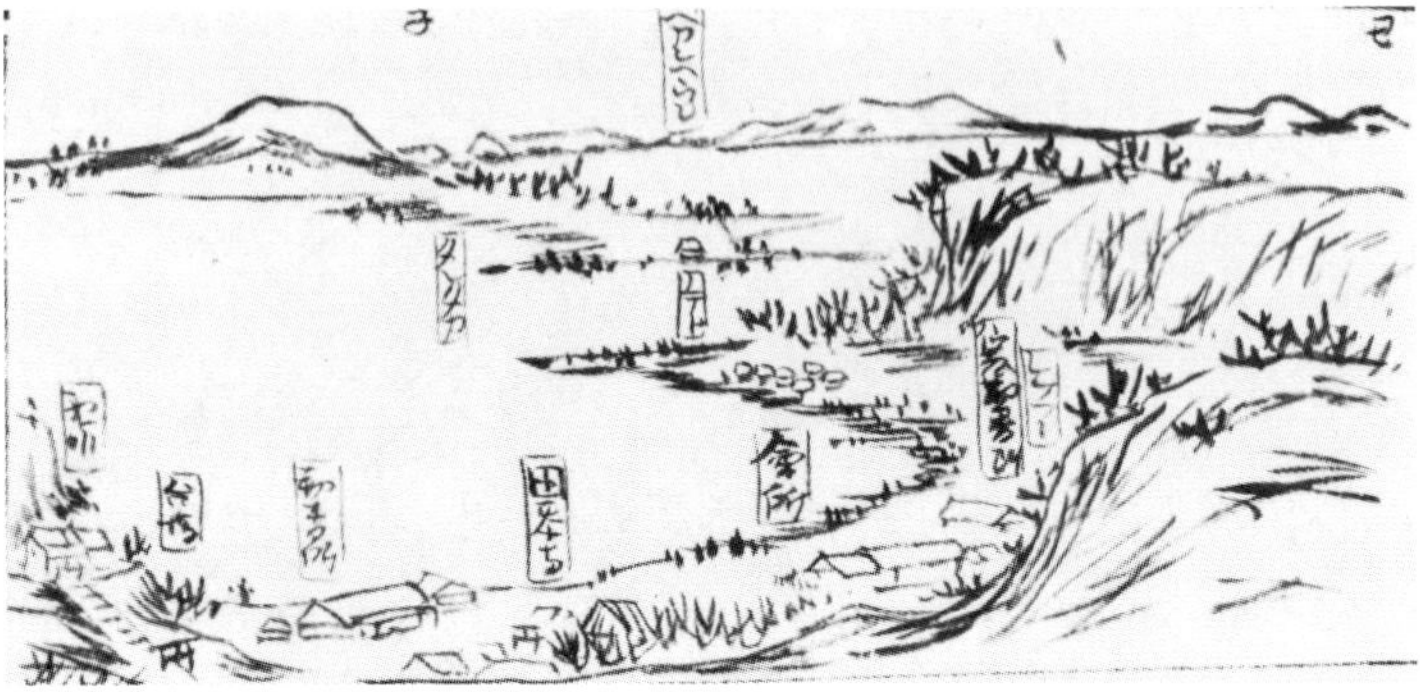

ハラサン頂よりアッケシ眺望の図（「廻浦日記」下）

内陸を横断して、ワッカウイ（清里）というところに出た。ここがシャリ（斜里）とクスリ（釧路）、つまり東西蝦夷地の境界線で、標識が立っていた。小休所があり、クスリ詰めの足軽が待ち構えていて、煮た茶を差し出した。茶は湯を通すのではなく、煮て飲むものだったようだ。

ニジベツ（虹別）、シベチャ（標茶）、シベツ（標津）などを歩き、ノッケ（野付）半島を経て九月九日《十月七日》、ネモロ（根室）に着いた。アイヌ語で、ネは木、モロは湾だから、樹木の多い湾、の意。前方にハボマイ（歯舞）の小さな島々が見えた。勤番所や通行屋などが立ち並び、下役元締以下が睨みをきかせていた。

ここに建つ仙台藩陣屋を検分し、請け渡しを終えて、アッケシ（厚岸）に至った。ここで意外な話を聞く。この地のアイヌの人たち六十人ほどが出自を捨てて和人になり、和名を用いているのだという。和人と同化しなければ生きていけない厳しい現実を突きつけられて、武四郎は思わず唸った。

クスリ（釧路）に着いた。武四郎にとっては懐かしい土地である。川幅七十間（約百四十㍍）ほどで、川縁に渡し船が見えた。十月ごろまでサケ漁が続き、その後、シシャモが群れをなすという。

夷人共皆纚網《きもう》を以て舟に汲込《くみこみ》候由也。然し二三度群来《くき》る斗《ばか》り也と。是《これ》皆土人の飯料なりと。此魚東地にて当所、トカチ・サルの三ケ所より捕れざる由なりける。

（「廻浦」下 453）

オタノスケ（大楽毛）を過ぎ、シラヌカ（白糠）、シャクベツ（尺別）、そしてヲホッフト（大津）を越え、ビロヲ（広尾）より日高へ抜ける山道を行く。ここはすでに述べた通り、近藤重蔵が開いた道だ。太平洋岸に出で、沿岸に沿って西進するとシャマニ（様似）に着いた。ウマを借りようと思ったが、疱瘡が流行してアイヌの人びとはみな山中に逃げてしまったので、ウマを曳くのは和人だけ、と言われ、辞めた。

ウラカハ（浦河）には会所はじめ備米蔵などが並んでいるのに、アイヌの家が見えない。聞くと疱瘡を恐れて、遠くに家を建てて、そこから通っているのだという。しかも家は九十軒、人数は四百五十八人、ウマも六十七頭と文政年間より全体で二割ほど増えていた。武四郎は、

有志の士来りて所置致されし其余光なるべし。

（「同」下 500）

と感謝の気持ちを書いた。

太平洋沿いに西進して箱館に帰着したのは十月十三日《十一月十日》。幕府役人として初めて過ごした六カ月半にわたる長い旅路だった。これを武四郎の「蝦夷地四航」(「竹四郎廻浦日記」三十巻)という。

死を覚悟した武四郎

箱館に戻った武四郎は、奉行の堀織部正に対して、向山の死を報告するとともに、松前藩領の幕府への引き継ぎがすべて完了したことを報告した。そして来年の仕事について、次のように申し出た。

来春彼地へ罷越《まかりこし》候節後方羊蹄《しりべし》山へ相廻り最寄旧蹟等も候はゞ可成丈探索いたし其外地理実践之上委細書面にいたし……

(「自伝」213)

自らを奮い立たせ、意欲に満ちた文書を差し出した、とみたい。向山が亡くなったいま、頼る人とてない。奉行に直訴してでもわが道を探るほか方法がなかったのである。

ところが奉行の許しが出ないまま、武四郎は全身に湿疹が出て高熱を発して、寝込んでしまう。長旅の疲れと野菜の摂取不足によるものだった。武四郎は焦った。だが病は悪化するばかりで、医師の手厚い治療にも関わらずいっこうに良くならない。十二月一日、「自伝」に覚悟を決めてこうまで書いている。

いよいよ不宜《よろしからず》、忠粛（柏倉、医師）も甚《はなはだ》心配致す。依て我一首の辞世を短冊に認《したた》めて床の下に敷置《しきおく》。

我死なば焼《やく》な埋《うずむ》な新小田に
　捨《すて》てそ秋の熟《みのり》をはみよ

（「自伝」214）

医師が心配してくれるが、よくならない。辞世の短冊を床の下に置く。辞世の意味は、私が死んだら、遺体を焼いたり埋めたりせず、新たな田畑に捨てて肥やしにせよ、というもの。よほど追い込まれていたと思われる。

周囲の人たちが養生する場所を探しだし、勧めにより六日、役所から少し離れた深瀬宅に移った。そこへ毎日のように見舞い人が訪れた。そのなかに、太田山大権現で出会った修験僧の宗嶮（定山）がいた。武四郎の枕辺で健康回復を念じたのはいうまでもない。

暮れになり、体調が少しずつ戻ってきて、領地請け取りの「廻浦日記」をまとめる作業が出来るほどに回復した。一度は死を意識したほどの病を、気力で押しのけたというべきか。

暮れの二十四日、向山源太夫の葬儀が改めて称名寺で催された。武四郎の胸に悲しみがこみ上げた。

一八五七（安政四）年元旦を迎えて四十歳になった武四郎のもとに、亡き向山の養子の栄五郎が見舞いにやって来た。三十二歳。早くから逸材といわれ向山家を継いだ。新年から父の仕事を継ぎ箱館奉行所詰めになったと言い、武四郎を喜ばせ、ふるい立たせた。

島　義勇（1822－74）

栄五郎は後に奥御右筆になり、外国奉行から若年寄格・駐仏公使に任ぜられ、将軍慶喜の実弟徳川昭武に随行してパリに赴くことになる。維新後は杉浦梅潭（最後の箱館奉行）らと晩翠吟社を創設、漢詩人として名を残す人である。

島義勇と未来を語る

体調がすっかり戻った武四郎は、続いて北蝦夷地を踏査した報告書の執筆に取りかかり、二月八日《三月三日》、脱稿した。出来上がったばかりの「廻浦日記」のうち「北蝦夷日記」九冊を、箱館奉行に提出した。

三月になり、武四郎のもとに肥前（佐賀）藩士の島義勇が訪ねて来た。島は藩命を受けて、蝦夷地を調査するため箱館を訪れていた。後に明治新政府の首席開拓判官となる人物である。二人はこれから蝦夷地をどのように開拓していくべきか、夜の更けるのも忘れて語り合った。

折しも箱館奉行堀織部正の蝦夷地の廻浦（海岸線の巡回）が近づいていた。前述のように箱館奉行は三人いて、江戸詰め、箱館詰め、廻浦の役目を順番に受け持つ。江戸詰めだった堀が今年から廻浦担当になったのである。

島はぜひ蝦夷地を調査して歩きたいという。それを聞いた武四郎は、堀織部正の近習を勤める仙台藩士の玉虫左太夫と相談して、島に願書を出させ、奉行の中小姓の肩書で同行が許された。島は感激した。この二人の出会いが後に石狩（札幌）に大府を置き、現在の隆盛への基礎を築いていくことになる。

四月二十三日《五月十六日》、箱館奉行の堀から武四郎に改めて「蝦夷地一円山川地理等取調」及び「新道新川切開場所取調」が言い渡された。向山亡きいま、武四郎の願っていた仕事を奉行が好意的に聞き届けてくれたわけで、深く感謝した。

武四郎はこの際、蝦夷地の内陸をすべて歩く「奥地川々見分」を計画し、後方羊蹄、つまり後志の調査から着手することにした。いまはこの文字でシリベシと読むが、当時はシリベツ、ソウツケなどと呼称されていた。

太平洋岸のヲシャマンベ（長万部）からほぼ直線に北上して、日本海のシッキ（寿都）に抜けるおよそ八里（約三十二キロ）のコースである。

武四郎の出立が奉行の廻浦より先と決まった。島から、同僚の犬塚与七郎を西蝦夷地まで同行させてほしいと頼まれ、快く応じた。

歌才のブナ林を見る

二十九日《五月一日》、武四郎は同行の犬塚らとともに、箱館を出立した。以下、「丁巳《ていし》東西蝦夷山川地理取調日誌」の中の「志利辺津《しりべつ》日誌」を用いて記す。

大野、宿野部、大沼と、途中宿泊しながら森村に着いた。このあたり魚類がよく獲れ、集落

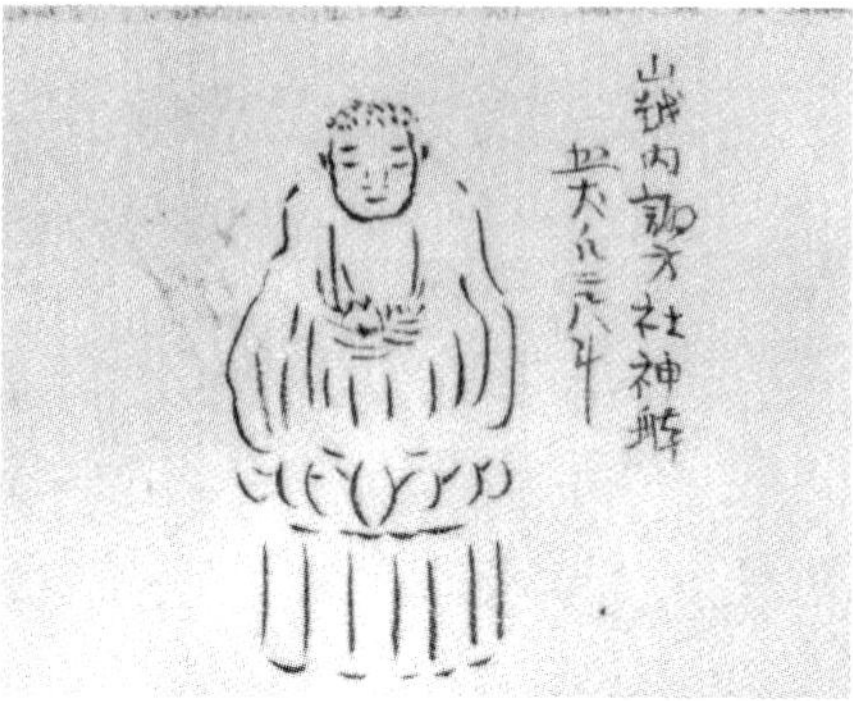

山越内の円空仏（「丁巳日記」上）

は繁栄していた。昨年冬、蝦夷地を去る時は、小さな家が二、三軒しかなかったのに、いまは十余軒も立ち並び、村落の形態をなしていた。首長はなかなかの富豪で、ここのアイヌの人たちのなかには髭をすり落とし、髪を結っている者もいて、武四郎を驚かせた。

鷲ノ木、落部を経て、山越内会所で宿泊した。近くに諏訪明神の社があり、中に古い仏像が座していた。武四郎は鉈《なた》作りの像を見て、僧円空の作と判断した。円空は寛文五年（一六六五）に蝦夷地に入り、仏像を彫った。その像が各地に現存する。

五月三日《五月二十五日》夕、シリベツへの出発点となるヲシャマンベ（長万部）着。翌朝、ヲシャマンベ川を右手に見て、山手に向けて歩いた。ルヘトマイの南部家の陣屋地を過ぎると栗の木台があり、その先の橋を渡ると人家が一軒あった。山道切り開きの福次郎という者の家で、道路を往来する者から百十四文ずつ取っていた。

二股を越えてワラビタイ（蕨台）に至る。前方になだらかな山が望まれた。武四郎は記す。

平山茅野にして人家一軒有。眺望甚よろし。過て坂を上る。此辺りを渓蓀野《アヤメノ》と云。実に唱《となえ》の如く一面渓蓀《けいそう》にて照輝の如し

歌才のブナ林（黒松内町歌才）

（「丁巳」上 86）

文中の渓蓀《けいそう》は、アヤメの異称である。少し進むと削花《エナウ》峠（稲穂峠）があり、これを越えると樹木が多くなった。武四郎は「ブナの樹台」と呼び、こう書いた。

道の左右に風来《ブナ》の木多きが故に号るなるべし。此処より右の方へスッ、ヘッの川すじ、左りの方クロマッナイの川すじ也。過て左りの方にウタサイと云山一ッ有るなり。

（「同」上 86）

このウタサイの山が現在、国の天然記念物に指定されている黒松内町の「歌才ブナ林」である。ここからシッキと表現されていた地名がスッ、に変わる。しばしば出てくる呼称の変化である。

武四郎は歩み続ける。開削したばかりの新道を経てクロマツナイ（黒松内）に着いた。前方にスッツ、川が流れ、そばに新道を開いた利右衛門という者の家があった。利右衛門はここで、宿泊所と川渡しを営んでいた。船賃は十三文という。この川がアブタ（虻田）領とヲタスッツ（歌棄）領の境界になる。

急な流れを舟で渡ると、ほどなくスッツ、領だ。ここから歩いてユーナイ（湯の沢）に着いた。小さな川があり、右と左に別れる道筋を示す「是よりヲタスッツへ一里。スッツ、へ弐里半」の標柱が見えた。

左へ針路を取り、スッツ、（寿都）に着いたのは夕方。眼前に日本海が広がっていた。調役下役の岡田錠次郎宅に宿泊する。ここでアイヌの人たちが疱瘡《ほうそう》にかかり多数の死者が出て、この春五十六人いたのが、わずか十九人減っていると教えられる。残った者はおののき、山中に逃げ込んだが、食べ物もないという。前年訪れた時とはまるで様変わりしているのを知った武四郎は悲嘆にくれつつ、「実に目も当られざる次第」（「丁巳」上92）と書いた。

雷電峠で焼き飯を食べる

五日《五月二十七日》、海岸伝いにヲタスッツ（歌棄）へ赴いたが、ここも疱瘡が蔓延し、人影もない。以前は五十四人もいたのに、いまはわずか十八人に減ったという。武四郎は心配し、「実に今拾年をも過候はゞ、如何なり行候やらんと思われけり」（「同」上93）と書いた。

イソヤ（磯谷）に着いて、運上屋の支配人に対し、シリベツ（尻別）川を遡りたいので、案内人を手配してほしい、と頼んだ。この道程の途中にライデン（雷電）峠があり、前年、役人の岡田錠次郎が越えようとして果たせずに戻っている。

磯谷の地も疱瘡が蔓延し、人数は減少していたが、支配人はすぐにアイヌの人二人と和人の出稼ぎ二人の合計四人を紹介してくれた。

六日《二十八日》は快晴。武四郎は一行とともに出立した。道幅が広げられ、ウマも通れるようになっている。川を越え、谷を過ぎる。小川のそばに小さな温泉があった。武四郎は「人間《シャモ》（和人）にて是を湯内と云」と記した。

バンメクンナイという川に出た。八つ目ウナギが多く、そのほか「桃花魚《うぐい》、鯇《あめます》、鱒《ます》など雑魚」が多い。川が多く、ヤチ川、ヘンケメクンナイ、メナ（目名）川と続く。メナ川は流れが急で、両岸にヤナギが繁茂していた、岸辺に二軒の小屋が見えた。疱瘡が蔓延した時、イソヤ（磯谷）のアイヌの人たちが逃れて来て暮らした小屋だという。ホロウタ、ホロナイ、シヤマウケウッカと進み、イソヤ（磯谷）の渡し守宅で宿泊。

翌朝、アフシタ目当《めあて》と呼ばれる山岳へのコースを辿った。現在の雷電峠である。険しい峠なのだが、最近、イセハチトマリという地から新道が開かれていた。武四郎は記す。

> 峨々《がが》たる山の平《ピラ》を切落し、羊腸《ようちょう》たる蹊《こみち》をぞ作り有るなり。辛うじて是を上ること五六丁にて樹林原へ入、行くこと七八丁にて彼《かの》アフシタ目当といへる岳に上る也。
>
> （「同」上 106）

平《ピラ》はアイヌ語で崖の意。羊腸たる蹊とは羊の腸のようなぐにゃぐにゃした細い道を指す。ちなみに平《ピラ》のつく地名が各地に存在する。

武四郎はあえて新道を辿らず、堅雪《かたゆき》を踏みしめ、回り道して峠に至った。堅雪の方がはるかに歩きやすいのだ。峠の上で昼飯の焼き飯を食べてから、新道を下った。七、八丁はさして難所もなかったが、十丁先あたりから断崖が高くそそり立っていて、おそるおそる歩いた。

温泉(雷電温泉)に着いた。そこでイワナイ(岩内)詰の同心の見廻りに出会った。羽織を着た番人が先に立ち、後ろに弁当持ち、着替え持ち、鉄砲持ち、鉞《まさかり》持ちの五人の供を従えていた。

武四郎は「箱館辺にて隊長《とうどり》の遠足同様位の供勢、江都《江戸》にては五六百石已上《いじょう》の有司の供勢同様にぞ有」とし、続けて「是等の事を見るに場所の繁昌たること思ひやるべし」(「丁巳」上107)と書いた。箱館なら奉行から任命された隊長、江戸なら五、六百石の上級武士並み。ここらの場所が裕福なのでいい気になっている、という皮肉である。

崖をよじ登り、臥せ木に足を取られながら進むうち、トド木立が立つ原野の一軒家に着いた。老夫婦が住んでいて、吹雪に遭遇したり、道に迷ったりする人を泊めているという。老爺がいまだにクマにも出会わず、健康を保っているのは神の守護のお陰、と語った。

その話に感嘆した武四郎は、箱館から奉行の廻浦に同行する島義勇と玉虫左太夫に手紙を書いた。島は肥前、玉虫は仙台の藩士で、このことは玉虫の「入北記」に見える。夕方、イワナイ(岩内)着。以上が「志利辺津日誌」である。

第七章　大地を覆う光と陰

奉行の廻浦に船を運ぶ

翌日の五月九日《五月三十一日》早朝、武四郎は早速、イワナイ場所支配人の八右衛門を呼び出し、ソーッケに行くので同行者を世話してほしい、と述べた。支配人は「今年はまだ行っていない。行けても五日間はかかる」と尻込みしながらも、アイヌの乙名《おとな》のセベンケに話して、何とか引き受けた。

セベンケの先祖は昔、松前藩に協力して紛争をおさめた功績があり、領主より「ワシマ」の名を賜った。以来、人びとはワシマと呼ぶのだという。ソーヅケ川は代々、セベンケ家の漁場で、秋には家内一同が出かけてサケを獲り、塩引きにし、残りは干し魚にするか、切り込みにするという。

セベンケは同行者として、小使のチカイクルのほか、ヲシンカラ、ヱカシノカルの四人と、セベンケの妻など女性五人も加えた。武四郎は安堵し、みんなに手拭い一筋、針五本、煙草一把ずつ与えた。

その日のうちに、揃って出立。運上屋の南を流れる小川に沿って平野を行く。イワウシナイ、ネントマムナイと過ぎて、ホロベツという川に出た。ホロは大きい、ベツは川。この名の土地は各地にある。

ワッカウエンナイに出た。ワッカは水、ウエンは悪いの意。武四郎は「上に谷地《やち》有。水悪敷《あしき》が故に此名有るなり」と書いた。次がチヱツフシャクヘツ、魚の無い川の意。続いてムニ、へべ。「魚が多く、昔は入来りて腐れしと云事なる由」とこの意を書いた。

ケネタウシナイの渡し場に着く。聞くと奉行の廻浦が近づいたので、奉行が乗る胴舟を、浜からこの渡し場まで、浜の人足（作業員）十四人が四日かかって運んだという。武四郎は舟を運ぶ手間賃を換算して、三万三千六百文にもなるとして「右の代金を以てせば一船の平太船を作るによろしかるべきや」と目を剝いて指摘した。

カムイハッタラを越え、ヘンケシャマツケナイという川に出た。ここが現在の共和町国富である。武四郎ら一行が到着すると、笹小屋の主人が出迎えた。日はまだ高いが、宿泊することにした。明日は早立ちと決め、センベンケを呼んで相談すると、はじめ口ごもっていたセンベンケが声をひそめて、「あと一日あれば目的地まで行ける」と答え、武四郎を驚かせた。

センベンケの話によると、いまは堅雪が残っているので、七里（約二十八キロ）の道は一日で行ける。だが融けた後のササ原は十里分も二十里分も歩くほど。そこで昨年、人足（作業員）を頼んでルウヘシへという峠からその先四里半にわたり、刈り分け道を作らせた。だがこのことは支配人や通辞には内緒にしている、という。

武四郎はそうか、そうかと答え、改めて明日の早立ちを約束した。

十日（六月一日）は快晴。早朝、出立する。宿の下を流れる川が雪解け水で水嵩《みずかさ》が増えていた。この川も季節になると、サケ、マス、アメノウオなどで溢れるという。川沿いに進むと、平地に出た。

後志の語源となった羊蹄山（倶知安町側より望む）

小屋が二軒建っていた。疱瘡が流行したとき、アイヌの人たちが逃れてきて住んだところで、多くの人が亡くなったという。少し離れた場所に新しい墓が立っているのを見た武四郎らは、木幣《イナウ》を削って供え、冥福を祈った。

エナウ峠に着いたのは昼時。昼食を摂り、一休みしてから、峠を下った。一帯にササ原が広がり、山にはカバの木が林立していた。先へ進むとチャシコッという地名のところに空き家が残っていた。

羊蹄山まで行けず

シリベツ川の本川端に出た。その下にクッシャニ川の河口が見えた。川幅七、八間（十五、六メートル）。河口に幣を立てて印とした。クッシャニとは、魚を獲る道具、の意。これが倶知安の地名の語源となる。

越えて向こう岸に行くと、ソーツケ川が流れ

後方羊蹄山（松浦武四郎「蝦夷漫画」）

ていた。川幅十間（約二十メートル）、両岸にヤナギ、アカダモが繁っていた。曲がりくねって行くと、茅屋と倉庫が並んで建っていて、付近にサケの寒塩引などが食いちぎられ散乱していた。武四郎は記す。

（留守番が）当春死去致したる後は、未だ誰をも留守等に遺し置もの無が故に、如此《このごとく》狐に致されしなり。実に其家の辺りに散じ有魚も中々百哉弐百の事とも不思《おもわず》、また卵の塩に致せしが、廿三樽も腐爛したり。実にあわれむべき次第なりけり。（「丁巳」上137）

ここから武四郎はシリベツ岳を眺望した。尻別岳は喜茂別町にあるが、ここでは蝦夷富士とも呼ばれるニセコ町の秀峰、後方羊蹄山を指すと思われる。山麓までおよそ一里（約四キロ）ほど。山肌の裾側は青い樹木が密集しているが、中腹より上は雪に覆われていた。その麓まで行けば頂上を極めるのは容易と判断し、明日、登ることにした。

エムイという小川があった。エムイは、閉じる、の意。この辺

安政４年（1857）松浦武四郎足跡図〈蝦夷地五航〉

「蝦夷地一円山川地理等取調」、「新道新川切開場所」の取調べを申し渡される

1	箱館 4.29出立
2	大野 4.29泊
3	鷲の木 5.1泊
4	山越内 5.2泊
5	ヲシヤマンベ（長万部）5.3泊
6	スツヽ（寿都）5.4泊
7	イソヤ（磯谷）5.5泊
8	シリベツ（尻別川）渡場 5.7．8.9泊
9	イワナイ（岩内）5.8泊
10	ソーツケ 5.10 ～ 12．8.2泊
11	ヨイチ（余市）5.14泊
12	ヲタルナイ（小樽）5.15・16泊
13	石狩 5.17・18泊
14	ツイシカリ（対雁）5.19泊
15	ニイルヽオマナイ 5.20泊
16	カバト（月形）5.21泊
17	トツク（新十津川）5.22泊
18	ウリウブト（雨竜）5.23．閏5.11泊
19	イチヤン（一已）5.24泊
20	ハルシナイ 5.25泊
21	チウベツフト（忠別）5.26・27泊
22	クウチンコロ家(フシコベツ) 5.29泊
23	オコトマチウ（東神楽）5.30泊
24	チウベツフト（忠別）閏5.1・2.8泊
25	サンケソマナイ（中愛別）閏5.6泊
26	アイベツ（愛別）閏5.7泊
27	シキウシバ（カムイコタン）閏5.9泊
28	クウカルウシ（中島）閏5.12・14泊
29	ニセケシヲマナイ（深川近郊）閏5.13泊
30	トツク（新十津川）閏5.15．閏5.19泊
31	カムイコタン(芦別野花南) 閏5.17泊
32	ヒトイ 閏5.21泊
33	石狩 閏5.22泊
34	ゼニバコ（銭函）閏5.23泊
35	石狩 閏5.24 ～ 29．6.1泊
36	ヘロカルウシ（浜益）6.2泊
37	ホロトマリ（増毛）6.3・4泊

38	ルルモツペ（留萌）6.5泊
39	トママイ（苫前）6.6・30泊
40	フウレベツ（風連別）6.7・29泊
41	テシホ（天塩）6.8・28泊
42	トンベツホ(音威子府筬島) 6.12・25泊
43	ヲクルマトマナイ 6.13・24泊
44	ナヨロ（名寄）6.15・18・23泊
45	サンルベシベ 6.17泊
46	トナイタイベ（士別市東内大部）6.21泊
47	ルルモツペ（留萌）7.1泊
48	ホロトマリ（増毛）7.2泊
49	ハママシケ 7.3泊
50	ヲシロコツ 7.4泊
51	石狩 7.5泊
52	ツイシカリ（対雁）7.6泊
53	タツコブ（由仁）7.8・11・12泊
54	マツクチナイ 7.9・10泊
55	チトセ（千歳）7.14・15泊
56	ヲサクマナイ 7.16・18泊
57	シコツトウ 7.17泊
58	白ヲイ（白老）7.19泊
59	ホロベツ（幌別）7.20泊
60	モロラン（室蘭）7.21泊
61	ウス（有珠）7.22・23・27泊
62	タツコブ 7.24・26泊
63	ワツカ（温泉元）7.25泊
64	ソリヲイ 7.29泊
65	尻別川上流より各所 9.30 ～ 8.8
66	スツヽ（寿都）8.10・11泊
67	クロマツナイ（黒松内）8.12泊
68	クンヌイ（国縫）8.13・19泊
69	タン子ウシ 8.16泊
70	山越内 8.20・24泊
71	セヨベツブト 8.22・23泊
72	鷲の木 8.25泊
73	大野 8.26泊
74	箱館 8.27帰着

り流木が多く、流域が閉じられていた。なのに無数の魚が泳いでいて「実に珍敷《めずらしき》魚類多き川なりける也」と書いた。山麓までそう遠くはない。

翌十一日《六月二日》朝、武四郎は男たち三人とともに、シリベツ岳に向かった。持参品は鍋一個、鉞一挺、キナ一枚、コメ二升、それに羅針である。

一行は身の丈《たけ》余りのササ藪を分けながら歩んだ。だがササ竹はいよいよ深くなり、はぐれそうになった。一同相談して、先々行けるところまで行くことにし、帰り道の印に、ところどころでカバの樹の皮を剝ぎ、火をつけて燃やした。

九ツ（午後一時）過ぎ、一筋の川端に出た。ここはどこかと武四郎が同行の者に訊ねると、「マッカリベツらしい」と答えた。これが後方羊蹄山を意味するシリベツ岳へ通じる川とも思えたので、「最早麓近くとは思え」る場所まで着た、と書いた。だが遥かに望む山には青木が生えていて、見渡す限りササ原が続いていた。

武四郎は「此模様にては五六日も懸《かか》らでは雪の有辺りまでも行難し」と判断した。セベンケはそのまま進もうと主張したが、他の二人は少し遅れ気味になっていた。結局、前進するのを諦め、引き返した。八つ半（午後三時）、小屋に戻った。

話が飛ぶが、この探索で後方羊蹄山の存在を知った武四郎は、翌年正月、後方羊蹄社と品根《ぴんね》知里《しり》社の二つの神社の建立を計画し、「伊勢天照皇大神宮街道の産、松浦竹四郎源弘」の名で建立資金を集めた。同時に「祝詞」まで作った。

武四郎は蝦夷地を開拓するに当たり、この山に神社を創建し、神に守られた国づくりを願ったのであろう。

寄付者の氏名が記載されていて、梨本弥五郎や三田喜六、亡き向山源太夫の養子、栄五郎の氏名が見える。寄附金額は合計一両三分。社殿建築費、神像代などを明記し、神鏡は若山屋と菊地屋より寄付の見込みとし、最後に「余は一切御受申さず候」と書かれている。それがいかにも武四郎らしい。

再び石狩川を遡る

ヨイチ（余市）からヲタルナイ（小樽）を経て石狩に戻った武四郎は、上川の奥地を探検するため、前年に続いて再び石狩川を丸木舟で遡ることにした。メンバーは昨年、ル、モッペ（留萌）まで同行した顔見知りのセッカウシ、トミハセ、アイランケ、ニホウンテの四人のアイヌの人びとである。以下、「丁巳日誌」のうち「再篙《さいこう》石狩日誌」を用いて書く。

出立前日、石狩場所の番人小太郎が乗り込んだ。場所請負人が自分の漁場の実態を知られるのを嫌い、いわば監視役にしたらしい。

五月十九日《六月十日》、夜が明けて、武四郎はセッカウシらとともに、舟にコメ、塩、味噌、煙草、筵、鉞、山刀、鍋などを積み込んだ。出立しようとした時、石狩とスッヽ詰兼務の調役並の長谷川儀三郎から酒一樽が届けられた。それを見た一行は思わず歓喜の声を上げた。

舟は石狩川の流れを曲がりくねりながら遡った。右岸に平地が見えた。フル、いまの石狩市北生振《おやふる》である。元運上屋跡にアイヌの人家が四軒見えた。

フキの葉を被り石狩川を遡る（「紀行集」下）

両岸にシノツ（篠津）、ツイシカリ（対雁）を眺めながら、エヘツブト（江別）、ホロムイ（幌向）を越えた。樹林の間からは小さな家が見えた。

武四郎が大衆向けに書いた「石狩日誌」（「紀行集」下268）には、次の漢詩が書かれている。

款冬大㆓於傘㆒　葉々翠陰清

折換㆓苫篷㆒坐　又為㆓帆席㆒行

款冬《ふき》傘を大にし　葉々翠陰《すいいん》清し

苫篷を折り換えて坐し　又帆席と為して行く

漢詩に添えられた絵を見ると、舟に大きな蕗《ふき》を被せ、蕗のなかに武四郎らしい人物が一人入って寝そべり、前後にアイヌの人が二人ずつ座って櫓を漕いでいる。川を遡るのは実際は大変なはずだが、なぜかのどかな風情が伝わってくる。

平地が広がるニイル、ヲマナイで宿泊。夜、野鳥が激しく鳴いた。武四郎は書く。

松浦武四郎宿泊地跡
（新十津川町中央：金滴酒造前）

月の代ともなる頃には川風身にしみ、如何にも異域の心地し、未だ山には五月とはいへども雪ふかく有るが故に、何となく寒く有り、召連し夷人等は昼の草臥にて生躰もなく寝たる故、自ら薪を集め火を焼、四方山の事等独《ひとり》思ひ出して明をぞ待たりけり。
（「丁巳」上181―182）

二十一日《十二日》朝早く出立。ピハイ（美唄）を越える。舟は続いてサツヒナイ（札比内）、ヲソキナイ（晩生内）、ウラシナイ（浦臼内）、キナウシナイ（黄臼内）と行く。このあたり武四郎は向かって左側の集落を書き、途中から右側に変わり、チヤシナイ（茶志内）、ナエイ（奈井江）と続き、また左側に変わって「幅十間計《ばかり》、長さ十五、六丁位の沼（鶴沼）」やカバト（樺戸、後の月形）を記す。その文面から、大河を挟んで集落が点在しているのがわかる。

ヲタシナイ（歌志内）川の河口を過ぎるとほどなく、ソラチ川の河口（滝川と砂川の間）に近づいた。アイヌ語の読みはソーラップチプト。滝がごちゃごちゃ流れ落ちるの意。それが滝川と、もう一つ、空知郡の呼び名の基になる。

トック（徳富、新十津川）に着いた。ここは同行者たちの故郷なので、武四郎も上陸し、ま

石狩川と空知川の合流点（著者撮影）

ずセッカウシ宅を訪ねて、妻や家族に土産の酒、コメ、木綿、煙草などを手渡した。

　妻は喜び、家の傍らに立つ先祖の墓に酒を手向けた。

　次にトミハセ宅を訪ねて土産を手渡した。また去年、同行したイタハウシが亡くなったというので、同家を訪ねると、父親と老いた知人がいた。土産を渡すと喜び、即興の歌を歌ってくれた。

　家の周りに豆や粟、稗などの作物が見えた。アイヌ女性たちが密かに育てているのだという。武四郎が「これからは作物をより作るように」と勧めると、ここで採れたヒエ、アワなどを見せた。

　アイヌの人たちは口々に、役人らは異国船を見たら早く知らせよと言いながら、何事も見捨てよと言う。病人が出たら早く申し出よと言いながら、すぐ知らせると医者にも見せず、煎じ

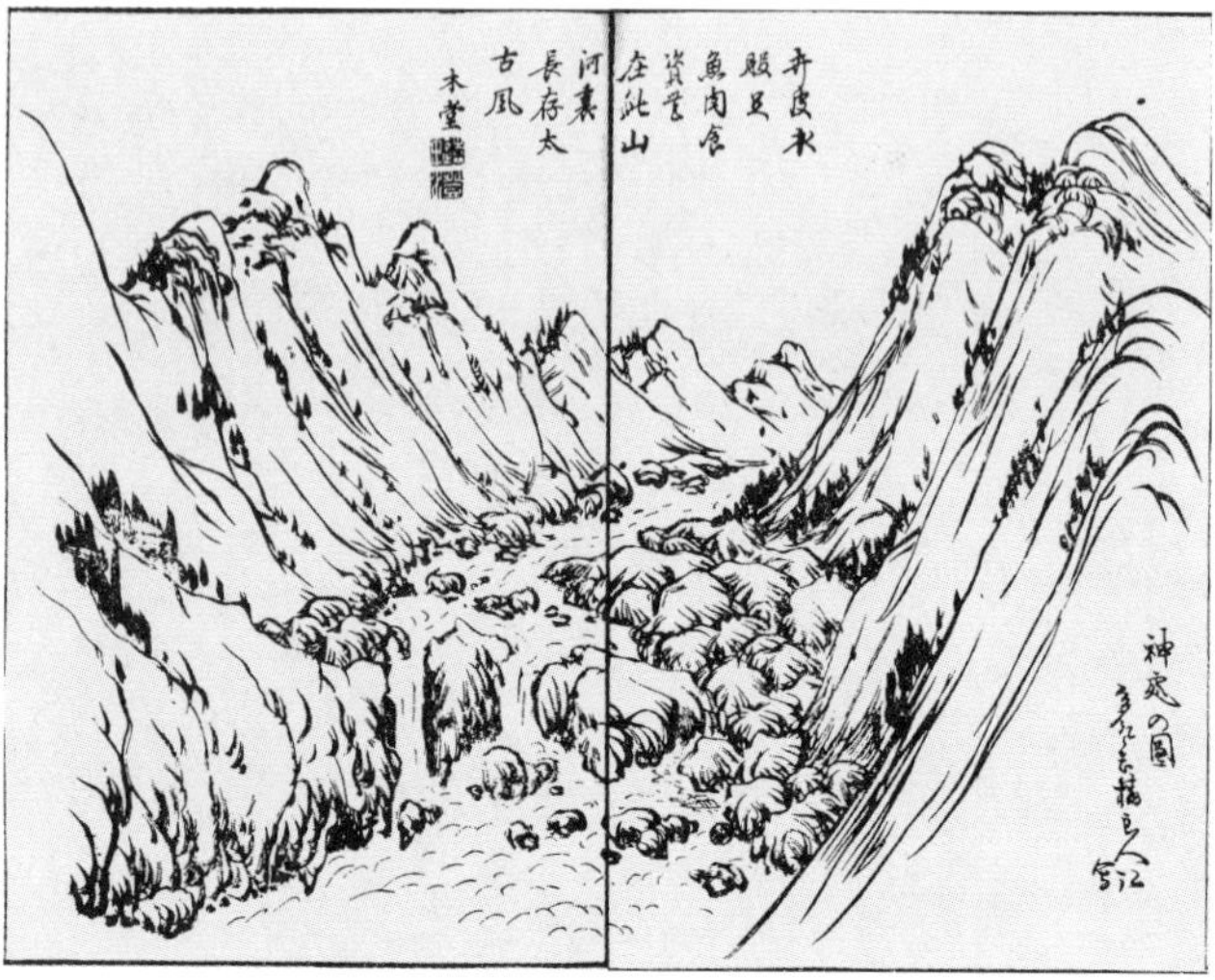

旭川、神處の図（「紀行集」下）

薬を呑めという。「上《かみ》の言うことは虚言で信用できない」と話した。武四郎はこの言葉を胸に刻み込んだ。

神居古潭の魔神の岩

セッカウシ宅に一泊して翌朝、ゆっくり舟を出した。朝風が吹きつけてヤナギの露が雨のように降り乱れた。「石狩日誌」に、武四郎が詠んだ和歌一首が見える。歌中の蝦夷《えみし》はアイヌの人たちを指す。

水棹とる蝦夷のふり髪青柳の
糸吹まぜてなびく朝風
（「紀行集」下 272）

ヲシラルカ（尾白利加、雨竜）を越えると、川水の勢いが強くなった。フシコウリウ（雨竜）を過ぎる。寄り木で河口が閉ざされていた。対岸のユウベヲツ（江部乙）が見えた。未明からチョウザメが川面に躍り、そのたびに山岳が動くような響音がした。武四郎は「ユウベヲツナイは、鯊魚《サメ》の有る処と云事のよし」と書いた。ベツバラ（妹背牛）に着く。前年、世話になったリンリシウの家に立ち寄ったが、この春、亡くなったと聞き、霊前に土産を供えて冥福を祈った。

二十五日未明から川面にチョウザメやフカが踊っていた。この日も快晴。武四郎にとってここから先は、初めての領域になる。イジャン（一已、深川）を過ぎて、水勢が急に激しくなった。ナイタイベ（内大部、深川）を越えて夕刻、神處に近づく。蝦夷地に数ある神處のなかでも、もっとも名の通ったカムイコタン（神居古潭、旭川）である。

その名にふさわしく、荒々しい断崖がそびえ立ち、濁流が渦を巻いていた。武四郎はあまりの風景に息をのみ、「石狩日誌」にこう書いた。

　是より両岸峨々《がが》と聳《そび》え、山尖《とがり》樹老《じゆろう》巌《けわしく》怪石奇《き》にして苔滑《こけなめら》か、岩間には種々の異草多く見へ、水怒り谷響き、如何にも龍蛇をも潜《ひそ》ましむるが如く怪まるが、別に異《こと》れる物も住まざれども、此如《このごとく》数十日の水上に潜龍沙魚《ちようざめ》の居る事奇とすべし。（「紀行集」下276）

一行は荷物を持って舟を降り、岩場に舟を繋いだ。この地名を別にシキウンバと呼ぶ。荷物背負う場、の意。武四郎はなるほどと相槌を打ち、用意の木幣を捧げた。

ここまで迎えに来ていた上川アイヌの長老クウチンコロが、銛《もり》を手にして岩場に立ち、四

旭川、神居古潭

尺（約一・二メートル）もあるチョウザメと、三尺（約九十センチ）ものチライ《いとう》を仕留めた。セッカウシが山芋のようなものを掘り出してきた。

夜になり、獲物を調理し、山芋を煮て、これを肴に酒を酌み交わした。肩を組み、笑いながら語り合い、心地よく酔いしれた。やがてそれぞれに眠りにつく。武四郎は「石上に一壜を傾け、巌が根に枕としけるも又一興なりけるなり」と書いた。

翌朝早く、武四郎が起きだすと、アイヌの人たちも起きてきて、石の窪みに水を入れ、歯を磨いた。食事が済むと出立。みんなで手分けして荷物と舟を担いで運んだ。武四郎はクウチンコロと川沿いの石を跨いで歩きながら、アイヌに伝わる物語を聞いた。

文化神が悪さをする魔神を懲らしめようとして切りつけ、誤って岩場に切りつけた刀傷の跡、大きな穴の魔神の足跡…など奇岩に込められた神話に興味を抱いた。

ハルシナイ（春志内、旭川）に出た。ここが神處の外れで、丸木舟が五、六艘並んでいた。アイヌの人びとは木幣《イナウ》を捧げて祈ってから、舟を川面に降ろして乗り込んだ。

舟はペンケ、アソナイを越えた。水中にニイツイシャバ（魔神の首）と呼ばれる巨岩が突き出ており、その先にカモイネトバケ（魔神の体）という立岩が見えた。文化神に討ち取られた魔神の首と胴が岩と化したといわれ、木幣を供えて旅の安全を祈った。

このあたりは急流で、川水が舟にまで入ってくる。舟を降りて引き揚げ、武四郎も一緒になって水垢を汲み棄てた。ところがちょっとした油断で舟が水勢に押し流された。何度も失敗を重ねて、やっと舟を引き戻した。誰もが「魔神のなせる故」と語った。この部分は「石狩日誌」をもとにした。

近文から上川盆地を見る

イヌブト（伊納）を過ぎてエタンベツ（江丹別）まで来ると、流れはやや緩やかになった。チカブニ（近文）の小山の麓に着いた。ここで野宿。ところが蚊が多くて眠られない。やむなく夜中に起きて、流木に繋いだ舟に移って一夜を過ごした。

チカブニの山頂に登った。武四郎はそこから眺望してこう記す。

> 此絶頂え上り諸方を眺望するに、卯・辰・巳に当りて石狩岳よりチユクヘツ岳・ベヾツ岳等波濤の如く連り、戌・亥・子に懸りてウリウの山々見え、丑・寅・卯の方にアイベツノホリ、サンケソマナイ等相見え、午・未にトカチ山々見え、其チクヘツフトより石狩岳の麓までは凡十四五里のさしたる山もなく、極の平地濛々として見渡されたり。其広きことは塩尻峠より諏方《訪》の平を見るがごとし。其見込二三ケ国の広さ有る様に思わる。
>
> （「丁巳」上253）

忠別太大番屋跡の碑（旭川市忠和）

忠別川の標識
チュッペツが旭川の地名に

武四郎の方向を表す書き方がよく出ている文面で、上川盆地を指してものだが、東南から北西にかけておよそ六十キロにわたり茫々たる平野が広がっていて、二、三カ国に相当するとしている。そのころの藩はせいぜい数万石だから、武四郎の目には巨大な大地に映ったのは当然であろう。

五月二十六日《六月十七日》、石狩川に合流するチクベツ川の河口に着いた。出立した八日目。正しくはチュプ・ペッと発音し、音から採って忠別川となる。意味は「日の・川」で、その意訳から旭川の地名になるのだが、これはずっと後の話。

チクベツ川の河口近くに、クウチンコロの大番屋が建っていた。アイヌたちが大勢、住んでいて、到着を待ち焦がれていた。武四郎は無事に到着したのを喜び、住人たちに煙草、糸、針などを贈った。武四郎は記す。

川の右の方土地平坦。凡《およそ》三里に一里も有笹原也。茅葺の小屋一ツ有。其傍に二間計《ばかり》の板蔵二ツ有。昔は相応の家なりし由なるが、当時は本《ほん》の形計《かたちばかり》の小屋也。酉年《一八四九(嘉永二)年》の洪水までは此二丁計下に有しが、岸崩れて流れし故今此処えうつせしとかや。（「同」上256）

武四郎はここで、チクベツ川とべヽツ川（美瑛川）の検分をすることにした。メンバーが決まり、大番屋の女性たちが心を込めて作ったご馳走を食べ、酒を飲んだ。笑いが弾け、夜が更けていった。

「忠別太大番屋の跡」の碑が旭川市忠和四条八丁目角の忠別川岸のほど近くにある。近年建立したもので、岩で固めた立派なものだ。すでに周辺は住宅街になっていて、往時の面影を偲ぶことさえ出来ない。

「人情、感ずるに余り有り」

一日休養した武四郎は二十八日《六月十九日》、アイヲヱチ（現在の旭川市の旭川大橋付近）やウブン（雨粉）などを探索した後、チクベツ川を逆上った。だがベッチウシから先は流木で埋まっていて舟を使うことが出来ず、徒歩で山麓まで行き野宿。翌日、堅雪を踏んでべヽツ川（美瑛川）の川筋に出た。だが寒くて休むこともままならず、月明かりのなかを出立。何度も積雪に足を取られて転倒しながら歩き続け、ビヾの麓に出た。遠く、黒煙が天に上るのを見た。野火であろうか。ここから山岳へ向かうのは困難と判断し、茅野へ下り、火を焚いて野宿した。

翌日夕、ベヾツまで戻り、チクベツ川の上流に出たが、樹木や雪水で渡ることが出来ず、野宿して翌朝、メムに出た。メムとは屈曲した小流の湧き出るところの意。いまの旭川市川端町付近である。ここでシリコツネという男性から、この先の白金温泉などの模様を聞き、それを記した。武四郎の文章には聞き書きがしばしば出てくるが、そのつど説明している。

ここでおもしろい話を耳にする。「石狩日誌」によると、どこの家もアイヌの老婆がイヌを五、六匹飼っていて、イヌを使って川中の魚を獲るのだという。それを武四郎は偶然、目撃する。早朝、川岸にイヌが潜んでいて、マス、アメノウオが浅瀬に上がるのを見るなり川に飛び込み、魚の頭を口にくわえて岸に戻って来た。老婆らの前で魚を口から放すと、また川へ向かう。魚は噛まれた頭のほかは傷がない。その見事な捕獲ぶりに、武四郎は感服した。

こんどは石狩川の水源地を検分することにし、五人のアイヌの人たちとともに出立した。チクベツ川から石狩川に出てさらに遡り、支流のヒップ（比布）川の河口で宿泊。二日間ここに留まった後、顔ぶれが変わった四人とともに出立した。

ヲコトマチウというところまで進んだが、「両岸共追々山高く、水勢いよく厳敷《きびしく》して、中々上るに難渋なり」となる。しかも雨が振りだしてきた。五月が終わり、閏五月一日《六月二十二日》になる。また雨。水嵩も増えた。カムイチュクベツ（上志比内）まで行ったが、それ以上は入ることができず、イソテクとシリコツ子《ネ》の二人からその先を状況を聞いて、リコマヘツ（勇駒別）、シチ

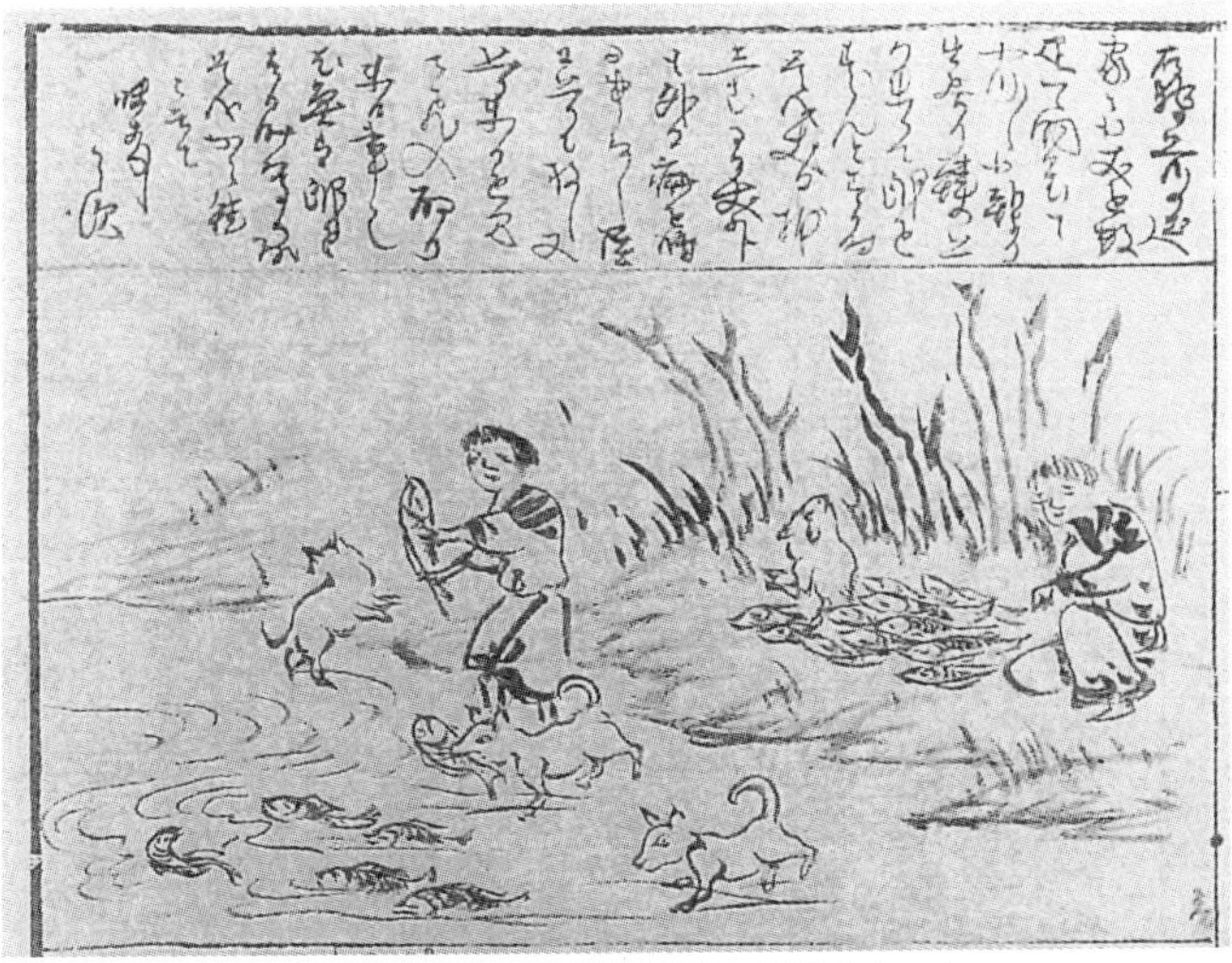

犬が魚を獲る図（「松浦武四郎選集」二）

ユクベツ（天人峡）、ホロソウ（羽衣の滝）などの大略を記した。

武四郎はここから折り返して、ヲチンガハ（西永山付近）まで戻った。ここに同行者の家があり、宿泊した。その夜、思いがけない話を聞く。この集落にかつて、測量ために訪れた間宮林蔵と恋仲になった女性のアシノメノコと、その娘ニヌシマッが住んでいて、ニヌシマッは五、六年前に亡くなったという。武四郎は驚きながらも、遥かに林蔵の足跡を偲ぶのだった。

ちなみに同家は明治以降、「間見谷」姓を名乗り、末裔は旭川に現存する。

閏五月四日《六月二十五日》朝、武四郎は一行とともに舟で出立した。途中一泊。ウエンマクンベツ（北永山）、トコンを経て、キトウシノボリ（伊香牛山）を見ながら行くと、イチラシケプ（愛別）に着いた。早めに宿泊を告げると、同行の者たちはカバの木皮に火をつけて草を焼きだした。明日の行く道を確保しようというのだ。そのうち一人が大きなシカを仕留めて持ち帰った。トミハセが二升炊きの鍋で雑炊を作った。

草を焼く火が夕風に吹かれて天を覆い、夕日が沈んでも赤々と周辺を照らした。一行の者はシカ肉を焼いて食べ、よもやま話をしながら、夜の明けるのを待った。

間宮林蔵の足跡

翌日も快晴。川の岸に上がってみると、広原は一面、焼けていて、暁風に吹かれて塵芥が飛び散り、目も開いていられないほど。九折《つづらおり》の登りを七、八丁行くと、ウマの背のような峰が続いていた。ここが文化七年（一八一〇）、間宮林蔵が足を運んだところである。

案内のアイヌたちにそのことを訊ねても、誰も答えない。実はいま、武四郎の案内をしているヒヤテキの父親が同行したのだが、アイヌは自分の肉親の功績を話したがらないのだ。それを知った武四郎は、なるほどと頷いた。

この先で武四郎の足が止まる。「此処より下を見るに、両岸ヒラにて翼なくしては中々行くとなり難き処なりけるとぞ察し候故」だ。やむなく、アイヌから、アンタラマ（安足間）、ソウ（愛山渓昇天の滝）、ルベシベナイ（上川）、ヲタウシ（層雲峡付近）、シヨブニンセ（大函付近）、ヘタヌ（大雪ダム）…の話を聞き取り、手帳に書き留めた。

その夜、サンケソマナイで泊まったが、蚊に攻められ、夜が明けるとブヨに悩まされ、眠ることが出来なかった。アイベツ（愛別）、タナウシ（棚瀬）、ヒ、（比布川）を経て、クウチンコロの大番屋へ戻ったのは八日《六月二十九日》夕だった。

九日、雨。武四郎との別れを惜しんで、アイヌの人たちが土産を持って集まってきた。花ござ、干しサケ、寒塩引、木皮の足袋……と抱えきれないほどだ。武四郎は一人一人と感謝の言葉を交わし、いま病床にある人に飲ませる薬を取り出し、知人に持たせた。

クウチンコロの倅には古い犢鼻褌《とくびこん》と手拭いを一筋ずつ手渡した。犢鼻褌とは褌《ふんどし》。倅は十六歳になるのに「時々陰部を出すこと如何にも見悪く候間、その古きを（与えた）」というわけだ。

十日朝は大雨。大勢のアイヌの人たちがカムイコタンまで見送るというので、舟を二隻出した。水勢に乗って舟はあっという間に神処《カムイコタン》に着いた。舟を担いで運び、ここで別れを告げる。再び舟を川に浮かべて一気に下り、ベツバラ（妹背牛）に着く。ここでもアイヌの人たちが大勢やって来て、賑やかな宴になった。武四郎は記す。

間宮林蔵像（稚内市宗谷　宗谷岬）

我が今日帰り来るも（を）、親類のものにても帰り来る哉の様に帰りの日数を指《ゆび》屈《おり》算えて待居たりとかや。是等の事にても彼等の人情は感ずるに余り有ことぞと、夢をも結ばで此度の有難御所置の程をぞ感佩《かんぱい》し侍《はべ》りぬ。（「丁巳」上328）

この夜から雨になった。翌日晴れたが、再び大雨になり、川面の水嵩が五尺（約一・五メートル）も増えた。やむなく滞留。

水嵩が落ちたので出立し、ウリウ（雨竜）に着いた。だが翌日も大雨。ここからウリウ川を遡った。岸辺に咲く水芭蕉の花が美しい。ヲモシロナイ（面白内、雨竜）という地名に、可笑しさを噛みしめながら行くと、ホンルベシベ、続いてイタイベツだ。ツルが多数生息しているのを見る。ピハウシ（美葉牛、北竜）を越えた。この川はカラス貝の棲息しているのでこの名がついた。

ホンニタツコヘツ（沼田）を過ぎて、セヨピラに出た。赤岩が崩れていた。この崖に海帆（ほたて貝）、蛤《はまぐり》、蜆《しじみ》の三種の化石が見えた。タトシ（多度志、深川）を過ぎ、チカベ（鷹泊）を越えるとホンカムイコタンに着く。現在の深川市多度志町上鷹泊である。ここで野宿。この先で引き返し、ホリカナイ（幌加内）、ヌマウシナイ（沼牛内）、ウエンウツ（朱鞠内湖）を経て、トック（新十津川）に着き、宿泊。

十六日早朝、ソラチ川の河口からこの川を遡った。アカピラ（赤平）、モシリケシヲマナイ（茂尻）、ノカナン（野花南）を過ぎて、八里（約三十二キロ）ほど行くと、アシベツ（芦別）に至る。ここにもカモイコタンという名の神廬があった。大きな滝が流れ落ち、マスが滝を上るのに目を見張った。石狩へ戻ったのは六月一日。

天塩川を探索する

武四郎は休む間もなく翌六月二日《七月二十二日》、テシホ（天塩）川の探索に出立した。アッタ（厚田）、ヘロカルウシ（浜益）、マシケ（増毛）と越える。ここで前年から心に留めていた「アッタよりハマ、シケ迄新道見込書」を書いた。ル、モッペ（留萌）、トママイ（苫前）、ウエンヘツ（遠別）を経て、テシホ（天塩）の河口に着いたのが八日。ここからテシホ（天塩）川を舟で遡るのである。以下「丁巳日誌」と「天塩日誌」をもとに書く。

九日《二十九日》未明、出立。水鳥が舟の音に驚いて鳴いた。眼前に断崖がそびえ、蝦夷地に来て初めて見るトドマツが霧雨に煙っていた。少し行くと平地が広がり、遥かに山が望まれた。急に流れが早くなり、ウグイが群れているのが見えた。

サルブト（サロベツ川河口）を経て、砂浜の広がるホロノタフ（幌延）を過ぎた時、老婆が一人、丸木舟で下ってきた。聞くと浜で働いている息子が病気になり、食べ物を積んで見舞いに行くのだという。武四郎は同情し、贈り物を手渡した。

流れが急に早くなり、滝のように激しくなったので、舟を川岸に引き揚げ、野宿した。ヤスシという土地で、現在の幌延町安牛の千曲川河口付近である。川底に真っ黒なドブ貝が見えた。釣り糸を垂れると、魚がいくらでも釣れた。武四郎は濡れた魚体が月光にきらめくその美しさに、こう書いた。

其張《そのはり》の濡《ぬれ》たるに月影のさす光景、恰《あたか》も硝子帳《ビイドロカヤ》を釣し如くにて、幽《かすか》に四方山も見え透き、金篭《きんぎょ》魚の糯珠壜《ビードロビン》に入りし心地して……　（「紀行集」下　499）

月光に濡れた魚体を見て、金魚のビーロド徳利に入ったような心地とは、いかにも武四郎らしい筆である。しかしその反面、夜中じゅう、蚊や虻の群れにまとわりつかれ、悩まされる。

翌朝早く舟を出す。ヲヌフナイ（雄信内、幌延）を経て、トイカンヘツ（問寒別川、幌延）で舟を降りた。細かな土陰孼《どいんけつ》が見えた。鍛冶工が用いる金糞《かねくそ》のようなものもある。聞くとトイチイといって、腹痛や癪気のときに煎じて呑むという。武四郎が持ち帰り、後に識者に聞いてみると、絵の具の元といわれ驚いた、と記している。

平地が続き、ベカンベヲマレトウフトという川が見えた。この近くに沼があり、アイヌの人たちは沼に生育しているベカンベ《ヒシの実》を食糧にして暮らしていたが、いつしか沼も埋もれ、ベカンべも絶滅してしまい、住む人もいなくなったという。

途中、家が三軒、点々と建っていた。いずれも朽ち腐れて見る影もない。聞けば、蝦夷地のなかでも一番の困窮地帯なのだという。武四郎は記す。

余が土産に烟草《たばこ》一把ヅ、遺《つかわ》したるや其悦《そのよろこ》び限なし。（略）扨《さて》左程に不自由なるに何故呑《のむ》やと問しが、我々が呑は敢《あ》えて好事にて呑にあらず、寒を防ぐ一助成と云しが然らん。　（「同」下　502）

煙草を吸うのは嗜好からではなく、寒さを凌ぐためと言われて、冬になっても暖房用具もない切羽詰まった暮らしぶりに、痛く同情した。

アイヌ女性の弾く五弦琴

七月三十一日《しちがつさんじゅういちにち》明け方、舟を出す。この付近はシラカバの樹木が多い。櫂《かい》の音に驚いて飛び出したツバメが天空を舞っている。それが武四郎には「恰《あたか》も飃風《ひょうふう》(つむじかぜ)に秋葉の翻如《ひるがえるごとく》」に見えた。

川縁にチョウザメが群れていて、舳先に頭をもたげて集まってきた。武四郎はその姿に「何か餘《ほか》の魚と異なり、快《こころよ》からざりし物也」と不気味がりながらも、同行のアイヌの人たちと協力してチョウザメを五、六尾も捕まえた。

ヘンケナイトボ（中川）を過ぎ、トマヲマナイ（琴平、中川）、サツコタン（佐久、中川）、アベシナイ（安平志内川）を過ぎて流れが大きく左に折れて激しくなり、暗雲があたりに漂ってきた。断崖が迫り、「神の道」と呼ばれる付近に近づいた。武四郎は、

高さ凡そ三百丈も有。絶壁恰《あたかて》も掌《のひら》を立る如し。巓《いただき》には温杉《モミ》、蝦夷松、岩に匍匐《ほふく》し実に猿《えん》愁蛇退《しゅうじゃたい》の奇絶也

（「同」下505）

と書き、岩場に供物を供えて祈ってから舟を降り、縄をつけて舟を引き揚げた。

七段滝之図（「紀行集」下）

重畳たる断崖から一条の滝が七段になって流れ、下流に来ると幾条にもなって乱れ落ちていた。その荘厳さに打たれた武四郎は「天塩日誌」のなかに「七段滝之図」を描いた。ここが中川町神路で、その地名が残るが、いまは風景がすっ変わってしまい、特定することができない。

トンベツホというところに着いた。この地に同行のアイヌの若者トセツの妻子がいるというので、宿泊した。どこもそうだが、蚊や虻が群れをなして襲いかかり肌を刺すので、武四郎は閉口した。

夜になり、鳥が、ホッホッホッ、と、しきりに啼いた。ヲクルマトマナイという集落の長老アエトモは六十八歳になるが、

「以前、最上（徳内）という方が来られたとき、この鳥は仏法僧《ぶっぽうそう》といって、尊い高山にいる鳥だと聞かされました」

と述べた。武四郎はアエトモの言葉を聞きながら、五十年も前にここを通った最上の労苦を偲んだ。（「同」下506）

この珍しい地名と川名は、音威子府村の物満内、頓別坊川の名で現存する。

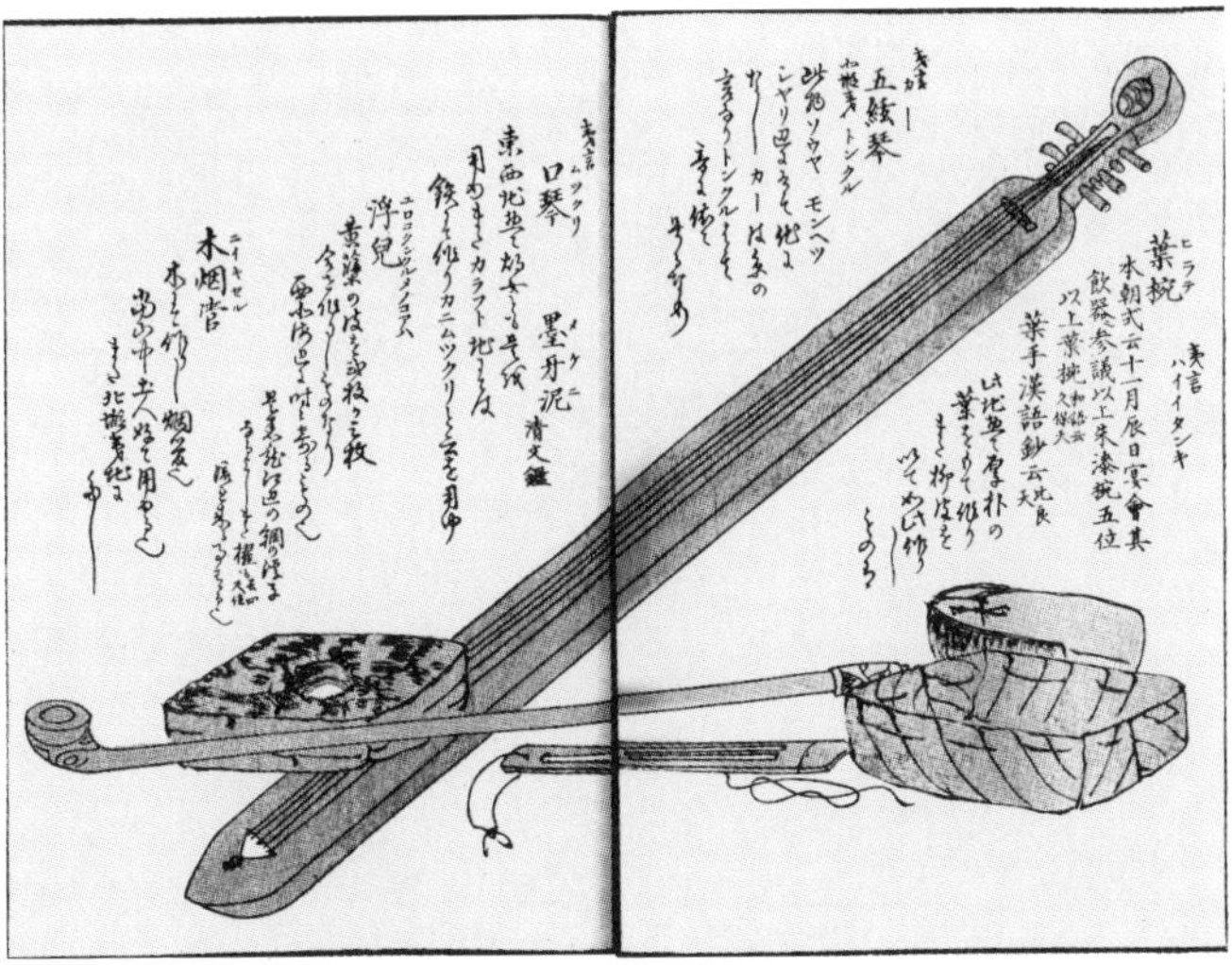

「五弦琴」トンコリ（「紀行集」下）

ここからほど近いヲサシマ（筬島）に、長老テニカの家があった。子供が十人もいて、貧しい暮らしをしていた。武四郎が家に入ると、蚤《のみ》がいっせいに飛びついてきた。それを見た子供たちが、大きなヤナギの木皮を持ち出し、扇いで追い払った。

ほどなくテニカに続いて、妻が赤子を腹に抱き、薪を背負って山から戻って来た。珍客が来たというので早速、ウバユリの団子とフキとクロユリを煮て、武四郎らに食べさせた。いずれも山中から収穫した食材で、古来から家庭に受け継がれたものという。武四郎は喜び、今度は自分でカユを煮て、家族に振る舞ったので、楽しい夕餉になった。

テニカが最近、異国船が沖合に出没するので、どう対応すべきか、と述べた。この地にまで異国船へのおののきが広まっていた。

しばらくして妻が五弦琴《ごげんきん》を持ち出し、弾いて

天塩川、天塩の語源になった川に延びるテッシ

聞かせた。そのなかに「鳥音」という曲があった。美しい音色が耳にした武四郎は、この人たちのもつ文明の素晴らしさに感嘆し、「いかにも春の百千鳥の囀《さえず》ると怪まる音にて、五弦を十指にて弾《ひく》に有趣《おもしろ》かりし」と記したうえ、一首を詠んだ。

かきならす五の緒ごとに音さえて
　千々の思を我も曳けり
（『紀行集』下 511）

テッシが天塩の語源

テシホ（天塩）川をさらに遡った。途中、川中のところどころにテッシが見えた。テッシとは、川底に岩が横に並び、梁《やな》を架けたようになっているのをいう。アイヌの人たちは「神が思いついて始めたもの」といい、これがいつしかテシホとなり、天塩の地名になったという。

この梁のようなテッシは、いまも天塩川の随所で見ることができる。

野宿を重ねてビフカ（美深）に着き、一軒のアイヌの人の家に泊めてもらった。この家の老女はさまざまな色糸で、アッシと呼ばれる衣服を織っていた。武四郎が染料はどこから入手するのか訊ねると、赤はオンコの木の皮を煮る、赤黄はヤナギの皮を煮る、紫は岩縦《ガンコウラン》の実から採る、藍はシエイキナという花を煮る、と答えた。武四郎は感服してこう書いた。


往古《おうこ》より松前箱館の地寒気強《きびしく》敷故紺屋（染物屋）と云物《いうもの》なく、家々にて種々の物にて染遣《そめつか》ひしに、（中略）其染法も今は誰知る者なく成りしが、此山中には未だ残り居たるぞ尊ふとけれ

（「同」下514）


舟はカモイオロシという大石に近づいた。同行のアイヌの人たちが木幣《イナウ》を供えて通過した。川が深い淵になっていて、チョウザメがここまで上るという。

ナヨロ（名寄）に着いた。原野が見渡す限り広がっていて、ツルやカリが生息していた。ここの人家はどこも煙を家のなかに閉じ込めて、出さないようにしていた。不思議に思って聞くと、

「蚊や虻などを追い払うためです」

と答えた。虫に悩まされてきた武四郎は、ここでは煙草と同様に、煙がその役目をしているのを知り、納得した。その夜、シカが三頭も獲れたというので、人びとが集まり、晩餐は大い

松浦武四郎像
（天塩町鏡沼海浜公園）

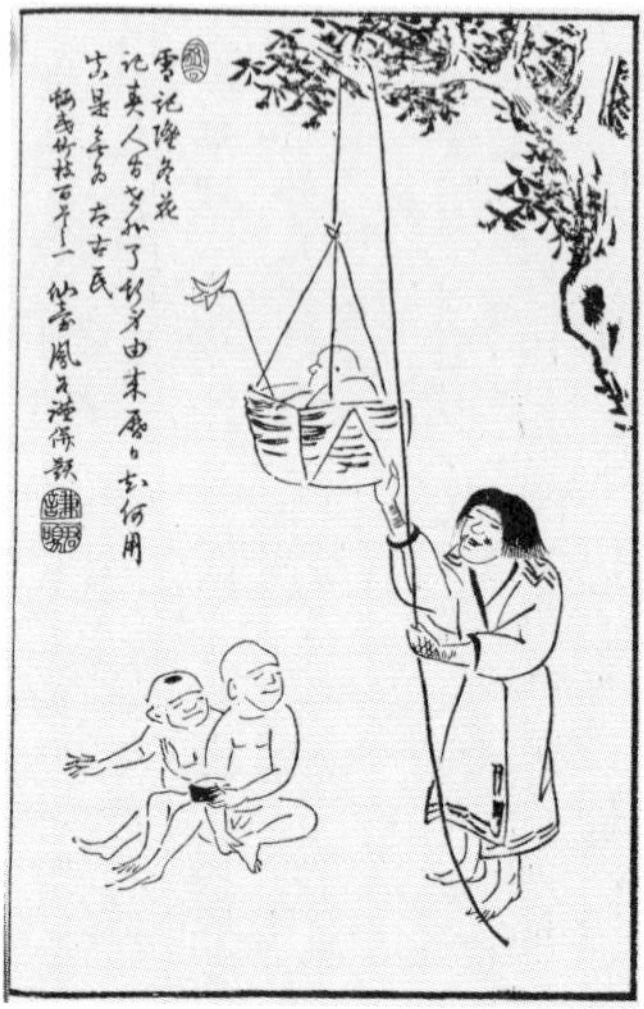

子供を入れた筐（「紀行集」下）

に賑わった。

　翌朝、ナヨロ（名寄）川を辿ってチノミまで来た。現在の下川町上多寄と名寄市朝日の境界あたりになる。久しぶりに気持ち良く散策していると、木の枝に筐《はこ》様のものをぶら下げ、そこに幼児を入れているのを見かけた。風が吹くと筐が揺れ、子供はぐっすり眠るという。武四郎は、ここが高所で風が強いうえ、川の水は清らかで、蚊や虻が少なく、子供を育てるのに最良の場所なのを知り、その様子を描いた。

　ここからトナイタイベ川を遡り、途中、舟を降り、山間の雪を踏みしめて峠に登った。和人がこの峠に立つのは初めて、と教えられた武四郎は、喜びのあまり漢詩を詠み、立木の木肌を剥がして、そこに書いた。

　ナヨロまで戻った武四郎は、アイヌが煙管《きせる》を作っているのを目にする。サビタの木の枝を串のように削り、細い穴を通して用いるのだという。アイヌの人たちにとって煙草を吸うのは、これまで何度か指摘したように、暮らしに欠かせないことであり、煙管は大切な生活必需品なのであった。

「カイ」とは「この国に産まれし人」

ナイブツ（内淵）、ケンブチ（剣淵）、シベツ（士別）と遡った。途中で意外なものを目撃する。出会った七十歳過ぎの老女の手が、爛れて腐乱していたのだ。なぜかと訊ねたところ、若いころ、サイモンでこのようになったという。

サイモンとは悪を懲らす儀式で、悪事が知れると有無を糺《ただ》すのに、神に誓って熱湯に小石を三個入れ、これを探って取らせる。それで悪事をしていない者は障りもないが、していたものは火傷する。この女性はある男性と深い仲になったのが発覚し、咎めを受けたという。武四郎は男と女が織りなさねばならぬ生理的な行為に、重いため息をついた。

ナヨロ（名寄）川を下り、テシホ（天塩）川に入って六月二十五日《八月一日》、再びオトイネップ（音威子府）のヲサシマ（筬島）に着いた。長老テニカに会い、翌日は、同じ長老のアエトモ宅を訪ねて、さまざまな話を聞く。そのなかでアエトモはこんな話をした。

「北蝦夷地（カラフト）のアイヌはたがいをカイナー、女性はカイナチーと呼びます。カイというのはこの国に生まれし者のことであり、ナーは貴人への尊称です」

武四郎はこの言葉に動かされ、次のように書いた。これが後に蝦夷地の地名を改めるとき、重要な意味を持つことになる。長いが、全文を掲げる。

此《この》家主アエトモは極老にて種々の故事をも能く弁し者成に附て、夜中種々の事を聞。別《わけ》ても不審と成せしは北蝦夷にてアイノ（蝦夷人の通称）をカイナーと呼しが、此山中に来り見るに同じくカイナと呼けり。尤《もつとも》夷地女子をカイナチーと呼事也。是を聞しや老人の曰《いわく》に、カイとは此国に産れし者の事。ナとはニシバ（貴人）を指《さし》て曰名（那）等と云て尊敬の言なりしが、何時よりか和人《シャモ》の言《イコト》に馴れてアイノと呼易《よびやす》き様に成たり。然《しか》れ共深山《キミタ》の村々《コタン》は未だ和語《シャモコト》が接《まじ》らざる故にカイナと呼よし話たりしが、右にて考る時は此国はカイと云やらん。またナを尊敬の意とは如何にも内地にても有しこと成り。

（「紀行集」下 527―528）

その後に続けて「夷人自呼二其国一曰二加伊一、加伊蓋其地名……」と書いた。読みは、「夷人自らその国を呼んで曰く。加伊、けだし其の地名……」（「同」下 528）である。夷人はアイヌの人たちを指す表現なのは、すでに述べた通り。

武四郎はさらに「蝦夷」の語意に触れ、「夷人、先達官の前に進む時、腰を跼《かが》め足を引ずり、手を曳連《ひきつ》れ、其状《そのようす》殆《ほとん》ど蝦《えび》の如し」と説いた。エビのように背を丸めた姿勢で接するアイヌの人たちの住む国が「蝦夷地」だというのである。この語意、初めて知る人も多いと思うが、納得する向きも多かろう。

二十九日《八月十六日》、武四郎は仕事を手伝ってくれたアイヌたち四人に対して木綿、鮭、煙草、針、糸などを謝礼として手渡し、別れを告げた。

テシホ（天塩）川の踏査を終えた武四郎は、開削したばかりのマシケ（増毛）山道に足を踏み入れ、ヲフユ（雄冬）峠を越えてハママス（浜益）へ抜けた。さらにゴキビル（濃昼）新道を経て石狩に戻った。武四郎の新道計画が早くも動きだし、ところによっては場所請負人による工事が始まり、早々と開通する道路まであったのである。

武四郎は続いて七月七日《八月二十六日》から石狩川支流の調査に赴いた。シママック（島松、北広島）からツイシカリ（対雁、江別）、イザリフト（漁太、恵庭）を経てヲサットウ（長都、千歳）へ、そしてマヲイトウ（長沼）から支流のユウハリ（夕張）川を遡った。ホロナイに出て、タッコフ（由仁）、下ユウハリ（栗山）を経て、ここにもあった同名のカモイコタン（夕張、滝の上）で宿泊。そこから千歳会所に出て、シコツ（支笏）湖からユウフツ（勇払、苫小牧）を巡った。

「北海道命名の地」の碑
（音威子府町筬島）

千歳だけが和名なのには理由がある。もとの地名をシコツといい、死と骨に繋がるので縁起が悪いとして、一八〇五（文化二）年、勇払場所調役並の山田鯉兵衛《やまだりへえ》が、シコツ川沿いにツルが多く棲息していたのにあやかり改名した。以上は時の蝦夷奉行（後の箱館奉行）の羽太正養《はぶとまさやす》の「休明光記」（「新撰」五528）に出ている。武四郎の踏査より五十年ほど前、いまよりざっと二百年前に千歳の地名があったとは、驚嘆すべき話である。

さて、武四郎はこの後、太平洋岸のモロラン（室蘭）、タルマエ（樽前、苫小牧）、シラオイ（白老）、ヌプリベツ（登別）、モンベツ（伊達）、アブタ（虻田）、トウヤ（洞爺）湖を経て、キモベツ（喜茂別）川を遡ってシリベツ（尻別）へ入り、日本海岸のスッツ（寿都）などを巡った。再び太平洋岸に戻り、クンヌイ（国縫）川、ユーラップ（遊楽部）川などを調査し、箱館に戻ったのは八月二十七日（十月十四日）。四月二十九日（五月二十二日）から閏五月を含め五カ月間にのぼる足跡は、凄まじいの一語に尽きる。すでに秋の気配が色濃くなっていた。

これが武四郎の「蝦夷地五航」で、十二月七日に、「丁巳《ていし》東西《とうざい》蝦夷《えぞ》山川《さんせん》地理《ちり》取調《とりしらべ》日誌《にっし》」二四巻として着色足跡図と共に箱館奉行に提出された。丁巳とは安政四年（一八五七）を指す。

第八章　この大地は誰のもの

空知と十勝の水源を誤る

一八五八（安政五）年二月二十四日《四月七日》、武四郎は三度《みたび》石狩川を遡った。ただしこれまでと同じコースを避けて、途中、カモイコタンから山越えして三月一日《四月十四日》、チクベツ川（忠別川、旭川）河口の大番屋裏に着いた。武四郎は同行の七人に玄米三升ずつと酒を手渡した。ここに一週間ほど滞在し、周辺を調べながら、トカチ（十勝）越えの相談をした。

九日《二十二日》、武四郎は、前日決めたメンバー十二人とともに大番屋を出立した。このなかにはクウチンコロはじめ石狩のセッカウシ、それに石狩詰下役の飯田豊之助も含まれていた。

べ、ツ川（美瑛川）の川筋を遡る。川幅十三、四間（約二十三〜二十五㍍）、急流で、両岸に生い茂る大樹が洪水のたびに押し倒され、その後にまた洪水が来るなどして、枝川が数十条も生まれ、網の目のように延びていた。

シユマチセビラという大岩窟を越えてホロナイの川端に出た。積雪もなく、付近にカタクリの花が咲き、フキノトウが小さな葉をもたげていた。ここで止宿。

翌日《二十三日》、まだ暗いうちに出立した。ヤナギ、アカダモの樹林を過ぎると、カヤ原に出た。付近は谷地が多い。ビエベツの端に出た。ここから東南の方にチクベツ岳、ビエベツ岳、べ、ツ岳

いまも噴煙を上げる十勝岳（筆者蔵）

などが見え、硫黄の燃えた煙が勢いよく天に上っていた。ビエナイを越え、シャキリウシナイ、ホンカンベツ、ホロカンベツを経て、フウラヌイ（富良野川）に着いた。川幅二間ほど（約三・六メートル）、見るからに深い。武四郎はこう記す。

> シャリキウシナイ、ホンカンベツ、ホロカンベツ等何れも此河に合してソラチえ落るよし。此《この》南岸只茅計《かやばかり》なり。フウラヌイは赤川と云義なり。水底皆赤土なるが故に号《なずく》。（「戊午」上157）

フウラは臭い、ヌイは火焔、の意。十勝岳が噴火して臭い匂いがあたりに漂い、そのせいで川は赤く濁っていたのである。富良野――、匂いが地名になった珍しいケースである。

ササ原に出た。十七、八丁（約一・八キロ）も行くと、眼下に広大な原野が広がっていた。武四郎はそれを見て、こう続けた。

此処《ここ》巾は三四里、東西凡十里も有るべきと思ふ平野にして、一ケ国の広狭《こうきょう》丈夫に有処《あるところ》にて、土肥て暖気にして、南はユウバリよりソラチ山に、東にビエ、ベヽツの山、北にナイタイベ岳、亥（北北西）より西え廻りてソラチのカモイコタン辺の山連なり、実に一大良域と云べきの地味なり。（「同」上158）

文中の丈夫は、十分、の意だから、暖気で土地も肥えていて、一国とするに十分、と見たのである。

シリケウシナイに着く。この先にイワヲベツ（岩尾別、富良野）という川があるが、硫黄水で飲み水に不適と教えられる。ここを止宿地と決め、小屋を作り、小魚を釣り、フキノトウを摘み、夕食の支度をした。同行の一人がおもしろ半分、野原に火を放った。ところがこの火が延々と広がり、風を呼んで火花が飛散し、夜中じゅう、天をも焦がすほどになった。

翌日《四月二十四日》は夜が明けるのも知らずに寝込んでしまい、慌てて出立した。しばらく行くと、火に追われたシカが眼前に現れた。同行の若者たちが背負った荷物を放り出し、総がかりで仕留めたので、武四郎は手を打って喜んだ。

イワヲベツを越えてコロクニウシコツに出た。ここから登りの原野が続く。眼下一面に平野が望まれ、その先にアシベツノボリが直立して見えた。サッテキベヽルイで昼食。ここは積雪に覆われていたので、雪を溶かし、沸かして飲んだ。

この先、鼻も突くような峻しい岩場が二十丁（約二キロ）も続く。まだ積雪が深く、表面に橇《カンジキ》の跡がついていた。トカチアイヌの足跡で、近くに一昨夜頃に宿泊したと思われる跡が残っていた。ここで宿泊。

翌日《四月二十五日》も朝から山間を歩いて、ヘテウコヒというところで野宿。夜、同行の二人がトカチのサヲロ（佐幌、新得）に妻子がいるので、帰りたいと言うので、帰すことにした。

サヲロルベシベという平地に出たとき、クウチンコロともう一人の同行者が、

「ここはサヨロではない。おそらくソラチ川の上流ではないか」

と言いだした。武四郎はじめ一同は驚き、いま来た道を逆に歩いて、ルベシベ《峠》まで戻った。針位を午《南》に定め、三十丁（約三キロ）ばかり進むと、右にシノマンサヲロ、左にシンノシケクシサヲロという沢があり、ここがサヨロ（佐幌）川の水源地だった。

武四郎は三月八日《四月二十一日》の日記に「シリコツネ山より下る。是より十勝越定まる」と書いた。尾根伝いに下って、ベヽツ川（美瑛川）沿いにあるクウチンコロの家に立ち寄った。再び三日をかけてサヨロ川の上流に至り、「石狩より十勝へ越へたる時の届書」に「石狩岳の西南を相越申候」「トカチ川上サヲロ水源を見当」と記した。

サヨロ川筋を下って、十四日《二十七日》、トカチ（十勝）川筋にあるペケレペに着いた。ペケレは明るくきれい、ペは水の意で、後年、意訳から清水の地名が生まれることになる。

安政５年（1858）松浦武四郎足跡図〈蝦夷地六航〉

前年に引続き蝦夷地一円地理取調方を命じられ全道各地を調査

1	箱館 1.24出立
2	大野 1.24泊
3	鷲ノ木 1.25泊
4	山越内 1.26泊
5	ヲシヤマンベ（長万部）1.27泊
6	レブンキ（礼文）1.28泊
7	アブタ（虻田）1.29，2.4 ～ 7泊
8	ウス（有珠）2.1･3泊
9	チボヤウシ（向洞爺）2.8 ～ 11泊
10	シユシボク（喜茂別）2.12 ～ 14泊
11	温泉（定山渓）2.17泊
12	フシコハツイヤブ（発寒）2.19泊
13	石狩 2.20 ～ 23泊
14	ビトイ（美登江）2.24泊
15	ツイシカリ（対雁）2.25･26泊
16	ニイルヽオマナイ 2.27泊
17	ウラシナイ（浦臼）2.28泊
18	トツク（新十津川）2.29泊
19	ベツバラ（妹背牛近郊）2. 晦日泊
20	チクベツブト（忠別太）3.2･3.5 ～ 8泊
21	ウエンベツ（宇園別）3.4泊
22	ホロナイ 3.9泊
23	ベヽルイ 3.11泊
24	ニトマフ（人舞）3.14･15泊
25	メモロブト（芽室）3.17泊
26	ヲホツナイ（大津）3.20泊
27	シラヌカ（白糠）3.21泊
28	クスリ（釧路）3.22･23泊
29	フブウシナイ（布伏内）3.24泊
30	ホロヲシヤルンベ(阿寒湖近郊)3.26･ 2 7泊
31	チヌケプ 3.29泊
32	ビホロ（美幌）4.1泊
33	シヤリベツ（斜里）4.3泊
34	カモイポロ（摩周湖近郊）4.6泊
35	シユワン 4.10泊
36	テシカガ（弟子屈）4.11･14泊
37	クツチヤロ（屈茶路）4.12･13泊
38	シベツチヤ（標茶）4.15泊
39	クスリ（釧路）4.17･18泊
40	アツケシ（厚岸）4.20･21泊
41	ヲツチシ（落石）4.23泊
42	ハナサキ（花咲）4.24泊
43	ネムロ（根室）4.26･27泊
44	ノツケ（野付）4.29泊
45	シベル（標津）5.1，5.4泊
46	ケ子カフト（計根別）5.3泊
47	チトラエ（知昭）5.5泊

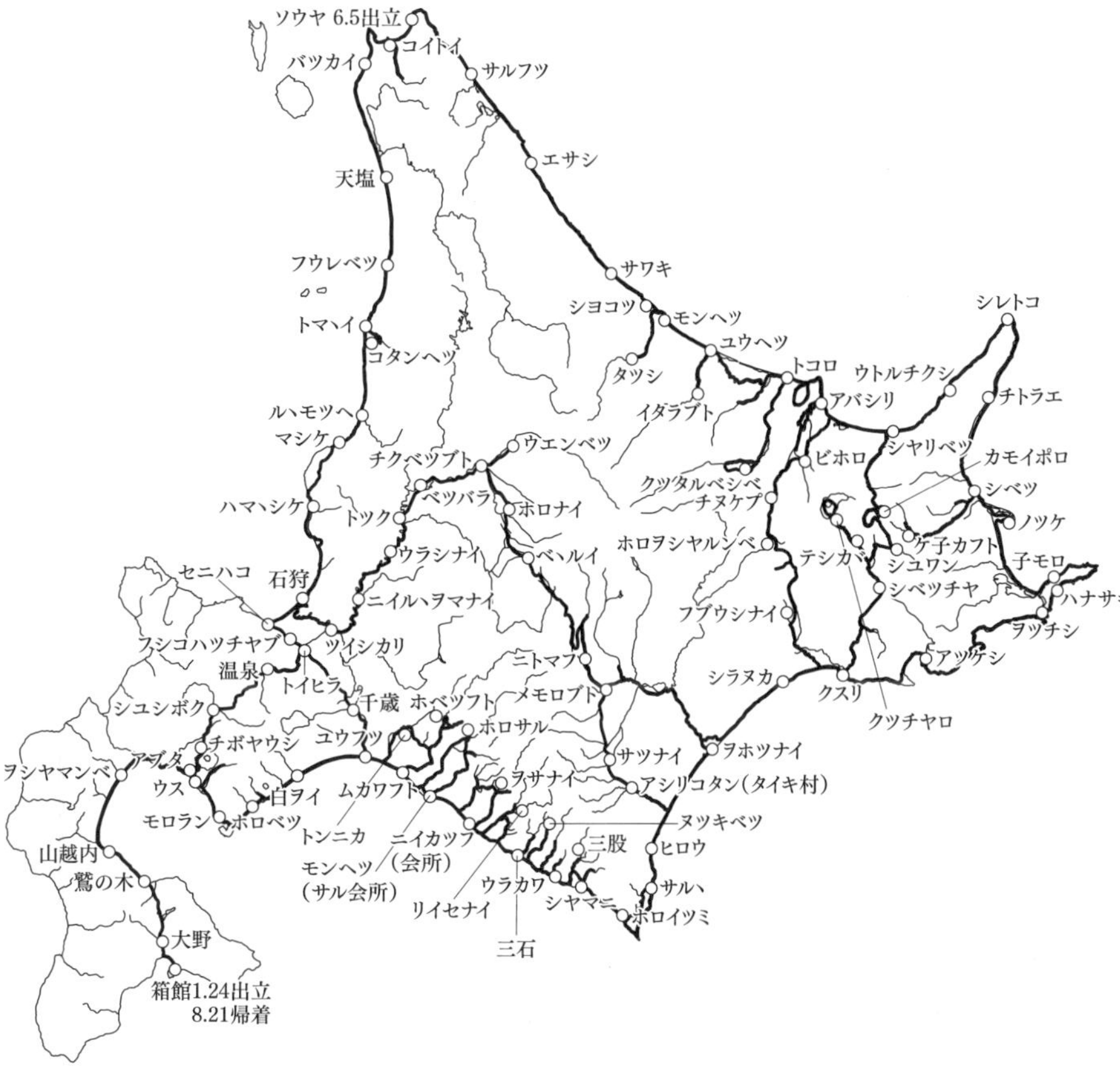

48	シレトコ（知床）5.6泊
49	ウトルチクシ（宇登呂）5.7泊
50	シヤリベツ（斜里）5.8泊
51	アバシリ（網走）5.9･11泊
52	トコロ（常呂）5.13泊
53	クツタルベシベ（留辺蘂町）5.16泊
54	トコロ（常呂）5.18泊
55	ユウベツ（湧別）5.21･24泊
56	イタラブト 5.23泊
57	モンベツ（紋別）5.25泊
58	タツシ（立牛）5.2 7 泊
59	シヨコツ（渚滑）5.28泊
60	サルフツ（猿払）6.1･2泊
61	ソウヤ（宗谷）6.5出立
62	コイトイ（声問）6.6泊
63	バツカイ（抜海）6.7泊
64	天塩 6.8泊
65	フウレベツ 6.9泊
66	トマヽイ（苫前）6.10泊
67	コタンヘツ（古丹別）6.12泊
68	石狩 6.17出立
69	ゼニバコ（銭函）6.17泊
70	トイヒラ（豊平）6.18泊
71	チトセ（千歳）6.19泊
72	ユウフツ（勇払）6.20泊
73	トンニカ（富川）6.21 ～ 23泊
74	ホベツフト（穂別）6.26泊
75	ムカワフト（鵡川）6.27泊
76	モンヘツ（サル会所）6.28泊
77	ホロサル（幌去）7.3泊
78	モンベツ（サル会所）7.5泊
79	ヲサナイ 7.8泊
80	ニイカツフ（新冠）7.10泊
81	ホロイズミ（幌泉）7.11泊
82	シヤウヤ（庶野）7.12泊
82	サルヽ（猿留）7.13泊
83	ヒロウ（広尾）7.14泊
84	アシリコタン（タイキ村）7.15泊
85	サツナイ（札内）7.16泊
86	メモロブト（芽室）7.18泊
88	ヲトフケブト（音更）7.19泊
89	ヲホツナイ（大津）7.21泊
90	サルヽ（猿留）7.24出立
91	ホロイズミ（幌泉）7.24泊
92	シヤマニ（様似）7.25泊
93	三股 7.27泊
94	ウラカワ（浦河）7.29泊
95	三石 8.4泊
96	ヌツキベツ（三石清瀬付近）8.5泊
97	三石 8.6･8泊
98	リイセナイ 8.12泊
99	ニイカツフ（新冠）8.14泊
100	箱館 8.21帰着

大平原を流れる十勝川（帯広開発建設部提供）

肥沃な土地を瞼に焼きつける

ここからサヨロ川を少し下るとほどなくトカチ（十勝）川に合流した。川幅五十間（約九十メートル）の大きな流れである。近くに山々が望まれた。このあたりシカが多いので、アイヌの人びとは置き弓という呼ばれる弓が仕掛けて、捕獲していた。

翌朝、出立するとき、七十四歳になるという乙名《おとな》が山丹服《さんたんふく》で作った陣羽織を着て現れた。山丹服とはすでに述べた通り、中国産の絹織物の衣服である。後ろにがっしりした体つきの息子や孫が並んでいた。そのなかの一人が前に出て、

「松浦様、お久しぶりです」

と声をかけた。二年前に案内してくれた若者だった。武四郎は思いがけない再会を心から喜んだ。

メモロフト（芽室）に宿泊。その夜も賑やかな宴《うたげ》になった。酒の肴にクマの肉、シカの腸、サケのルイベなど珍しい品々が出された。武四郎はすっかり馳走になり、心地よく酔った。

舟はメモロ（芽室）川の河口に出た。オトプケ（音更）川の川筋に人家が並んで建っていた。ほどなくヲベレベレフ（帯広）川の河口に着いた。武四郎はこの地の印象を次のように書いた。

ヲベレベレフブトに至る。此処夷家三軒有。此処にて止宿す。然るに此川の向には山の惣乙名シラリサの家有るよしなるが、此頃普請なる故に此処にて泊り呉《くれ》とて、子供等大勢を召連て出迎《でむかえ》来り居たり。家主は六十七才、妻六十三才、伜二十八才、嫁二十二才。家も相応にひろくして綺麗なり。前茅野にして打開け、至極眺望宜し。家主は先程鹿を取に出たりと。また嫁は括槍《もり》をもてチライを取に行等して、我が止宿悦ぶ様子なり。

（「戊午」上 227）

サツナイブト（札内、幕別）、シロトウ（白人《ちろっと》）、ヤムワッカピラ（止若、幕別）を経て、チヨダ（千代田、池田）に来た。現在はサケ漁で賑わう池田町の千代田堰堤あたりになる。

此処に来るや、いよ〳〵河水増したるが故に、舟足早けれども、山瀬風追々両岸の打ひらけるにつき増けるまゝ、余程浪立《なみたち》、舩より度々打入れける等有るを、少しも不構《かまわず》。

（「同」上 231）

さらに途中、トフチ（十弗、豊頃）川、ヲン子《ネ》ムイと野宿しながら進む。見渡すかぎりどこ

白糠石炭山の図（「松浦武四郎選集」二）

までも続く広大な原野を望んで武四郎は、風景を描くとともに、瞼にしっかりその風景を焼きつけた。

ヲホッ（大津）まで下ると、支配人らが出迎えた。

トカチ（十勝）の検分を終えた武四郎は、その足でクスリ（釧路）方面へ向かった。三月二十日《五月三日》、陽暦に直して五月初め、いまでいうゴールデンウィークの時期だ。その途中、シラヌカ（白糠）で石炭山を見る。石炭御用人が流罪人を使って露出した石炭を採取していた。

古老宅に二十七振りの太刀

クスリに入る。ここからは「戊午日誌」の「安加武留宇智之《あかんるうちし》誌」と「久摺《くすり》日誌」により書く。

三月二十三日《五月六日》、久摺会所に赴いた武四郎は、

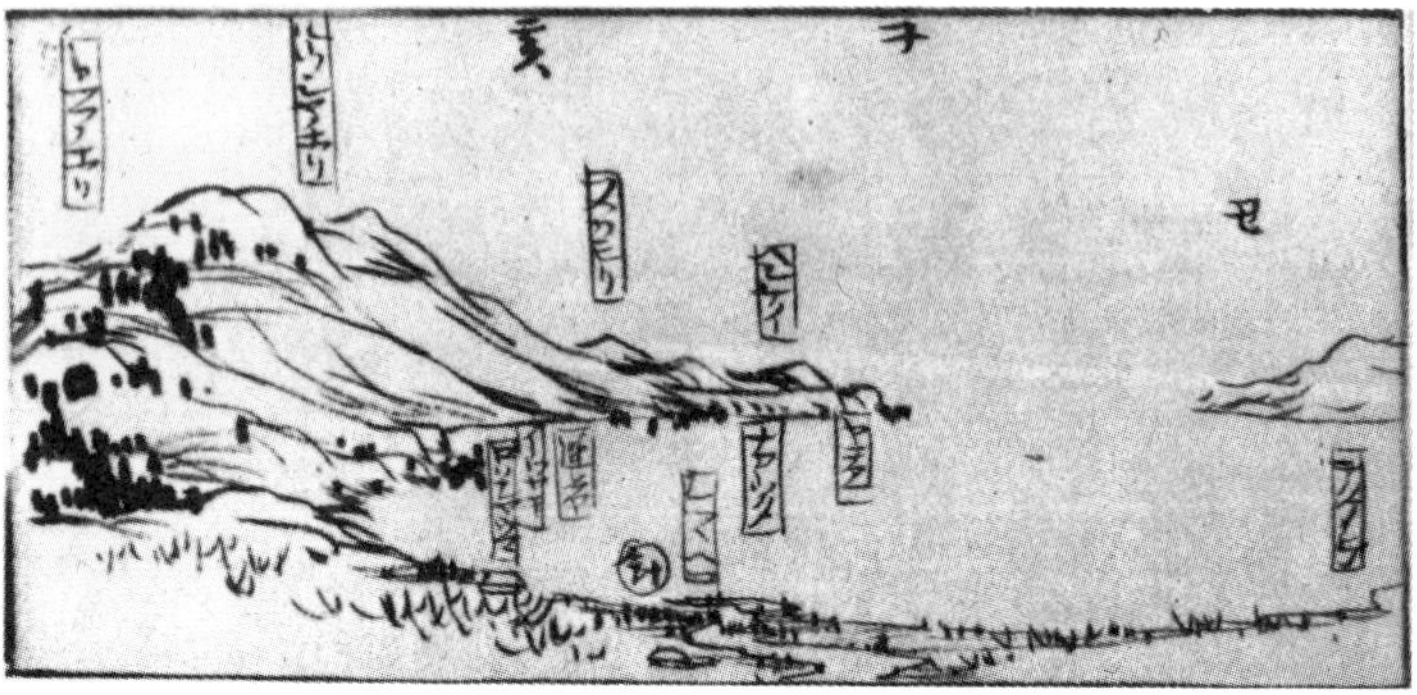

クスリからの眺望（「廻浦日記」下）

その先の巡視を伝えると、詰合の小田井蔵太という者が同道を申し出た。了承するとその夕、乙名《おとな》をはじめ六人のアイヌの人たちを集めてきた。

武四郎は同行者となる人たちに、濁り酒、煙草一抱ずつ、それに褌《ふんどし》一筋、手拭い一筋を与えた。そして乙名に対して、巡視中の先導は隔日交替とする、連れて行くイヌは二匹とする、弓箭《ゆみや》は各々が所持し、毒矢は使わない。行く先々で病人がいたらすぐ報告する。山脈、水脈の見立ては一同で相談して確かめるなどを厳守するよう指示した。

翌日明け方、亜寒社という神社に詣で、木幣を供えて旅の無事を祈った。クスリをウマで出立し、ヲタノシケ（大楽毛）からカヤ野に入る。半里（約二キロ）ほど進むと山腹に至った。そこから遥かにアカン（阿寒）岳が望まれた。ササ原を分け行くと、ところどころでシカが群れていた。

小さな川が現れたので、ウマを裸にして泳がせ、武四郎らは倒れ木を渡って向こう岸に渡った。草地を探し、トドマツの皮を剥いで寝床を作って野宿。気候は暖かく、土地は広大で、すこぶる肥沃に見えた。

松浦武四郎像（釧路市幣舞公園）

野宿を重ねながら雑木が鬱蒼と繁る山中を行くが、朝の出立時は、振り落ちる朝霧で全身が濡れた。ヤムワッカ、ヲイワチンを過ぎてシユシムピリカの新道跡に出た。文化年間（一八〇四〜一七）に大塚惣内という人がシラヌカ（白糠）からアバシリ（網走）まで切り開いた道だが、いまはすっかり寂れていた。

道の先に、ぽつんぽつんと人家があり、どこも貧しそうに見えた。武四郎はその集落の乙名トノモウ宅を訪ねて土産を差し出し、宿泊させてもらった。乙名は七十一歳、妻と息子、嫁、孫が同居していた。山の中の家なので子供たちは海を見たことがなく、ウマにも驚いた様子だった。

ここで武四郎は思いがけないものを目にする。「久摺日誌」にはこう書かれている。

行器《ほかい》、貝桶、耳盥《みみたらい》手筥《箱》五十余種を併《なら》べ、上に太刀二七振を懸《かけ》、何れも飾太刀《タンネフ》にて白銀黄金を多く鏤《ちりば》め頗《すこぶ》る面白き物有。別て短刀《エムシ》には種々の珍物を見る也。（「紀行集」下384）

「戊午日誌」には「行器凡《およそ》五十も並べ、其上え蝦夷太刀《たち》を三四十腰も懸たり」（上

266）とある。

太刀の数が前著は二十七振り、後著は三、四十振りと異なるのは置くとして、刀の種類をどう解釈したらいいのだろう。後著の蝦夷太刀ならアイヌの太刀と考えたいが、前著の「飾り太刀」とか「すこぶる面白きもの」「種々の珍物」となると、和人の太刀と考えてしまう。

おそらくこの家の先祖が刀剣に興味を持ち、和人の武将の落人あたりから譲って貰うなどして集め、大切に保存してきたと想定できる。だが文中には、そうしたことにはいっさい触れていない。

その夜はウマがいるだけで、イヌが夜通し吠え続けた。そのせいで武四郎は眠りにつけないまま、一首詠んだ。

はるばると今日も分つゝ暮にけり
　明日行先も思ひやらるゝ
（「紀行集」下387）

アカン（阿寒）川の川筋が近づき、水音が聞こえてきた。河口からアカン川を舟で遡る。テシベツ（徹別）、ソウシ（蘇牛）、アキベツ（飽別）などを過ぎた。これらの地名はいまも残る。

武四郎は、

此辺《このあたり》椴木立原に十丁も二十丁も柵を結て有るが故に、其由を聞に、鹿を追ひ行、其柵

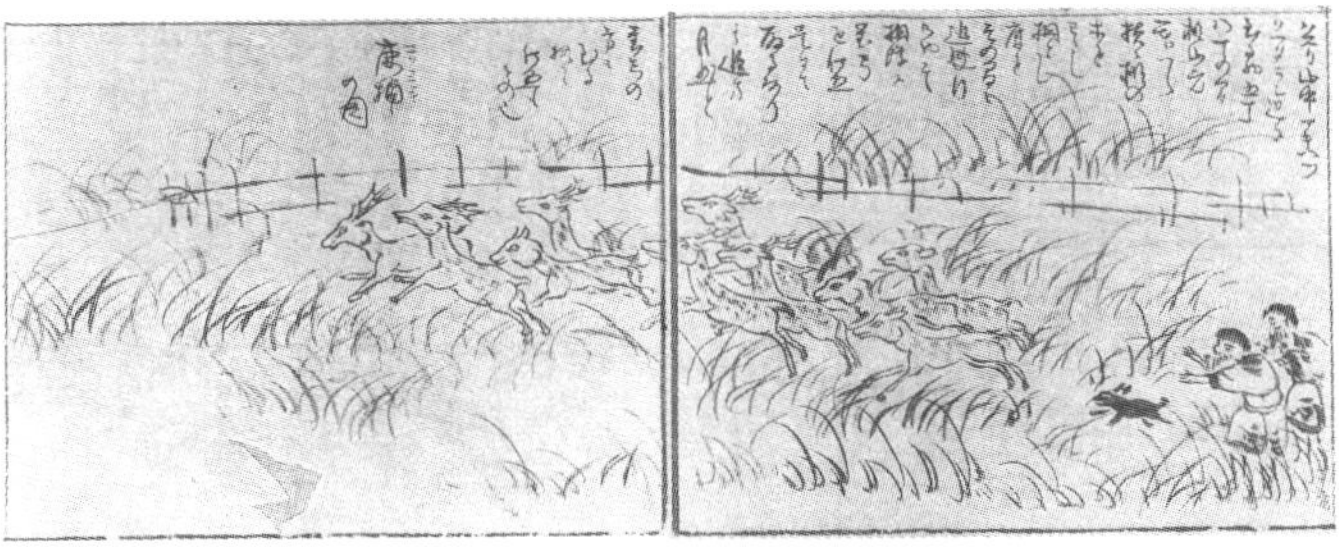

鹿捕の図（「松浦武四郎選集」二）

際を行くや必ずアマホ有る様に仕懸置て、取る処也と云り。（「戊午」上272）

其巧は琵琶湖にて箔《す》を建廻し鮒をとる仕懸《しかけ》に同じ。（「紀行集」下387）

シカを追い込み、アマッポという仕掛弓で捕るところだと聞き、後者の方法は琵琶湖で箔《す》を建て回してフナを獲る仕掛けと同じ、と書いて、絵図を添えた。

雪をかぶった雄阿寒、雌阿寒岳

三月二十六日《五月九日》、アカン（阿寒）湖畔に着いた。武四郎は同行の人たちを先に湖畔の温泉に向けて出立させ、二人のアイヌの若者とともに、マチ子《ネ》シリ（雌阿寒岳）に登った。まだ夜明け前なので焼霞が深く、たがいを見失う恐れがあるので、声を掛け合いながら行く。

朝八時ごろ、シュマタッコブに着いた。眼前に高さ五丈（十五メートル余）もある岩の上に、五鬚松《ごようまつ》、オンコ、サクラなどが繁茂して苔むし、まるで盆栽の山のように映った。現在の釧路市阿寒町である。このあたり周辺町も含めて現在もカタカナ文字のアイヌ語地名が多い。

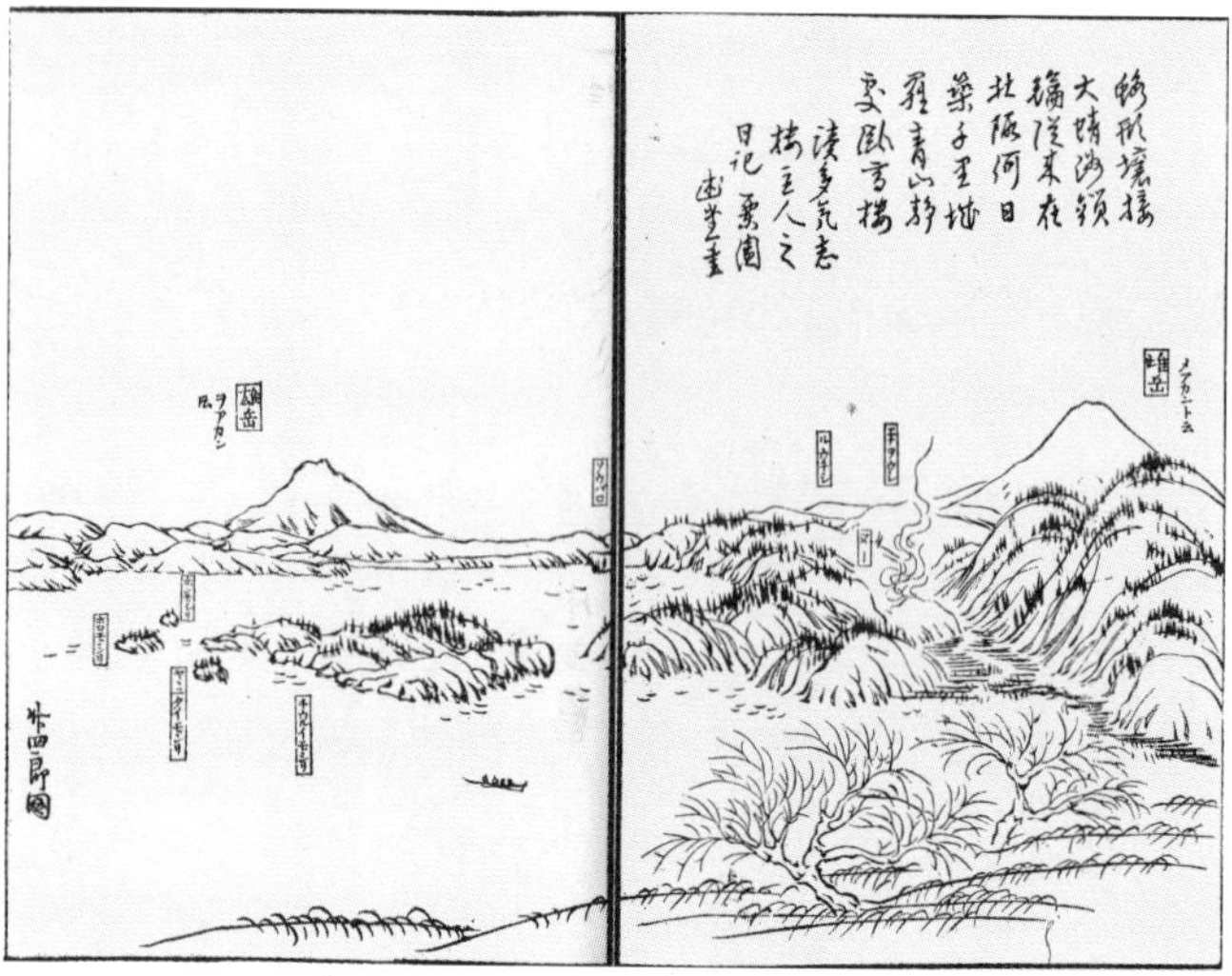

阿寒湖と雄阿寒岳（「紀行集」下）

ルベシベ《峠》に着いた。ルベシベは「路越える」の意味で、アカン越えの頂上を指す。ここまで来ると樹木が絶えた。エナウウシというところに出ると、五鬚松が一面に毛氈を敷きしめたように見えた。

山道はひと際険しくなった。二十丁（約二キロメートル）も行くと「雪道に成りて、足いたく凍る計《ばかり》」になった。さらに七、八丁（約八〇〇メートル）上ってようやく山頂に着いた。武四郎はこう書いた。

頂上に到る。此処より東を見る哉、アカン沼を眼下に見、其を越てピン子《ネ》シリ、其を男アカンと云。ピンは雄也、マチ子《ネ》は雌也。合せて是を雌雄の山と云。是を越てマシウノボリ、ウラエウシノボリ、ニシベツ岳、シャリ岳等何れも雲を貫て突出。巳午（南乃至南東）え懸てクスリの海岸青天を侵し、シラヌカ（白糠）、シャクベツ（尺別）、トカチ（十勝）の海原、浪か雲か天か水かと計《ばかり》……　（「戊午」上280）

この時、武四郎の体に異変が起こる。「汗出て満身浸り居たるに、汗乾きて却て粟肌に生じぬ」（「戊午」上279）と書いている。疲労によるものだったらしい。

エナヲウシへ下った武四郎は、渓谷を渡り、積雪を踏みしめて、アカン（阿寒）湖畔の温泉に着いた。先着の人たちが木皮を用いて小屋をしつらえ、カレイを釣り、シカを斃し、料理を作って待っていた。すぐに食事になった。

湖畔の近くに、渓谷から流れ出た水と沸き出た温泉が融合して、小さな池に注いでいた。武四郎は早速、その湯に入り、疲れを休めた後、こう書いた。

其温気肌に適し、三歳の疲労も一浴して消散すかと思はる。　（「紀行集」下391）

夕暮れになり、太陽が沈んで周辺の山々を赤く染めた。武四郎はその美しさに一首を詠

松浦武四郎詩碑
（釧路市阿寒町阿寒湖畔）

んだ。

地のあつき天の高さをあかぬ山
　雲より上にのぼりてぞしる
（「紀行集」下391）

翌日は快晴。朝、武四郎は小舟でアカン湖を巡った。この湖は少し風が吹くと波浪が起こり、風和らぐと波浪も納まるという。しかも湖域は雄アカン岳の裾を巻くように延びており、「委細に岸を廻る時は、凡《およそ》二日半三日も懸るよし聞が故に、先《まず》クッチヤロを指《さし》て遣るべしと談ず」（「戊午」上296）として、途中で湖水巡りを打ち切り、ここを出立した。

湖の南側の湖畔を行く。岸辺にカワヤナギが繁茂していた。ほどなくサルンベツ着。岸辺が焼け石砂になっていて、湖の底に白岩が見えた。アイヌの人たちが水中に潜って、鉞《まさかり》で白岩を割った。持ち帰って火鉢に用いるのだという。

湖畔の西側を流れるヲコマベツ（尾駒別）川を遡った。トド原に無数に倒れた大樹を、跨いだり潜ったりして進む。二十丁（約二キロ）ほど行くと一面に積雪が残っていた。

ここからは道らしい道はない。往来するアイヌの誰かが山刀で立木に刻んだ目印を頼りに、左右に折れながら上ると、エナヲウシに着いた。樹木の隙間から雄アカン岳が望まれた。通行人が木幣を建てて祈る場所なので、この地名があるという。現在の釧北峠である。

この先を行くと、雌アカン岳が初めて見えた。さらに進むとホリカアバシリという小川が流れていた。ホリカは屈曲の形を意味する。現在の相生だが、当時はよほど大変な道程だったことがわかる。この先の川端で止宿。

和人名を押しつける

二十九日《五月十二日》朝は雨だったが、ほどなく晴れたので出立。ヲンネヌツパヲマナイという小川に出た。別にポロヤフカヲマナイともいう。その地名が、「ここまでが野原でこれよりトド原になる」という意味と知らされた武四郎は、アイヌの人たちの暮らしの知恵に納得するのだった。

武四郎の記録は細部にわたるが、しばしば針位を書くなどの特徴がある。ここで出てくる次の文章も典型的な書き方の一つだ。

此辺《このあたり》針位戌亥《北西》に向《むく》、右槲《かしわ》柏原の高山、左り川の向岸椵《とど》山なり。此辺にて桜を多く見るに、皆薄紅《うすくれない》にして花至《いたつ》て小さし。（「戊午」上308）

針位戌亥とは進行方向を北西にとるの意味であり、その一方でこのあたりのサクラの花は薄紅で小さい、と考証している。地勢学、植物学、そして有能な旅行作家を伺わせる文体といえる。

ホンキヽン（本岐、津別）に至る。ホンは小さい、キヽンはナナカマドの意。ナナカマドの樹木が多いことを示す地名である。

アバシリ（網走）川の南岸に一軒家があった。家主は小使《こづかい》のアクレという。小使とは乙名に次ぐ階級である。本人と妻、息子、その嫁、娘など八人暮らし。この娘チコロマツが近頃、リクンベツ（陸別）の乙名に嫁いだが、親の見舞いに戻ってきたという。

思いがけずこの娘が武四郎のことをよく覚えていて、

「一昨年の秋クスリ(釧路)にて我等網曳居たる時、一同のものえ針を被下しによって覚えたり」
（「戊午」上 312）

と感謝の言葉を述べた。武四郎はそうだったか、と答え、まだ昼過ぎたばかりなのに、この家に宿泊することにした。家族は喜び、子供たちは川でチライを八尾釣って持ち帰り、同行の若者たち三人は山に入ってシカ一頭を仕留めて戻って来た。楽しい夕餉になったのはいうまでもない。

四月一日《五月十三日》は快晴。ちなみにこの時期は、毎月が二十九日までで三十日はない。朝早く舟を出す。チャシコツというところに、土手が三丁ばかり延びていて、あたかも城郭のように見えた。聞くと昔ここに住んでいた長老の住居跡なのだという。近くに一丈五尺（約四・五メートル）ほどの穴が数多く見えた。小人頭といってコロコタンリルの家跡なのだという。武四郎は以下のように考察した。ここではまるで考古学者だ。

此辺土人の言伝《ことづた》へに昔は小人が住しと云事を伝ふ。此穴恐らくは小人ならで古人の穴居跡かと思ふ。如何にも其大《そのおおきさ》今北蝦夷なる穴居の大さに類せり。
（「紀行集」下 398）

積雪を踏んで進む。カツクミ(活汲、津別)川の川岸に二軒の家があった。ここで老婆に会う。年齢はわからないというが、今年八十三歳になる乙名がまだ幼いころにわが子を生んだというから、すでに百歳は超えているらしい。武四郎は「実に珍敷《めずらしき》老婆」であるとして、記念品を与えて励ますとともに、この地の役人がアイヌの人たちをよく介抱しているので、その旨上役に報告すると記した。

　宿泊しながら歩みを進めるうち、ホロキ、シナイを過ぎて、テレケシナイに至った。津別町共和である。次のチマキナウシビラという土地で不思議な光景を見た。倒れたカバの大樹の根に木幣を二、三本立て、そばに古い鍋が置かれていた。すでに腐食して底が抜けている。

　この地に住む小使に聞くと「これは神の鍋です」という。昨年春の雪解けに、土砂崩れが起きてこの大樹が倒れたとき、土中から鍋が現れた。内耳鍋と呼ばれる古い時代の鍋で、掘り出して大樹のそばに置き、木幣《イナウ》を立てた。巡視した箱館奉行の村垣淡路守に提出したところ、褒美を授かったという。以前、北蝦夷地のクシュンナイでも見つかっているという。

　武四郎は「鍋を拝見したるに、其形よく似たるまゝ、余実に此鍋近代の物ならざることをしれり」(「戊午」上316)と書き、「カモイシユウ(内耳鍋)の図」を描いた。

　トウベツ(津別)川を渡り、ルベシベ(津別峠)を越えてタツコブ(西達美、津別)に着くと、老爺が出迎えた。小使のムンコモフで和名を古茂八という。同道する役人の小田井はアイヌの人たちに和名をつけるよう促す人物だったので、小使のムンコモフが武四郎におそるおそる訊ねた。

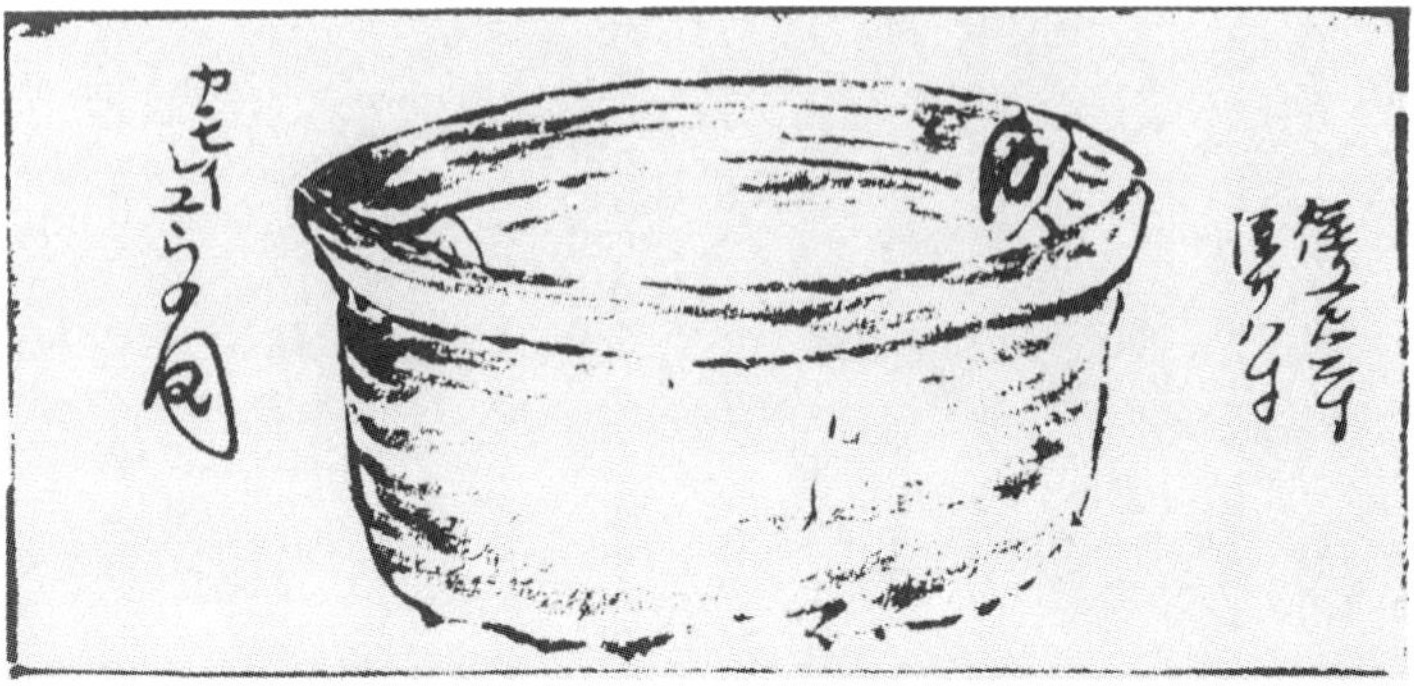

カモイシユウ（内耳鍋）の図（「戊午日誌」上）

「小田井様とともに来られたのは、わたしらを帰俗させるためのものですか」

武四郎は驚き、「そんなことはない」と否定すると、一同は安堵した。小田井が慌てて、

「これからは帰俗は勧めませぬ」と言ったので、アイヌの人たちは大笑いした、と記されている。武四郎は自らの意見としてこう書く。

> 同道の小田井は、頗《すこぶ》る帰俗好《きぞくこのみ》の人にて、只何と云ふか無理無法に、去年よりとらへ候ては月代《さかやき》を剃せ、和人名を附られしが故に、近来此処の者半は和人名を附られ居れども、其和人名は支配人もしらず、自分もしらず。（中略）和人名を聞かんとせば会所え行、帳面を見よと必ず答ける。
> （「戊午」上319）

アイヌの人たちの風習をないがしろにして、和名を用いさせたり、月代を剃らせたり、帰俗をすすめる箱館奉行のやり方に対して、同じ組織の末席にいる人間として、許すことが

屈斜路湖

できなかったのであろう。

和人を嫌い雨降らす山霊

シユルトウシ（豊栄、美幌）、フウレメム（古梅、美幌）を経て、ピホロルベシベ（美幌峠）を越えると、ほどなくクッシャロ（屈斜路、弟子屈）湖畔だ。ここで宿泊。

翌日朝、武四郎は舟を雇って湖中見物に出かけた。水先案内は地元のイソリッカラとコロワッカアイノ。この二人が櫂《かい》を漕ぎながら湖を一周する。説明を聞きながら、澄んだ湖面を見ていると、その美しさに吸い込まれるような錯覚に陥るのだった。

湖畔に戻った武四郎は、刀の鍔を取り出し、二人が持参した干し魚と交換した。その魚を食べながら、湖とともに生きる人びとの幸せを願った。

この水先案内をしたイソリッカラの末裔が現

存する。磯里博巳さん。彫刻家で、数年前、武四郎の出身地である三重県松阪市の松浦武四郎記念館で催された「武四郎祭り」に赴いたとき、初めてお会いした。その風貌と、仕草や謙虚な態度に、先祖の面影を垣間見る思いがした。

斜里の海岸線

シャリ（斜里）運上屋に着いた武四郎らはそこで宿泊。翌朝、神霊が宿すといわれるカモイヌプリ（摩周岳）を遥かに伏し拝み、木幣《イナウ》を捧げた。武四郎は記す。

其山（カムイヌプリ）の頂に一ツの湖水有。周囲凡七里と云り。其湖水何れえも落る口なくして、只千万古の昔より此湖有りて、増しもなさずまた減じもせずとかや。実に一奇の名湖と云うべし。

（「戊午」上367）

「一奇の名湖」と書いたこの湖が摩周湖である。いまも透明度は世界一を誇る。

会所の役人が近傍を見分に出立するというので、同道した。湖の西側に沿って北上する。役人が道々、このあたりのアイヌの人たちに対してきちんと介抱米を渡している、と語るのを聞いた武四郎は、心から安堵した。

ビホロ（美幌）川を下って、川沿いに建つ一軒に立ち寄った。八十歳を過ぎた古老が、クナシリ・メナシ事件の話をしだしたので、武四郎は目を丸くして驚いた。

茅野山を越えてニマンベツ川に出て、ここからまた山越えしてモコト（藻琴）に出た。眼下に湖沼が見えた。武四郎は日誌に「此沼《この》周り凡《およそ》三里」、続いて「西岸また下り海岸に出」と記しているので、藻琴湖なのは間違いない。

人家が五軒あり、その一軒に泊まった。老婆が大勢の子供たちを沼に生かせてシジミ貝を採らせていた。同道の小田井がシカを獲って来たので、老婆が素早く調理してくれた。お陰で晩餐はひときわ暖かい雰囲気になった。

翌日も未明に出立。潮干なのでとても歩きやすい。午後、シャリ（斜里）の会所に赴き、新たな同行者を紹介してもらい、出立した。

四月六日《五月十八日》、山中で雪が降りだしたので、夜営した。同行者によると、この山霊は和人を嫌い、和人が通ると必ず雨になるという。その通り、雨になった。武四郎は以前にもこのあたりで雨に降られたのを思い出し、不思議なものを感じた。

翌朝もまだ夜明け前に出立し、ニシベツ（西別）岳の北に位置する水源を探して、登った。ササ原、トド原を過ぎると山間が急峻になる。ここから標高四十四間（約八五五㍍）のカムイヌプリ（神岳）に挑んだ。時間をかけて、険しい山をやっと登りきったものの、武四郎は疲れ果ててしまった。荒い息を吐きながら、こう書いた。

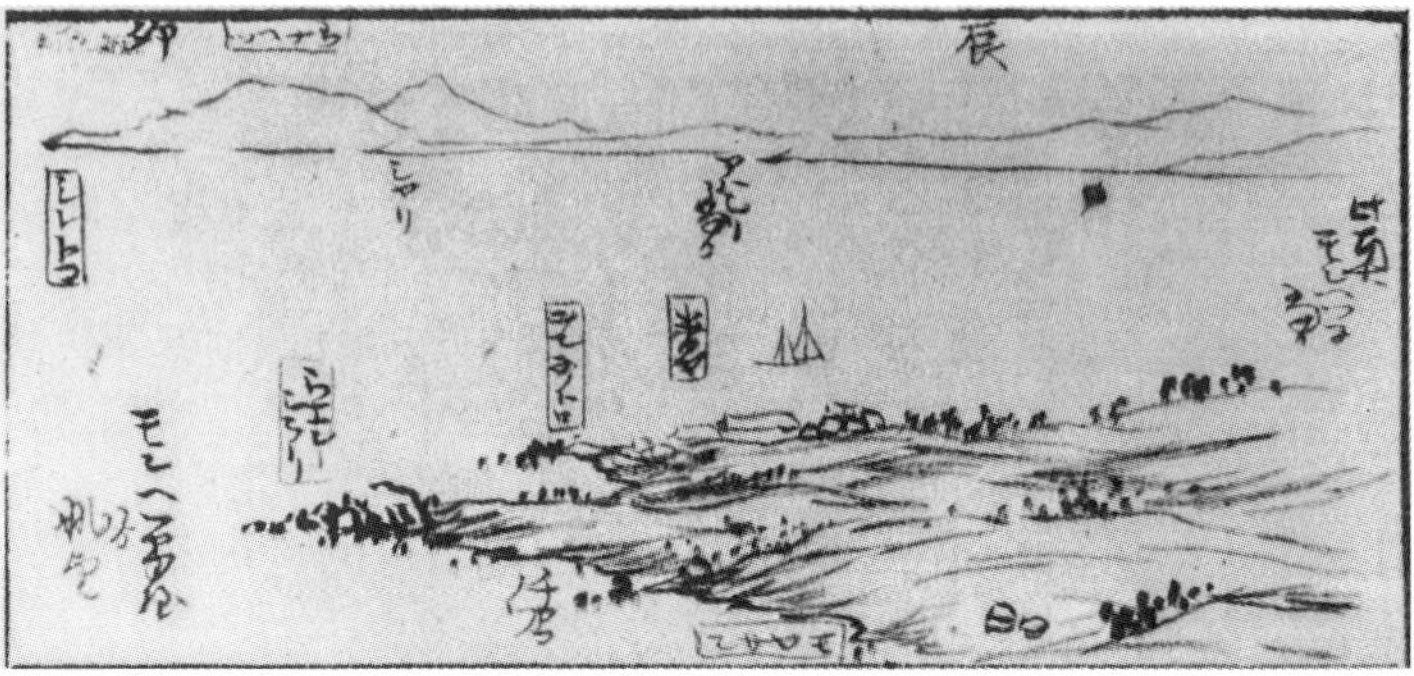

モンベツ番屋より眺望（「廻浦日記」下）

手足惣《すべ》て血に染り、股引《ももひき》、脚巾《きやはん》皆斃《やぶ》れ、見る様なし。

（「紀行集」下 401）

シベチヤ（標茶）、トウロフト（塘路湖）を経て、クスリ（釧路）まで戻った武四郎は、さらにアッケシ（厚岸）からノシャップ（納沙布）岬を回り、ネモロ（根室）へ。そこから舟でノツケ（野付）半島を巡り、シベツ（標津）川を遡った。そしてラウス（羅臼）からシレトコ（知床）岬を回って、ウトロ（宇登呂、斜里）に入り、アバシリ（網走）湖、ノトロ（能取）湖、ノッケウシ（北見）、サロマ（佐呂間）湖、ユウベツ（湧別）、モンベツ（紋別）と、一カ月余りかけて歩いた。ソウヤ（宗谷）岬に着いたのが六月一日《七月十一日》。

ここで武四郎は先年、亡くなった上司、向山源太夫の墓所に詣でた。向山の面影が浮かび上がり、涙を堪えることが出来なかった。

西海岸沿い南下して石狩に着いたのは六月十三日《七月二十三日》。すでに夏の気配だった。幕府の命により、石狩場所は箱館奉行の直捌となり、調役荒井金助が詰合として着任していた。直捌とは幕府の直営を意味する。これによりこれまでの請負人は御用達になり、支配人はすでに暇を取り、新任の支配人以下が配置されていた。調役の新井金助はこの後、篠路（札幌）周辺を開拓していく人物である。

武四郎は案内してくれたアイヌの人びと三十一人を集めて、酒、煙草などを与え、主な者には襦袢一枚と鍔一枚を与えて労をねぎらった。

小休息した武四郎は六月十九日《七月二十九日》、また石狩を出立した。内陸を通ってシコツトウ（支笏湖）、イサリ（漁、恵庭）、ヲサツ（長沼）、アピラ（安平）、アツマ（厚真）、ムカワ（鵡川）、ホヘツブト（穂別）……を越えた。海岸線を日高に抜けて十勝に至り、帰途はヌフルヘツ（登別）の温泉に立ち寄るなどして、箱館に戻ったのは八月二十一日《九月二十七日》だった。箱館を基点に七カ月に及ぶ長旅だった。これが「蝦夷地六航」といわれる。これにより武四郎の東西蝦夷地及び北蝦夷地（樺太）の調査はすべて終わった。

この「蝦夷地六航」は、想像を超えた内容といえるが、武四郎はなぜこれほどの計画を立て、実行したのか。おそらく武四郎自ら、これが最後の蝦夷地、と心に決めていた、と思いたい。それは幕府・箱館奉行に対する鬱積《うっせき》した不満がここへ来てより強まったもの、と筆者は見る。向山が健在なときは何事も相談出来たし、意思も通じ合った。だがいまは……。そんな自身を巡る矛盾が渦巻きだしていた、といえる。

泣かされるアイヌの人びと

武四郎はこれまでの六回の踏査で、蝦夷地が資源の豊富な有望な土地であることを確認した。すぐに開拓に着手するには、通行をよくするのが重要と判断し、新道を開削すべき箇所を調べた。そしてロシアをはじめとする外国の危機が迫るなか、早急に対応できる体制を整えねばならないとした。

武四郎自身の書物「燼心餘赤《じんしんよせき》」によると、組頭向山に従った最初の年に、向山に提出した新道に関わる書き上げは約六十件にのぼる。ほかは漁場に関わるもの、労働者に関わるもの、アイヌの人たちに関わるものなど数件。向山の没後は提出先が代わって、奉行に直接提出したもの、梨本弥五郎《なしもとやごろう》や三田喜六《さんだきろく》、向山の息子の栄五郎ら奉行所役人に宛てたものも含めると、三年間で約二百件にものぼる。単純に計算して調査期間中、二日半に一通ずつ提出していたことになる。

この書き上げに対して奉行はどんな措置を講じたのか。新道を開削するなど少しは進んだが、武四郎としては不満が残った。

一番問題としたのはアイヌの人びとへの対応についてで、その原因が場所請負制《ばしょうけおい》にあると言及したのに何の措置もない。これはコメの穫れない蝦夷地松前特有のものなのだ。

この請負制は松前藩が統治していた時期からずっと続いているもので、直接、場所（漁場）を請け負った和人の商人が、和人の支配人などを用いてアイヌの人たちを労働力として使役する。豪商の請負人などは厳しい目が注がれるが、小さな請負人や支配人になると悪質な者もいて、アイヌの人たちから搾取を繰り返す。

もっとも腹だたしいのは、人倫を踏みにじった卑劣な行動だ。アイヌの人たちの純朴さをいいことに、娘を連行したり、夫の働き場所を遠くへ移して、その隙に妻を連れ去る。

漁場で働く和人は内地からの流れ者が多く、本人自体にも問題があるとしても、それ以前にまずこの請負制をなくさない限り、現状は打破できないとして提言してきた。だが奉行は動こうとする気配もない。

武四郎はこれまでアイヌの人たちに数多く仕事を頼み、ともに行動してきたが、当初抱いていたのとは違って信義に厚く、自然のすべてを神と崇め、長老を敬い、夫婦は和合し、子供たちは両親によく尽くす、というのを肌で感じてきた。

武四郎しみじみ思う。この大地は一体、誰のものなのか、と。アイヌは和人を「人間」と呼ぶが、これは隣人の意味で、仲のいい友人を指す。ところが和人はアイヌの人びとを騙し、脅し、搾取を続けている。早くからこの北の大地での暮らしてきた人びとの文化や風習を踏みにじっているのが和人ではないか。

武四郎はこの六月、石狩川を遡るときに聞いた話を書いた。文中の土人はアイヌを指す当時の表現である。

> 戊午（安政五年）六月十八日《七月二十七日》。雇馬出立（石狩、タケアニ、支笏イタクレイ）。此イタクレイは勇払より出稼に参り居て、四ケ年が間石狩に遣《つか》はれ、其間妻子の面《かお》を見ざりしが、

今日の人足に当りて妻の面を見る事よと。如此夫妻の間も纔《わず》か三十里（約百二十キロ）を隔る計《ばかり》にて逢さず置、その請負人の遣方可悪《つかいかたにくむべし》。其訳をタケアニより聞に、此土人の妻は勇払の番人の妾《めかけ》に成居ると、其故夫を石狩に遣し置て常々番やへ連行置と語る。是はさもあるべし。シャリの土人をクナシリへ遣す、必ず其留守に妻は番人の妾に致置有なり。実に是等の事可悪《にくむべき》の極《きわみ》ならずや。

（「西蝦夷」188）

最後の一行に書かれた「実に是等の事可悪の極ならずや」は、場所請負人である和人に対する激しい怒りといえる。

第九章　「書くこと」と「残すこと」

武四郎は〝えぞ地狂い〟

武四郎が箱館奉行で廻浦担当になった村垣に対して、「蝦夷地惣て見込み」（「自伝」267）を提出したのは、箱館に戻った翌日の八月二十二日。このなかで武四郎は、開発の適地を具体的に示し、新道開削のコースを定めて、一刻も早く開拓に取り組む体制を整えるよう提言した。そのうえでアイヌたちの悲惨な暮らしぶりを具体的に示し、「開発も大事だが、アイヌの救済こそ急がねばならない。このままではアイヌの人たちは絶滅してしまう」

と厳しく訴えた。

奉行は、二つの報告書を読んでから、武四郎の人となりを讃え、奉行名で添状と褒賞金を贈った。その文面を掲げる。

蝦夷地へ罷越《まかりこし》、人跡無之《じんせきこれなき》山道を踏分《ふみわけ》、且土人共へ自分入用を以農具類等差遣《さしつかわ》し候段、奇特之儀に付被下之。（「同」268）

文中の「自分入用を以」とは〝自腹〟で農具類を手渡したことを意味する。報奨を手にした武四郎は、箱館奉行の村垣が自分の報告を聞き入れてくれた、として感謝した。

このころになると武四郎は「蝦夷通」で通るようになり、世間は「蝦夷地のことなら武四郎に聞け」といわれるほどになっていた。その反面で「えぞ地狂い」と噂された。蝦夷地といったら顔色を変えて動き回る姿勢が、そんな陰口になったのであろう。

江戸に戻った武四郎が、アイヌの人びとを紹介した「近世蝦夷人物誌」の出版を幕府に願い出たのは十二月八日。このころ本を出すには幕府の許可が必要であった。アイヌの人たちの実情を知るには人物を取り上げるのが一番、と考えたのである。その信仰ぶり、両親への心遣い、礼儀正しさなどを伝えたうえで、なぜアイヌの人たちは差別されねばならないのかを問題提起しようとしたのである。

ところが幕府から「箱館役所よりの注意の趣にて出版相成らずとの下げ紙付き却下されあり」（「自伝」276）と伝えてきた。「注意の趣き」とは何か。思うに箱館奉行は、とかくうるさく指摘してくる幕府の圧力を恐れ、面倒なことは避けようとして、出版させないよう計らった、つまり忖度した、と判断できる。奉行に期待を寄せていただけに、武四郎はがっくり肩を落とした。

武四郎は衝撃を振り払うように、この年回った区域を「戊午東西蝦夷山川地理取調日誌」の表題で書き上げ、さらに緯度・経度一度を一枚とした「東西蝦夷山川地理取調図」二十八枚を作成して、奉行に提出した。そこには河川や山脈、地名、道路、村落などを細かく書かれていた。これにより最上徳内、伊能忠敬、間宮林蔵ら先達らの測量により輪郭の整っていた蝦夷地地図が、内陸の地勢までかなり明らかになった。

同時に蝦夷地で見聞したさまざまな事象を紹介した「蝦夷地名奈留辺志《なるべし》」という冊子を許可を得て刊行し、幕府に差し出したところ、銀三枚が手当てとして贈られた。

この時期、四十二歳になる武四郎は、御家人福田小十郎の次女「とう」と結婚して、江戸の下町に新居を置いた。蝦夷地の調査に足を踏み込み、ひたすら仕事に没頭していて、結婚どころではなかったのであろう。

このころ江戸では幕府大老井伊直弼による「安政の大獄」といわれる弾圧が激しくなっていた。尊皇攘夷派として逮捕された武四郎の知人である吉田松陰や「百印百詩」の頼三樹三郎らが、次々に処刑されていった。武四郎の胸に幕府への怒りが込み上げた。

アイヌの人たちへの介抱を置き去りにしたまま、一方でこんな蛮行をあえてする幕府。そんな幕府のもとで仕事など出来るものか、という感情が高まった。暮れになって武四郎は、幕府に対して御雇を辞めたいと「願い」を出した。幕府は武四郎が反幕的な危険思想を抱いているとして、あっさり辞任を認めた。

年が変わって一八六〇（万延元）年三月三日の雪の朝、大老の井伊直弼が江戸の桜田門外で水戸藩浪士らに襲われ、絶命した。時代が凄い勢いで動いていくのを、武四郎は肌で実感していた。

蝦夷地へ目を向ける人が増えだした。だが心配していたアイヌの人びとの暮らしは、少しもよくならないという。大老暗殺という天下の大事件により、幕府も少しは変わるだろうと、市井の人になった武四郎は、それでもまだ淡い期待を抱いていた。

この年七月、妻の「とう」が女の赤子を出産した。武四郎は高鳴る胸を抑えつつ、妻の実家に人を遣わせて喜びを伝えた。

一般向けに各地の「日誌」

武四郎は、蝦夷地の実情をもっと多くの人に知ってもらおうと考え、箱館奉行に提出した数々の報告書をもとに、地域ごとに分類した一般向けの「日誌」を出版、販売した。「書く」だけではなく、「残す」。つまり「書いて残す」、これこそ我が宿命とでも思ったのであろう。「北蝦夷余誌」「後方羊蹄《しりべし》日誌」「石狩日誌」「久摺《くすり》日誌」「十勝日誌」「夕張日誌」「納沙布《のしゃっぷ》日誌」「知床日誌」「天塩日誌」、それに「東蝦夷日誌」「西蝦夷日誌」などである。ここでは多気志楼蔵板とし、筆名は「源弘」とした。源は源氏の流れを指し、弘《ひろむ》は諱《いみな》である。

各誌の冒頭に、地域の特徴を記し、続いて本文に入っていく形をとった。このうち「石狩日誌」の凡例にはこんな文面を掲げている。

> 蝦夷の地石狩《イシカリ》川の巨大なる事皆知る所也。其源石狩岳なるや去海辺《うみべさり》一百余里、重畳たる兒孫の奥にして反面を見る者なく、況《いわん》や水源をや。文化度間宮(林蔵)某 神 処《カモイコタン》従海岸《かいがんより》九十七

石狩日誌・後方羊蹄日誌など

里を過《スギ》、三十余里にしてサンゲソマナイに到て帰る。是開闢《カイビャク》已来《いらい》和人杖を曳しの始とす。後五十年来絶て無し。今茲《いまここに》安政丙辰《（三年）》の夏、余《ワレ》六十余里を遡《サカノボ》り、ウリウに路を取て西岸ル、モッペに越る。翌丁巳の春、函館府の蒙命《めいをこうむり》其源を探り、岳を攀《ヨヂ》て山脈水脈を審《つまびらかに》し帰り、石狩誌七巻を著て納む。其要とす大意を摘《つみ》て今一巻とし、同好の士の臥遊《がゆう》に供す。

（「紀行集」下　266）

武四郎の冊子は評判になったが、もっとも話題を集めたのが「蝦夷漫画」だ。表題に「漫画」とあるので、漫文調の読み物と思われがちだが、実際はアイヌの人たちの生活ぶりを絵図で説明した作品である。信仰、風習、持ち物、食べ物、食器、暮らしなどが美しい色彩を用いて描かれ、短い文章で紹介されている。当時としては際立った書物であったといえる。
最初に出てくるのが、「蝦夷の国のかたち」。ここにはアイヌには文字がなく、筆・墨・紙もないから、砂場や炉中の灰に、指で絵を描いて示す、と書いている。また独特の木幣《イナウ》の式について、火の神を祭る、家内安全を祈る、ウカリ（刑罰）を行なう時に用いられるなどそれぞれのイナウの形を描いて説明している。
家の作り方や飲酒の式、酒作りの道具の式、楽器の式、織機の式などの方法、さらに食用にしているクロユリなどの植物も描かれている。

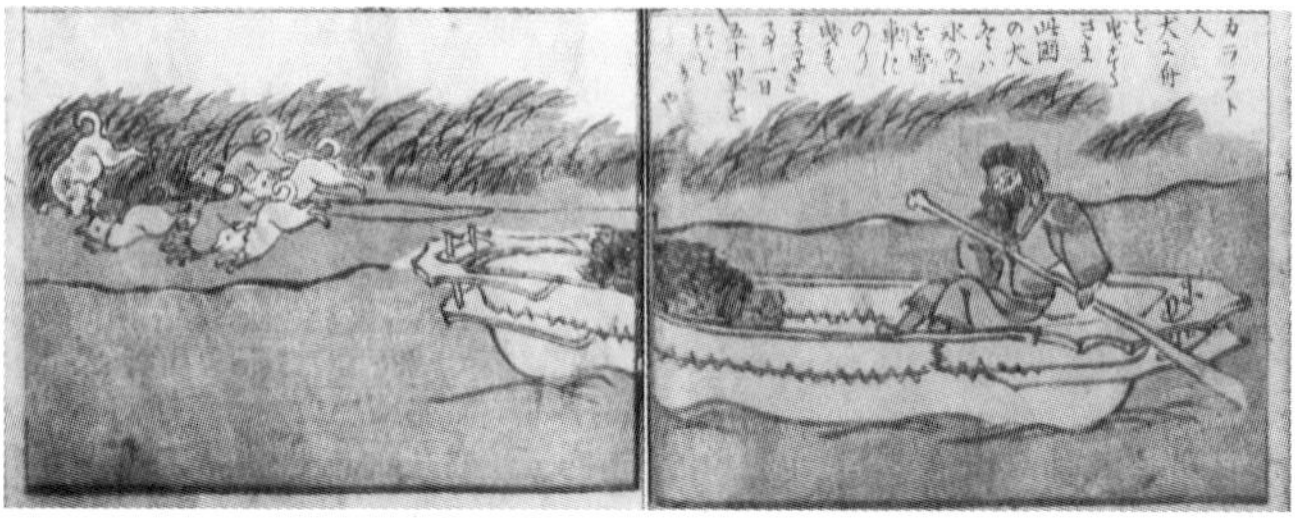
イヌに舟を曳かせる図（「蝦夷漫画」）

目を見張るのが、舟をイヌに曳かせて走る絵だ。北蝦夷地（カラフト）で見た光景で、

此国の犬、冬ハ氷の上を雪車《そり》にのり曳《ひか》す、其早き事一日に五十里を行とかや。（「蝦夷漫画」）

と書いている。冬になると舟を橇にして、イヌに曳かせる。五十里はおよそ二百キロ。札幌から旭川を経て層雲渓近くまでの距離に相当する。イヌが人間の手足になっていることを示すものだ。

武四郎の努力により、蝦夷地関連の書物や地図類は多数出回りだし、あたかも幕末期を迎えて世論の危機感から、北方に対する注目度は急速に高まっていった。

「近世蝦夷人物誌」の意味するもの

武四郎がもっとも早く出版したかった「人物誌」は、幕府の許可が得られないままに過ぎ（二七六頁参照）、明治新政府になってからも陽の目を見ることはなかった。

武四郎が亡くなって二十三年を経て、孫の松浦孫太により雑誌「世界」（京華日報社）に一九一二（明治四十五）年七月から一九一四（大正三）年一月まで十五回にわたり連載され全容が明らかとなった。

「近世蝦夷人物誌」に記載されている、〝三女の困窮〟を要約して掲げる。武四郎が何を訴えようとしていたのかがうかがえる。

石狩川の下流に樺戸という集落があり、イリモの妻ヤエレシカレ（二十九歳）は美しい女性と評判だった。ある和人の番人がそれに目をつけ、「おれのいうことを聞け。聞かなければ夫をひどい目にあわせてやる」と脅した。ヤエレシカレは仕方なく応じたところ、番人は夫のイリモをオタルナイの漁場へ行かせて夫婦の仲を割き、ヤエレシカレを側において、放そうとしない。ところがこの番人は悪い病気を持っており、間もなくヤエレシカレは病を移されてしまう。それを知ると番

三女の困窮（「近世蝦夷人物誌」上）
（北海道立文書館）

人は、ヤエレシカレを倉庫に押しこみ、食べ物も与えなかった。ヤエレシカレは痩せ衰え、体が腐りだす。絶望したヤエレシカレはそこを抜けだし、川に身を投げようとしたが、発見される。

そのうち息子たちを漁場に取られて独り暮らしの老婆のもとで暮らすようになる。そこへもう一人の老婆がやって来た。この老婆も同じように働き手を取られて、餓死するほかないと覚悟していた。三人は僅かな草の根を食べながら、死んだら魂となって支配人や番人らに恨みをぶつけてやると語り合った。

この話を聞いた武四郎は、フキの茎で作った小屋にいた三人をやっと捜しだし、コメ、煙草、針などを与えて励ました。奉行は食糧を与えるなど救済処置をとったので、何とか危機を切り抜けることができた。

武四郎はこのほか、親孝行な若者、律儀な乙名《おとな》、切腹した男、豪勇の男、娘の仇討ちなど、アイヌの人たち九十八人を取り上げ、それぞれの人物について書いている。一人一人その暮らしを通じて、人間としてあるべき姿を訴え、返す刀で、人道を踏みにじって恥じない和人を厳しく告発したのだ。

武四郎の和歌二首を紹介する。

おのづからをしへにかなふ蝦夷人《えみしら》が
　こころにはぢよ　みやこかた人
（「世界」98号）

心せよえみしもおなじ人にして
　この国民《くにたみ》の　数ならぬかは
（「西蝦夷」55）

えみしとはアイヌを指す。同じ国民なのになぜ差別するのか、心せよ、と叫んでいるのである。だがこの武四郎の叫びに、耳を傾ける人はいなかった。アイヌの人たちは権力に抵抗もできないまま、「滅びいく人びと」という悲しいレッテルを貼られて、呵責な行政に揉まれ続ける。

龍馬の同志に出版物を贈る

一八六二（文久二）年一月、老中安藤信正が坂下門外で、浪士六人に襲われた。それから間もない同月十九日、武四郎のもとに幕府から誘いの使いが来た。武四郎は「之は蝦夷地御用の事ならん」とて「再勤の事 断《ことわり》 申候」（「自伝」297）と書いた。蝦夷地に心を動かしながらも、幕府のやり方をどうしても容認出来なかったのである。

武四郎のもとに、北辺の危機を訴える人びとが相次いで訪れた。「自伝」にその名が見える。加賀藩の行山康右衛門が蝦夷地開拓の相談に来たのをはじめ、久留米藩の今井栄が異国船の購入について、長州藩の桂小五郎（木戸孝允）が中浜万次郎（ジョン万次郎）と同道して蝦夷地開拓の話し合いに、といった具合だ。内容は記されていないが、「西郷吉之助（隆盛）からの伝言」という書き添えも見える。

一八六三（文久三）年七月二十四日に訪れた土佐脱藩士の北添佶磨《きたぞえきつま》もその一人だ。北添はこの年の五月、同志三人とともに越前を船出し、蝦夷地箱館に上陸して周辺を探索し、帰国したばかり。武四郎に会うなり、蝦夷地関係の書物をぜひ戴きたい、と申し出た。武四郎はその場で著書八冊を贈った。

蝦夷地に渡った北添が、武四郎の書物を所望したのはなぜか。この時期、同志の土佐脱藩士の坂本龍馬は、諸国の脱藩士を集めて蝦夷地開拓に乗り出そうとしていた。北添らはその事前調査のために渡海したのだが、箱館奉行所を訪れて武四郎の存在を知ったと判断できる。入手

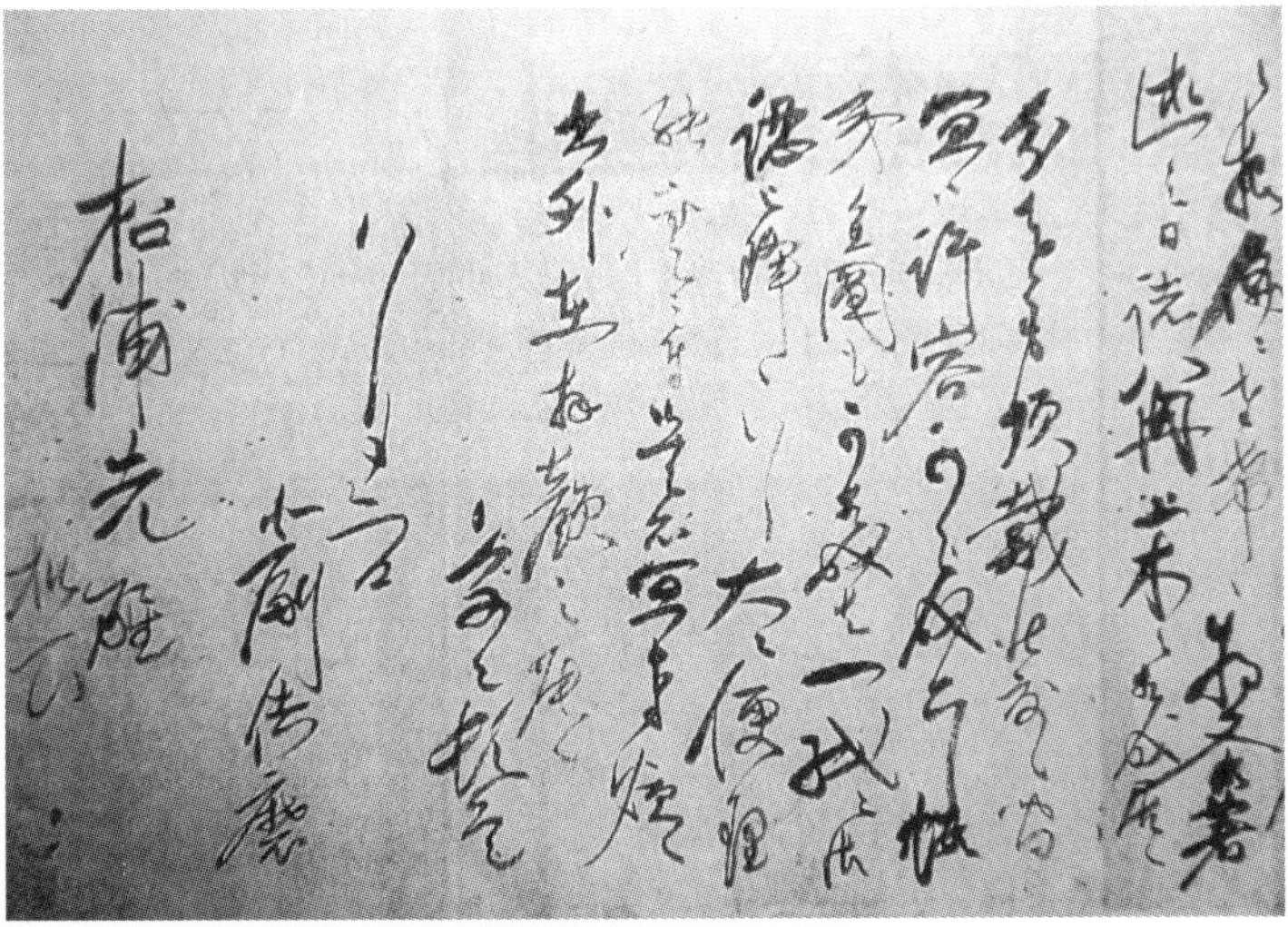

北添佶磨から武四郎への便り
（松浦武四郎記念館　三重県松阪市）

した八冊の著書は「石狩日誌」「久摺日誌」「後方羊蹄日誌」「天塩日誌」などと「東西蝦夷山川地理取調図」であろう。この書物は北添から龍馬に渡されたはずである。

以上は武四郎に宛てた北添佶磨の二通の便り（三重県松阪市　松浦武四郎記念館蔵）から確認できる。

龍馬が京都及び摂津に滞在する脱藩士五十人を黒龍丸に乗せて神戸を出航し、江戸に着いたのは翌一八六四（元治元）年六月十七日。龍馬の師で神戸海軍操練所長の勝海舟は「日記」（『勝海舟全集』18）に、以下のように記す。

> 黒龍丸入津。坂本龍馬、下東、右船にて来る。聞く、京摂の過激輩《かげきのやから》数十人（二百人程）、皆蝦夷地開発、通商、為国家《こっかのため》憤発す。此輩《このやから》悉《ことごと》く黒龍船にて神戸より乗廻すべく、此義御所《（朝廷）》、並び

に水泉公（老中水野和泉守忠精）も御承知なり。且、入費三、四千両、同志の者、所々より取集めたり。速にこの策可施《ほどこすべき》と云う。士気甚盛んなり。

この蝦夷地行きは朝廷も幕府も認めたものだったことが、文面からわかる。

ところが黒龍丸が航海中の六月五日夜、京都・池田屋で勤王の志士らが新選組に襲われ、十三人が闘死する。そのなかに龍馬を支えてきた北添佶磨ともう一人、土佐脱藩の望月亀弥太が含まれていた。望月は海舟が所長を勤める神戸海軍操練所の生徒である。

京都の事件が江戸に伝わったのは、黒龍丸が江戸に着いた翌日あたり。龍馬は天を仰いで嘆息し、蝦夷地行きを断念する。望月は海軍操練所の生徒だ。師の海舟に迷惑がかかるのは目に見えていた。

龍馬の読み通り、海舟は江戸に召還されて蟄居、神戸海軍操練所は閉鎖になる。龍馬は蝦夷地行きの好機を逃がしたまま、四年後に暗殺される。

武四郎がこの事情をどこまで承知していたか定かでないが、もし北添が生きていたら、龍馬との出会いにも繋がり、もっと違った展開を見せたはず、と思う。

武四郎の一八六六（慶応二）年六月二十六日の記録には「岡本文平、北蝦夷地より帰り来る」（「自伝」321）とある。岡本は監輔ともいい、早くに武四郎と会って北蝦夷地の開拓を決意し、単身現地に赴いてロシア兵の横暴ぶりを見る。箱館に戻って奉行の許可を得て再び北蝦夷地に赴き、帰国して武四郎を訪ねたのである。

話の内容は記されていないが、この二年後（慶応四、明治元年）、岡本の意見を採用した朝廷は、箱館裁判所を設置し、岡本は樺太の権判事として農工民二百人を率いて渡ることになる。武四郎が妻と相談して、水戸藩の加藤木賞三の息子一郎を養子にもらい受けたのは、文久が元治に代わって間もない一八六四（元治元）年三月十二日。「加藤木賞三、一郎を同道致し来る」（「自伝」313）と見える。これにより加藤木家とは切っても切れぬ深い間柄になった。この秋、一志誕生、松浦家に喜びが重なった。

第十章　「北海道」の名付け親

新政府から「道名選定」の命令

武四郎はひたすら蝦夷地に関わる執筆を続けた。一八五七(安政六)年から一八六五(慶応元)年にかけて、「蝦夷地名奈留辺志」「蝦夷漫画」のほか地域ごとに「日誌」を著し、さらに「西蝦夷日誌」一編、二編、「東蝦夷日誌」一編、二編、「東西蝦夷山川地理取調図」「蝦夷闔境《こうきょう》山川地理取調大概図」などを出版した。凄まじい筆力の一語に尽きる。

一八六七(慶応三)年十月、幕府将軍徳川慶喜が大政を奉還し、朝廷が王政復古を発し、政治は幕府から離れて天皇へ移された。だが年明け早々の六八(慶応四、明治元)年正月三日、鳥羽・伏見の戦いが起こり、朝廷は薩長を官軍とし、慶喜を朝敵として追討令を発した。

そんな騒然としたさなかの閏四月六日、武四郎は新政府より上京を命ぜられ、箱館府判事として従五位に叙せられたのである。以後東京府知事付属などに任ぜられ、身辺が急にあわただしくなった。江戸城が無血開城されたが、榎本武揚(釜次郎)は旧幕府脱走軍を率いて蝦夷地に侵攻し、箱館の五稜郭を奪い、蝦夷島臨時政権を樹立した。だが新政府軍の反撃により翌六九年(明治二)五月十八日、榎本は降伏し、戦いは終焉する。

朝廷・新政府はすかさず五月二十二、三日、上局会議及び下局会議を開き、皇道の興隆と蝦

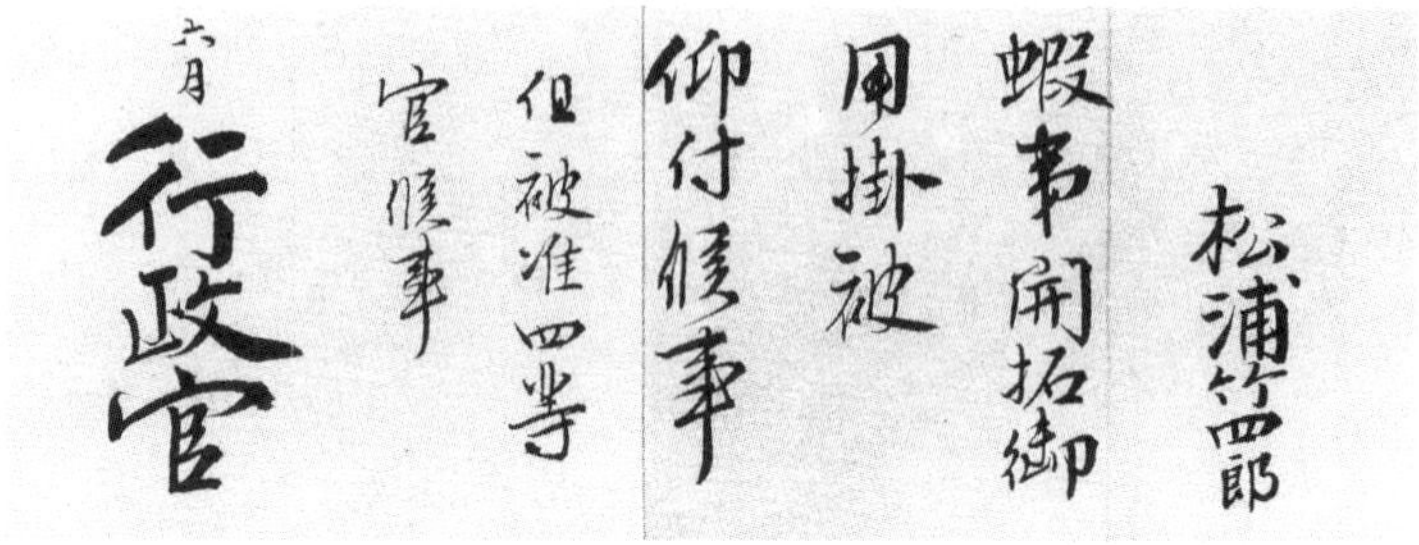
松浦竹四郎
蝦夷開拓御用掛被仰付候事
但被准四等官候事
六月
行政官

辞令　蝦夷開拓御用掛　明治２年６月
（松浦武四郎記念館　三重県松阪市）

夷地開拓の二件を勅問し、新政権の最重点政策が決定した。最初の、王政復古による皇道の興隆は理解できるとして、その次に蝦夷地開拓を掲げたところに、国際情勢の切迫さを知ることが出来る。それにしてもこの決定の早さは驚くほどである。

六月四日、前肥前藩主、鍋島直正が蝦夷開拓督務に任ぜられた。直正は六日、腹心の島義勇と、蝦夷通で名高い松浦武四郎を蝦夷開拓御用掛に任じ、武四郎に対し蝦夷地の「道名国名郡名」の選定を命じたのである。

これにより武四郎と島義勇は再び顔を会わせる。武四郎五十二歳、島四十八歳。新政権のもと、蝦夷地の開拓という重要な舞台に立ち、真剣な論議が交わされたのはいうまでもない。

武四郎が蝦夷地に替わる地名を書いた「道名之儀取調候書付」を提出したのは七月十七日。六つの候補名を挙げた。同時に国名郡名を上げて「十一国八十六郡を置く」ことを提案した。十一国とは渡島、後志、石狩、天塩、北見、胆振、日高、十勝、釧路、根室、それに千島。千島には現在の北方領土と呼ばれる国後島、択捉島、色丹島、歯舞諸島が含まれている。北蝦夷地は樺太として北海道とわけた。

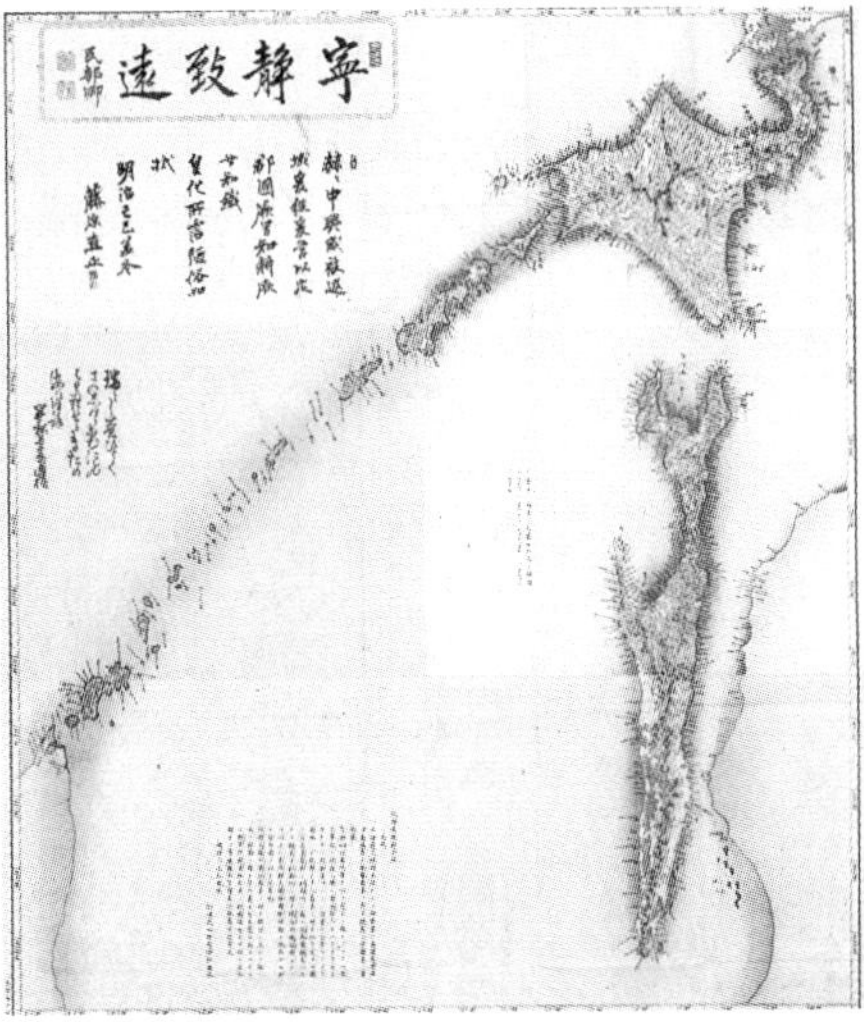

「北海道国郡図」（松浦武四郎　1869年）

蝦夷地に替わる六つの地名候補は次の通り。

日高見道
北加伊道
海北道
海島道
東北道
千島道

おやっ、と思われる方がおられるかもしれないが、二番目の「北加伊道」が「北海道」となるのである。それにしてもなぜ、北海道なのか。

まず蝦夷開拓督務より武四郎に示された仕事が「道名国名郡名の選定」である。一目見て最初から「道」をつけることが約束されていたと判断できる。

なぜそうなったのか。理由は朝廷及び新政

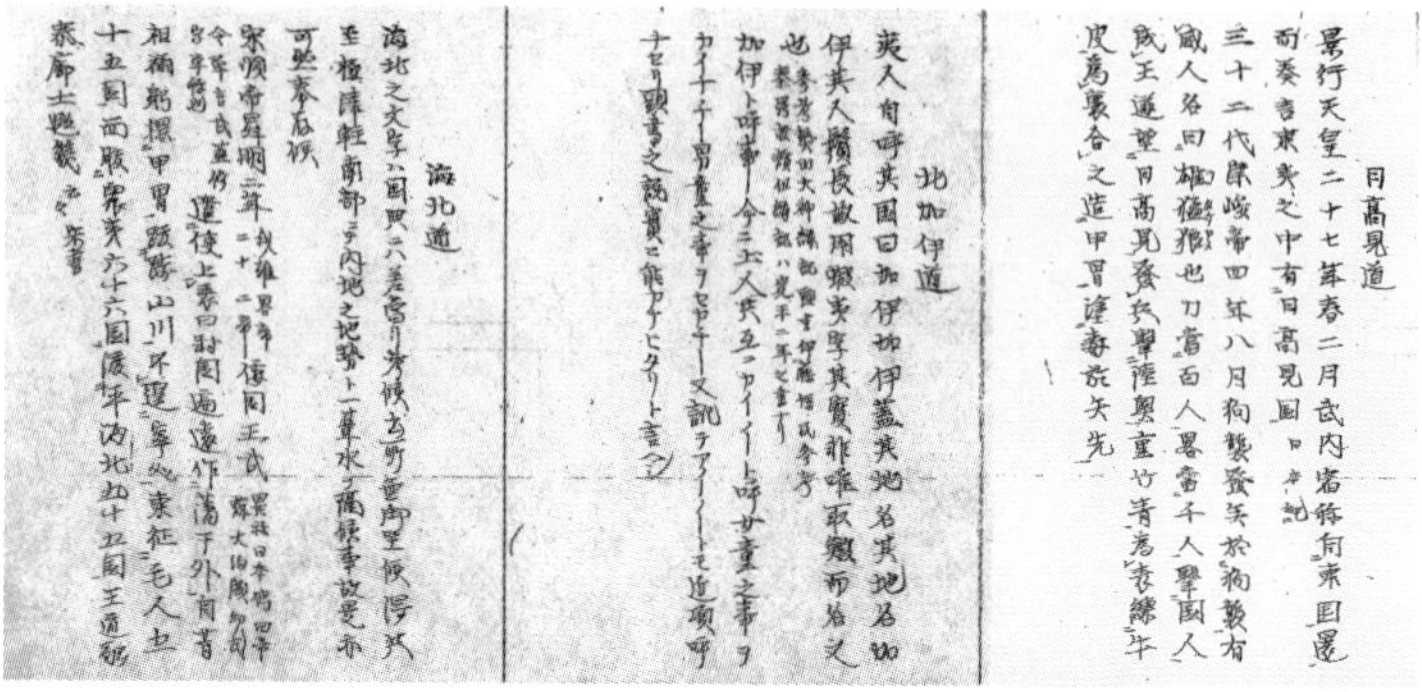
日高見道

北加伊道

海北道

北加伊道の文字が見える「道名之儀取調候書付」
（松浦武四郎記念館　三重県松阪市）

府が古代の律令制に基づく地方区画の「五幾七道」の制度に、それまでどこの国ともわからない宙ぶらりんだった蝦夷地を含めたのである。五幾とは山城、大和、摂津、河内、和泉であり、七道とは東海道、東山道、北陸道、山陰道、山陽道、南海道、西海道である。つまり天皇制国家の支配領域に新たに組み入れたというわけ。急いだ理由はここにあったことがわかる。

だから最初から地名に「道」をつけなければならなかったのである。ちなみに東山道とは近江、飛騨、信濃、上野、下野から出羽、陸奥までを範囲としている。このように他の「道」が国と国を貫く地域を指すものであるのに対し、蝦夷地は九州全体を西海道としたのと同様、（南海道は四国と紀伊を含む）島全体を一括りにしたのが特徴である。

「カイ」にアイヌの心を込める

武四郎に「道名」選定が命じられた段階で「北海道」は、すでに既定の事実だったとする識者もいるし、その地名は、水戸藩主徳川斎昭の著書「北考未来考」附録「山海二策」の付図に「北は千島よりカンサッツカ迄北海道と定」とある。

武四郎とて容易に「北海道」の地名が思い浮かんだに相違ない。もっと言うなら、この名しかなかったとも言える。そこで武四郎の持つ洒脱さが発揮された、と筆者は見る。六つの地名についてそれぞれに、納得するか否かは別として、歴史的な経緯を加えた。

北加伊道についてのみ紹介すると、こうである。

北加伊道

夷人自呼其国曰加伊　加伊蓋其地名其地名加伊
其人鬚長故用蝦夷字其実非唯取鰕而名之也
加伊ト呼事今ニ土人共互ニカイノート呼　女童之事ヲカイナチー　男童之事ヲセカチー
又訛テアイノートモ近頃呼ナセリ　頭書之説実ニ能力ナヒタリト言ヘシ

最初の部分の読みは「夷人自らその国を呼んで加伊といわく」である。

「加伊」は天塩川を探査したとき、音威子府の茂島の長老アエトモから、「カイとはこの国に生まれた者、ナーは貴人の尊称」と教えられ、「カイこそアイヌの人びとの国にふさわしい」と考えたからにほかならない。

だから「加伊」は武四郎にとって、アイヌ民族の大地であることを示す最大の理由だった。「加伊」が「海」に変わるのも想定内だったと考える。「北海道人」のペンネームを持っていたので、照れくさくて「加伊」にしたという主張もあるが、この名を用いたのは後年であり、これは当たらない。

さて、「カイ」そのものに異論を挟む人が現れた。言語学者として名高い金田一京助教授である。「蝦夷名義考―カイ説の根拠について」（『金田一京助全集』第十二巻）によると、最初に武四郎のこの項の全文を掲げたうえで、「カイとは此国に生れし者の事、ナとは貴人を指し、旦名《だんな》等と言て、尊敬の意なりし」の部分を取り上げてこう記した。

恐らく、松浦翁ご自身の考えで、自分の頭にもっていた考えを、古老の言に附加している。現に「ナとは云々」とあるけれどこの時、古老の言ったのはカイノであって、カイナではなかったはずだから、古老が「ナとは云々」とその時言うはずもないのに言わせている。思い出して書きながら、うっかり自他混同を生じているらしいのである。第一、山中の老夷が、国語の「旦那」（梵語であって、そのナは、日本のおきな・おうななどのなとは全く関係ない）の語原など、とやかく言えるわけでもない。松浦翁自身の語原意識らしい。果して言うに落ちず語るに落ちて、後段『またナを尊敬の意とは如何にも内地にても有（り）しことなり』と自白しておられる。

そのうえで「こういう無知から無謀に湧いた臆説を、世間が易々と受け入れてカイ説を主張するのは『溺れるものがワラをもつかむ』ように自説に役立つものを無批判に援引したものにほかならない」と、かなり感情的ともとれる文章で糾弾している。

この文章が世に出たころ、武四郎はすでにこの世を去っていた。その後、多くの研究者が「カイ」について論述しているが、確かに「カイ」を「この国に生まれし者」とするアイヌ語は、現時点では見つかっていない。

北海道新聞二〇一六（平成二十八）年十月九日付け「異聞風聞」で村山健編集委員は武四郎の心情に触れてから、自身の推測を含めてこう書いた。

（武四郎は）王政復古によって、天皇の下ですべての国民が平等になれば、アイヌ民族は開放されるはずと考えた。だから「加伊」でも「海」でも、維新政府下の新しい名前に「アイヌの国」という意味が込められればいいと思った。武四郎さん、違いますか。

なかなかうんちくに富んだ文章である。

松本十郎の批判

地名の「北海道」とは別だが、武四郎の書物を鋭く批判したのが開拓判官の一人、松本十郎である。松本は最初、根室に赴任し、島義勇、岩村通俊に次いで一八七三（明治六）年、開拓大判官として札幌に着任するが、現地を歩いて次のように書いたのである。

松浦氏ノ紀行ハ全ク土人ノ聞書タルコト判然、又絵図亦《また》頗《すこぶ》ル齟齬《そご》セリ。烏乎《ああ》都人士能《よ》ク人ヲ欺《あざむ》ク。第一石狩、十勝両水源ノ位地天ニ誤ル。今度道案内ノ土人老人（セッカウシ）笑云《わらっていう》。松浦（ニシパ）殿ト云儀川上ノ土人コタン村ナリマデ登ルノミ。何ゾ如此ノ深山ノ水脈山脈ヲ知ラントヤ。（「石狩十勝両河記行」363）

武四郎の紀行文は、石狩川と十勝川の水源が誤っているとし、実際は踏査しておらず、アイヌの人たちからの聞き書きとし、絵図は間違いだらけ、と指摘したものである。松本の「石狩十勝両河記行」は一八七六（明治九）年六月の石狩河筋調査の「記行」であり、一九一六（大正五）年に著述されたものである。

武四郎の文面のなかには、調査が出来なかったら、その旨を記す場面がしばしばあるので、文字通りそのように理解してきたが、松本の主張が本当となると、事はいささか面倒になる、とそこまで考えて、ハタと筆を止めた。

松本は新政府軍に抵抗した庄内藩の藩士で、戊辰戦争の敗者にも関わらず、薩摩の西郷隆盛の強い推挙で開拓使の六人の判官のうちの一人に登用された。判官は武四郎や島義勇、岩村通俊ら。根室の判官として赴任した松本は「逆賊」の烙印を押された側だけに、屈辱的な暮らしをするアイヌの人たちを、和人と平等に扱った。自らの立場をアイヌに重ねて、普段はアイヌの衣服アッツシを着用したので、「アッツシ判官」と呼ばれた。後に開拓長官黒田清隆の意を受けて、岩村通俊更迭後の開拓大判官となる。

札幌本府に着任した松本は管内各地に足を延ばして、武四郎の文章や絵図が現地と異なるのを見て、またアイヌの人びとから話を聞いて、「都人士能ク人ヲ欺ク」と激しく追及したのである。なぜこれほど憤慨しなければならなかったのか。松本にすれば、武四郎はアイヌの人たちを使って、踏査もしないまま文章を書き、絵図を描き、水戸藩に取り入って幕府役人に成り上がった。「蝦夷通」を巧みに使って新政府の高官になり、道名国名郡名選定の仕事をした。そのやり方は奢《おご》りの極みと見たのであろう。

敗者の気持ちがわかる自分こそアイヌの人たちの最大の理解者であり、武四郎など偽善者そのものとして、厳しい攻撃に出た、と判断できる。

潔癖な性格の松本は、この後に起こる「樺太・千島交換条約」で日本国に従属することになった樺太アイヌの人びとを、樺太に近い宗谷に移すが、開拓使の意向で対雁への移住が決まる。激怒した松本は長官黒田に対して抗議の便りを送り、辞職する。

ではなぜ武四郎は、こんな糾弾されるようなことを仕出かしたのか。その原因が武四郎自身の筆まめから生まれた、と指摘したい。

武四郎は蝦夷地を少しでも理解してもらおうと、幕府御雇を退職してほどなく、「蝦夷地名奈留辺志」「蝦夷漫画」及び「東西蝦夷山川地理取調図」などを相次いで出版した。一八六一（文久元）年には、幕府御雇として勤務中の三年間にわたり、箱館奉行に提出した報告書「東西蝦夷日誌」（「廻浦日記」三十巻、「東西蝦夷山川地理取調日誌」八十五巻、計百十五巻）をもとに、

松浦開拓判官
依願免本官
但位階返上之事
三月
太政官

辞令　開拓判官退任　明治３年３月
（松浦武四郎記念館　三重県松阪市）

一般向けの読み物を出版した。

まず「後方羊蹄日誌」を、続いて「石狩日誌」「久摺《くすり》日誌」「十勝日誌」と発刊し、翌年は「夕張日誌」を、翌々年には「納紗布日誌」「知床日誌」「天塩日誌」を出版した。そのなかで武四郎自身が、「同好の士の臥遊《がゆう》に供す。依て文の疎漏のあらん事敢て蔑視なし玉ふ事なし、猶其地を審《つまび》らかにせんと欲し給ふ意有らば、原稿を熟閲なし玉ん事を希ふのみ」と各日誌の凡例に記している。実際は行っていないところも興味をもって読めるよう面白く、フィクションを交えて書いたので、正しくは「報告書」を見てほしい、というのである。

本来は箱館奉行に提出した「報告書」こそが原日誌なのだが、大衆向けの本が先に出版されて、厳しい批判に繋がったといえる。ちなみに「西蝦夷日誌」六編及び「東蝦夷日誌」八編のうち、一、二編が発刊されたのは一八六五（慶応元）年。以後、一八六九（明治二）年から一八七三（明治六）年にかけて続編のほとんどが発刊され、すべて完了したのは一八七八（明治十一）年だった。

松本が開拓大判官となり、札幌に着任したのは一八七三年だから、原日誌である報告書を読んだ可能性もあるが、それなら追及されるべき部分はない。おそらく松本は一般向きの「石狩日誌」、「十勝日誌」を読み、また「東西蝦夷山川地理取調図」をみて、その過ちを突いたと考えたい。いずれにしろ前段の金田一とこの松本による指摘は大きな影響を及ぼし、武四郎の評価は凋落して立ち直れないまま経緯したのは否めまい。

なお、武四郎が幕府御雇として、箱館奉行に提出した「原日誌」（一八五六～五八（安政三～五）年の調査）に本格的な光が当てられ、活字化され出版されるのは、「廻浦日記」三十巻が一九七八（昭和五十三）年、「丁巳日誌」二十四巻が八二（五十七）年、「戊午日誌」六十一巻が八五（昭和六十）年である。百二十年余の時を要してのことであった。

一畳敷き書斎
（国際基督教大学泰山荘
東京都三鷹市）

一畳敷き書斎「草の舎」で執筆

話を戻して、武四郎は「道名之儀取調候書附」を提出して八日後の七月二十五日、それまでの蝦夷開拓御用掛から開拓大主典になり、続いて八月二日、開拓判官に任じられた。島は首席開拓判官の要職についた。九月十九日には「北海道々名、国名、郡名選定為御手当」として金百円が下され、叙従五位を授かった。

武四郎は北海道へ赴任する島と膝つき合わせて、北海道の中心となる大府の設置場所を相談したのは当然である。そこで石狩（札幌）が最適と決まった。だがその矢先、初代開拓長官の鍋島直正が高齢を理由に辞職し、公卿の東久世《ひがしくぜ》通禧《みちとみ》が二代目長官になる。

武四郎は開拓長官の東久世に対して、北海道を開拓するうえで重要な改正点として、三点の方策を提示した。第一に松前藩を他に移す、第二に場所請負人制を廃止する、第三に北海道を諸藩に分割して支配させる、というもの。長官は、第二、第三は可能だが、第一の松前藩を他に移すは不可能と答え、第二、第三を急ぎ実行に移した。

武四郎は、これではアイヌの人びとを救うことにはならないとして、辞任を申し出たが、島に留められ、撤回する。

ところが長官は、第二の場所請負人制の廃止令を出したのに、請負人らに反対されて、すぐ引っ込めてしまう。失望した武四郎は一八七〇（明治三）年二月、またも辞任を申し出、一カ月後の三月三十日に許された。位階は返上した。在任僅か十カ月だった。新政府は武四郎の功績を讃えて表彰。終身十五人扶持とした。

この間にも武四郎は「西蝦夷日誌」三～六編、「東蝦夷日誌」三～六編と書きまくった。

武四郎には妻「とう」との間に、娘の「いし」がいたが、一八七三（明治六）年十月四日、病にかかり亡くなる。まだ十歳だった。五十六歳になる武四郎は父として何も報いてやれなかったのを悔い、ひとり書斎にこもり、泣き崩れた。

一八七六(明治九)年、武四郎は馬角斎《ばかくさい》というペンネームで「馬角斎茶余」という本を出した。絵の隅に「馬角斎」の印が見える。同じ年に上野東照宮に大神鏡を奉納し、「馬角斎茶話志之所集者」と記した。同じころと思うが、絵図「蝦夷人鶴の舞図」に「しら雪のつはさおもへはえそ人か　袖うちはふくたつか舞かな」の一首を添え、「北海道人」と認《したた》めたうえ、同じ「馬角斎」の印を押した。バカクサイの真意はどこにあるのか。武四郎らしい洒脱さだけではない何かを、感じる。

一八七九(明治十二)年、娘の七回忌を済ませた武四郎は、妻とともに旅に出た。伊勢から吉野、京都、大阪と歩きながら、吉野吉峰神社、大阪天満宮などを訪れ、大神鏡を奉納した。

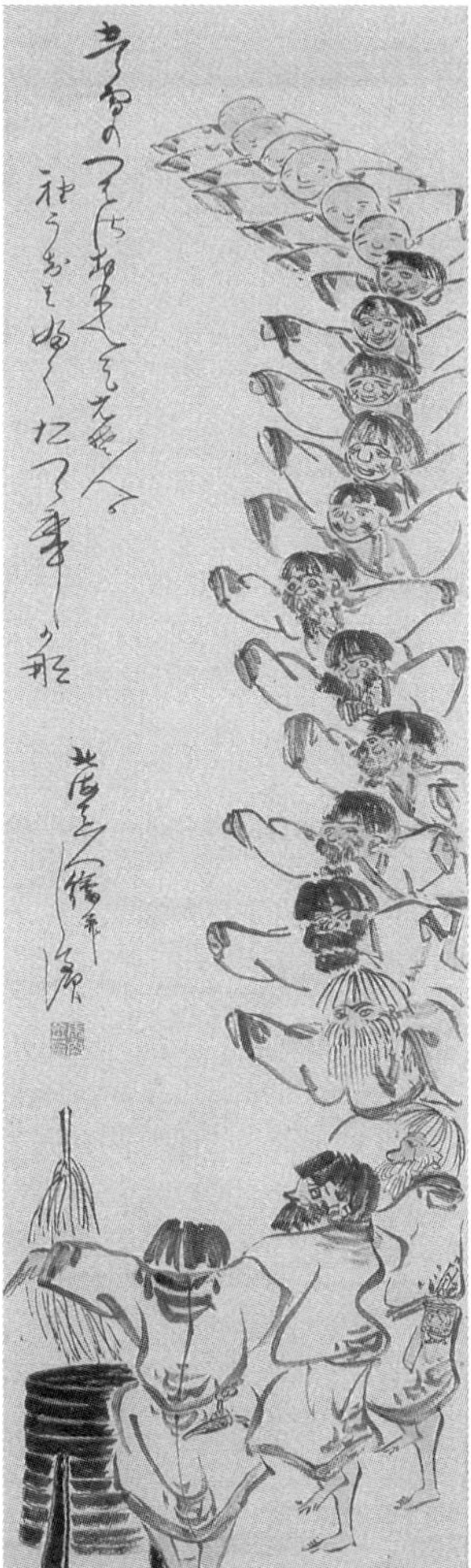

北海道人のサインと「馬角斎」の印が見える「蝦夷人鶴の舞図」
（松浦武四郎記念館　三重県松阪市）

旅のつれづれに北海道の山や川をめぐった日々が甦り、同時に自分が求めたアイヌの人たちへの救済策が少しも進まないのを悔いた。それはこの時期の日記からも想定できる。

武四郎の心配した通り、開拓使のアイヌ行政はむしろ逆の方向に進んでいた。一八七八(明治十一)年、政府はアイヌの人たちを「旧土人」と呼ぶことに決めた。以後も同化政策が進められ、「北海道旧土人保護法」が帝国議会で制定されたのは一八九九(明治三十二)年。本来は保護されるべきはずの法律なのに、逆に差別が進んで人権は踏みにじられ、暮らしも、文化も、言語も、すべてがことごとく破壊されていった。悪法とされたこの「保護法」が廃止になり、「アイヌ文化振興法」が成立したのは一九九七(平成九)年。武四郎が幕府の箱館奉行に訴えてから百五十一年目、明治政府に訴えてから九十九年が経過していた。

差別が平然と行なわれていた時代に、それを許さなかった武四郎という人物がこの北海道にいたという事実を、私たちは噛みしめなければなるまい、と思う。

武四郎はその後、十数回も引っ越ししながら、北海道のことも含めて書き続けた。一八八六(明治十九)年には、神田五軒町の本宅そばに、「草の舎」という一畳敷きの書斎を建てた。

この書斎は全国の由緒ある神社、仏閣などから古材を譲り受けたり、友人、知人から送られてきた古材を使って建てたもの。伊勢神宮から柱四本、広島の厳島神社から南窓下の脚絆板《はばきいた》、京都の大徳寺から廊下入口の欄間、といった具合である。信仰心の厚い武四郎ならではのもので、これは後に発行した「木片勧進《もくへんかんじん》」に記されている。

武四郎はこの書斎に籠もり、執筆したり、これまでに蒐集した石器や土器、古銭、古鏡など

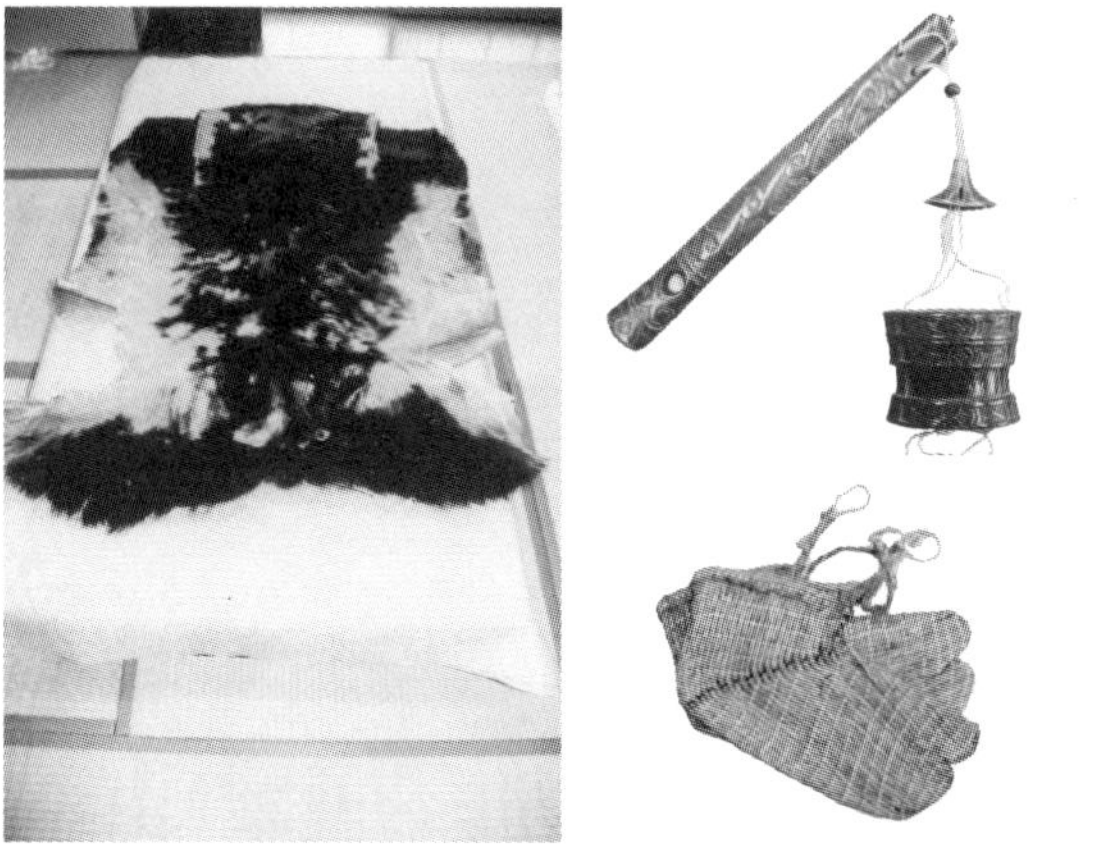

武四郎が持ち帰ったクマの皮、木製煙草入、シナ製足袋
（松浦武四郎記念館　三重県松坂市）

の研究を続けた。

富士登山の後、倒れる

武四郎は執筆のかたわら、子供のころから大好きだった旅や山登りを楽しんだ。一八八五（明治十八）年、六十八歳の春には東海道から京都、大阪を回り、大和吉野から大台《おおだい》ケ《が》原山《はらやま》に、さらに三峰《みつみね》山《さん》などに登った。秋には「聖跡《せいせき》二《に》十《じう》五《ご》霊社《れいしゃ》順拝《じゅんぱい》双《すご》六《ろく》」を作成している。

武四郎はその年から三年続けて大台ケ原山に登った。この山は奈良県と三重県の県境をなす台高山脈で、主峰の日出ケ岳（標高一、六九五メートル）を中心に広がり、山の上部が台地になっている。武四郎は水利に恵まれたこの台地を、早くから開拓したい、と思っていた。だが年配者の登山というので、案内人をつけてやっと登ったのだった。

この三度目の大台ケ原山登山（一八八七　明治二十年）を果たした武四郎は、わが家に戻ると休む間もなくまた出立し、富士山に登った。頂上に着いたのは八月二十四日夕方。武四郎は日誌にその感激を記した後、次の一首を詠んだ。

三柱《みはしら》の神しづまる山にして
御仏《みほとけ》おがむ身こそうれしき
（「丁亥後記」）

武四郎は山を神と崇めて、ひたすら人間としての道を歩み続けた、といえる。

武四郎に突然、不幸が襲ったのは一八八八（明治二十一）年二月四日。七年前に亡くなった東京・下谷の親友、鷲津毅堂宅を訪ねるが、そこで急に倒れ込んだ。鷲津家の家人らが武四郎を抱えて、神田五軒町にある一畳敷き書斎「草の舎」に運び込んだが、六日後の十日午前四時、息を引き取った。死因は脳溢血。七十一歳だった。

「木片勧進」の最後の「壁書」には次のように書かれていた。

死せば毀《こぼ》ちて此材にて亡骸を焼き、其遺骨《その》は大台山に遣《や》り呉《くれ》やうと、其は其時の機に計ひてよとしるし置。この一筆もおほつかな誰に問ましいかにして始も果もしれる我身を。
明治十九年十二月三十一日夜灯火のもとにしるして。

世の中につり合ぬ身ぞやすからん

暮行年《くれいくとし》のいとなミもなく　　草の舎のあるじ弘

文面から、一年二カ月前の大晦日に認《したた》めたものとわかる。

朝廷は叙従五位と祭粢料を下賜した。遺族は、武四郎の遺書にある「書斎の材で亡骸を焼き」は避けて、遺体を称福寺の墓所に埋葬し、墓を建てた。後に豊島区駒込の染井墓地に移す。墓に刻まれた戒名の「教光院釈遍照北海居士」の「遍照北海」の文言が、その生涯を表している。

もう一つの遺言である「遺骨は大台ケ原山に埋めるよう」に基づき、遺族は武四郎の歯を「分骨」として、奈良県の同山の名古谷に葬った。

染井霊園の松浦武四郎墓
（東京都豊島区）

焼かれずに残された一畳敷き書斎「草の舎」は、経過を辿って現在は東京都三鷹市の国際基督教大学泰山荘のなかに保存されている。

武四郎の作品は、孫の松浦孫太により雑誌「世界」に「簡約松浦武四郎」、「再校蝦夷日誌」、「近世蝦夷人物誌」、「燼心餘赤《じんしんよせき》」などとして一九一一（明治四十四）年十月から一九一五（大正四）年二月にかけ連載された。

大台ケ原名古屋谷に建つ
松浦武四郎分骨碑
（奈良県吉野郡上北山村）

活字本として我々が手に出来るようになるのは一九二八（昭和三）年発刊の正宗敦夫編「多気志楼蝦夷日誌集」三巻のみ。以下はずっと下って戦後も一九六三（昭和三十七）年に吉田常吉編「蝦夷日誌」上下が、続いて六三年から七〇年代にかけ吉田武三著「拾遺松浦武四郎」、「定本松浦武四郎」、「松浦武四郎紀行集」などが出版された。決定打となったのは七八（昭和五十三）年に北海道出版企画センターから出版された高倉新一郎解読「竹四郎廻浦日記」である。以後、武四郎関連の文献は秋葉實により「東西蝦夷山川地理取調日誌」、「手控《てびかえ》」（フィルドノート）などが次々に発刊され、武四郎研究は一気に高まった。

さて、武四郎が定めた「北海道」と国名郡名は、明治時代に一度、三県一局制に改められたときも変わらず、大正、昭和と続いた。一九四五（昭和二十）年、太平洋戦争の敗北により北方領土が奪われ、千島国の国名は事実上なくなったが、その他の国名郡名は特別の地域を除きそのまま継承されている。

二〇一七（平成二十九）年、北海道議会は武四郎が「道名之儀取調候書付」を提出した七月十七日を「北海道みんなの日」と決めた。

二〇一八（平成三十）年八月十五日は、北海道と定められて百五十年目に当たる。武四郎が晩年を過ごした「草の舎」の前に佇むと、武四郎がいまもなお、北の大地「北海道」を見守っているような思いに駆られる。

おわりに

この本は北海道科学文化協会の要請により、道内の中学、高校生を対象に、中学校、高校の図書館常備用に出版した『北海道の名づけ親、松浦武四郎』と、月刊クオリティ（二〇〇六年五月号～二〇〇八年五月号）に連載したものをもとに改めて構想を練り上げ、大幅に書き直した作品です。

随所に武四郎が書いた古文書類を用いたほか、新たな視点に立って入手した資料も加えて書き込んだので、最初の作品のほぼ倍の分量になりました。

執筆に当たっては、手元に活字化された『校訂蝦夷日誌』三冊をはじめ合計十二冊もの著書があり、『石狩日誌』など地域の日記類も四冊あったので、『新版松浦武四郎自伝』と合わせて、膨大な文献と取り組む難作業になりました。

書き終えたいま振り返って、これまで多くの作品を執筆してきたが、今回の作品は二十余年前に書き直しを重ねてやっと出版にこぎ着けた『裂けた岬』に匹敵する凄さだった、と改めて実感しています。

読んでおわかりの通り、松浦武四郎はまだ開拓が進んでいない蝦夷地・北海道を訪れ、六回にわたって踏査・調査し、私人として『蝦夷日誌』（初稿・再航・三航）三十五巻、幕府箱館奉行御雇の立場で『竹四郎廻浦《かいほ》日記』『丁巳《ていし》東西蝦夷山川地理取調日誌』『戊午《ぼご》東西蝦夷山川地理取調日誌』百十五巻を書き、さらにさまざまな書物を著しました。

この本は、子供のころから冒険心が強く、しかも信仰心の厚かった武四郎が、諸国を回るうち、「北辺の危険」を知って北海道へ向かい、さまざまな苦難に立ち向かいながら調査を重ねる姿を記録とともに書いています。

漁師に姿を変えたり、藩医の草履取りになったりして、北海道はもとより樺太(いまのロシア・サハリン)やわが国固有の北方領土である国後島、択捉島までも探査し、やがて幕府の箱館奉行御雇に取り立てられ、松前藩から蝦夷地を請け取る幕府代表の向山源太夫に従い、蝦夷地から樺太にも足を延ばします。この間に新道開削の計画見込書を書き、アイヌの人たちの働きや暮らしぶりを調査し、向山亡き後は、箱館奉行の命に基づき、石狩川や天塩川などを遡り、内陸地帯を踏査しています。

この三年間にわたる踏査で、手つかずの北海道の底知れぬ豊かさに触れ、素晴らしい将来性を確信した武四郎は、一日も早い開拓を願い、新道開削計画を建白します。それと同時に虐げられているアイヌの人びとの救済を強く訴えたのです。

だが幕府は、開拓には力を入れますが、アイヌの実情には手をつけようとはせず、「近世蝦夷人物誌」刊行願いに対し、箱館奉行より「注意の趣にて出版相成らず」との下げ紙付きで却下されたのです。

この本を読んで、アイヌの人たちに対する虐待の文章が随所に出てきて、眉を潜められた方も多かった思いますが、実際に書かれた部分はもっと多く、筆者をうろたえさせたものでした。武四郎に関する書物は数々ありますが、全体的に言うとアイヌの人たちにはことさら触れないでまとめた本が圧倒的に多いように思えます。

それは置いて、もし武四郎が幕命（一八五六〜五八）を受けず、そのまま江戸にいたら、吉田松陰・頼三樹三郎らと同様、尊皇攘夷派の過激分子として「安政の大獄」で処断される運命にあったのではないか。だとすると、武四郎が北方の脅威に気付き、蝦夷地の探査に熱中していたお陰で、恐ろしい事件から逃れることができた、と思ったりするのです。

明治新政府が生まれると、武四郎は「蝦夷通」として開拓使に召され、道名国名郡名をつける仕事に当たります。それまでの経験を生かして、「北海道」の道名及び、国名、郡名をつけますが、そのときに定めた十一国八十六郡は、大筋でいまも踏襲されています。

でも武四郎は道名選定が済むと、さっさと辞めてしまいます。その最大の原因が、アイヌの人たちを虐げる場所請負人制の廃止がやっと決まったのに、請負人らの反対に遇った開拓長官が、それを取り消したことによる絶望感からでした。

開拓使を辞職した武四郎は官位を返上して、一市井人として北海道に関する文書を執筆し、いちいち許可を得て出版を続けたのです。その不屈の精神には、頭の下がる思いがします。

この本を書きながら思ったのは、明治時代に武四郎のような気概を持つ人が多くいたなら、アイヌの人たちに対する対応はもっと異なっていたはずだし、いまとは違った北海道開拓が進められていたはず、と思うのです。

二〇一八年は武四郎の生誕二百年、没後百三十年に当たります。また新政府の蝦夷御用掛となり、「北海道」と名づけてから百五十年に当たります。

道内の市町村のそこここには、武四郎の足跡がいまも数多く残っています。一度その歴史の道を歩いてみてはいかがでしょうか。武四郎の心情が伝わってくると思います。

最後になりましたが、この出版に意欲を燃やしてくださった北海道出版企画センター野澤緯三男社長をはじめ、取材に協力して下さった方々、そして古文書の提供や解読、写真撮影などに協力して下さった方々に、深く感謝申し上げます。

二〇一七年新春

合田一道

取材協力

次の方々にご協力をいただきました。氏名を掲げ、感謝の意を表します。

松浦武四郎記念館（松阪市）、札幌市中央図書館、石狩川開発建設部（札幌市）、CBツアーズ（札幌市）、北海道遺産構想推進協議会（札幌市）、石狩川振興財団（札幌市）、旭川開発建設部（旭川市）

紺野悟郎、大窪進、斉藤重一、深畑勝広、三浦泰之、森山祐吾、奥田静夫、下斗米哲明、中松一弘、三浦園子、倉増充啓、馬場仁志、佐久間康介（以上札幌市）、野沢秀徳（滝川市）、高瀬英雄、山本命（以上松阪市）

参考文献

笹木義友編『新版松浦武四郎自伝』（北海道出版企画センター　二〇一三）
松浦武四郎　秋葉實翻刻・校訂『校訂 蝦夷日誌』一・二・三編（北海道出版企画センター　一九九九）
松浦武四郎　高倉新一郎解読『竹四郎廻浦日記』上・下（北海道出版企画センター　一九七八）
松浦武四郎　高倉新一郎校訂　秋葉實解読『丁巳東西蝦夷山川地理取調日誌』上・下（北海道出版企画センター　一九八二）
松浦武四郎　高倉新一郎校訂　秋葉實解読『戊午東西蝦夷山川地理取調日誌』上・中・下（北海道出版企画センター　一九八五）
松浦武四郎　秋葉實翻刻・編『松浦武四郎選集』一～六・別巻（北海道出版企画センター　一九九六～二〇〇八）
松浦武四郎　吉田武三編「石狩日誌」・「後志羊蹄日誌」・「久摺日誌」・「天塩日誌」（『松浦武四郎紀行集』下　冨山房　一九七七）
松浦武四郎　吉田武三「燼心余赤」『定本松浦武四郎』下（三一書房　一九七二）
松浦武四郎　松浦孫太編「燼心余赤」（雑誌『世界』106～129号　京華日報社　一九一三～一五）
松浦武四郎　吉田常吉編『新版蝦夷日誌 下 西蝦夷日誌』（時事通信社　一九七四）
秋葉實解読『松浦竹四郎研究会会誌』14号・15号・44号（松浦武四郎研究会編　一九九四・二〇〇四）
松浦武四郎　松浦孫太編「近世蝦夷人物誌」（雑誌『世界』98号　京華日報社　一九一三～一五）
金田一京助「蝦夷名義考―カイ説の根拠について」（『金田一京助全集』十二巻　三省堂　一九九三）
松本十郎「石狩十勝両河記行」（高倉新一郎編『日本庶民生活史料集成』第四巻　三一書房　一九六九）

羽太正養「休明光記」（巻之五）（『新撰北海道史』第五巻　史料編一　北海道庁　一九三六）
勝海舟「海舟日記」Ⅰ（『勝海舟全集』18　勁草書房　一九七二）
北海道庁『千島写真帖』（北海道庁　一九三四）
笹木義友・三浦泰之編『松浦武四郎研究序説―幕末維新期における知識人ネットワークの諸相』（北海道出版企画センター　二〇一一）
佐野芳和著『松浦武四郎　シサム和人の変容』（北海道出版企画センター　二〇〇二）
渡辺隆編著『江戸明治の百名山を行く―登山の先駆者松浦武四郎』（北海道出版企画センター　二〇〇七）
北海道『新北海道史年表』（北海道出版企画センター　一九八九）
北海道開拓記念館編『松浦武四郎　時代と人びと』（北海道出版企画センター　二〇〇四）
小松哲郎編著『ゆたかなる大地―松浦武四郎が歩く』（北海道出版企画センター　二〇〇四）
榊原正文編著『武四郎千島日誌』（北海道出版企画センター　二〇〇四）
北海道総務部文書課編『えぞ地の開拓』（北海道新聞　一九六五）
山田秀三編『北海道の地名』（北海道新聞　一九八四）
西鶴定嘉『樺太叢書　樺太探検の人々』（樺太文化振興会　一九三九）
梅木孝昭『サハリン松浦武四郎の道歩く』（北海道新聞社　一九九七）
大山晋吾著『北海道の名付け親　松浦武四郎の生涯』（三雲町　一九九二）
合田一道『北海道の名付け親　松浦武四郎』（北海道科学文化協会　二〇〇八）
合田一道『松浦武四郎の道を行く』（雑誌「クオリテー」連載　二〇〇六〜〇八）

松浦武四郎年表

		武四郎年齢	
一八一八	文化一五年［四月二十二日　文政と改元］		二月六日、伊勢国一志郡須川村〈三重県松坂市小町江町〉に郷士松浦桂祐（介）の四男として誕生（「自伝」）。名は弘、字は子重、号は崇脩、柳田、柳湖、雲津、北海、馬角斎、多気志楼主人（「自伝」）
一八三〇	文政一二年［十二月十日天保と改元］	13歳	十一月ころ津の平松楽斎の塾に入る（「自伝」） この年父と二度伊勢神宮に参詣（「自伝」）
一八三三	天保　四年	16歳	一月、楽斎塾を辞し家に帰る（「自伝」）。二月一日、江戸に出て山口遇所を訪ねる。下旬、中仙道を通り、善光寺を参詣し、戸隠山に登り、三月中旬帰宅（「自伝」）
一八三四	天保　五年	17歳	九月九日、諸国遊歴の旅に出る。京都に上り坂地に後藤松陰などを訪う。播磨―備前―讃岐―阿波―淡路―紀伊―和歌山（「自伝」）。和歌山県牟婁郡印南谷にて越年（「自伝」）
一八三五	天保　六年	18歳	一月、高野山―和泉―河内―摂津―丹波―播磨―但馬―丹後―若狭―越前―加賀―能登―越中―下呂―中津川―信濃―甲斐―八王子。七月、江戸―日光―仙台―相馬―水戸―香取―銚子―江戸―十一月、遠州―横須賀―鳥羽―熊野路―

			大和—阿波—讃岐（自伝）。香川県八栗山の麓にて越年（「自伝」）。この年の遊歴の一部を記した「飛騨紀行」がある（「神岡町史」・「会誌」68号）
一八三六	天保　七年	19歳	一月、阿波—土佐—伊予—讃岐—阿波—紀伊—京摂—播磨—美作—但馬—因幡—伯耆—石見—長州—出雲—備中—備後—広島（「自伝」）。広島県府中村にて越年（「自伝」）。この時の記録として「四国遍路道中雑誌」がある
一八三七	天保　八年	20歳	一月四日、広島に至り厳島神社に参詣。周防から豊前—肥前—長崎—島原—肥後に入り熊本より阿蘇山に登る。その後も九州各地を巡り、天草の志貴《（貫）》村で新年を迎える（「自伝」）。この時の記録として「西海雑誌」がある
一八三八	天保　九年	21歳	三月、長崎で僧籍に入り、文桂と改める。三月二十八日、父逝去。津川蝶園（文作）らと往来（「自伝」）。長崎県雲仙市で越年（「自伝」）
一八三九	天保一〇年	22歳	五島小鹿に渡ろうとしたが、旅人厳しく果たせず、九十九島などを見物して平戸島に至り、田助浦宝曲寺に住職し、天桂寺の世話を命じられる（「自伝」）
一八四〇	天保一一年	23歳	二、三年のうちに帰国すると七年振りの書簡（二月二六日付）を送る（会誌14号）。長崎から肥前を巡る（「自伝」）
一八四一	天保一二年	24歳	田助浦宝曲寺に江戸から下谷天祥寺の印宗和尚が参詣（「自伝」）
一八四二	天保一三年	25歳	平戸島粉引村千光寺に移転（「自伝」）。九月、朝鮮に渡りたいと壱岐—対馬に至るが実らず帰島し、田助浦で新年を迎える（「自伝」）
一八四三	天保一四年	26歳	平戸の光明寺の院主了縁に詩歌・文事を学ぶ。夏、母の逝去（前年二月十二日）の便りに接し帰省を思い立つ。十月、大坂から京都に至り伊勢に帰る（「自伝」）。十二月、「西海雑誌」（天保八年の紀行）を著す

一八四四　天保一五年［十二月二日弘化と改元］　27歳

二月十二日、母の三回忌、父の七回忌を執り行う（「自伝」）。十五日、法体を解き武四郎にもどり伊勢神宮で蝦夷地への探索を祈願（「自伝」）。二十五日、旅に出る、京都―近江―福井―加賀―越中―柏崎―新潟―新発田―会津―米沢―山形―鶴岡―秋田―弘前―鰺ケ沢（ここで松前渡海を乞うが成らず）（「自伝」）、竜飛岬―三厩―今別―青森―田名部―佐井―大畑―尻矢崎―陸前の唐丹《とうに》村（岩手県釜石市唐丹町）で越年（「自伝」）。この年、東北各地の名山名所をスケッチした「奥州名産図譜」（奥州旅行記）、津軽と下北を記した「東奥沿海日誌」「西国遍路道中雑誌」（天保七年の紀行）を著す

一八四五　弘化　二年　28歳

二月、石巻―松島―仙台―江戸。三月二日、江戸出立―四月、奥州鰺ケ沢から齊藤佐八郎の手船で江差へ渡海。セタナイまで行って戻る。箱館に行き、白鳥新十郎の世話で和賀屋孫兵衛手代として六月八日箱館を発ち東蝦夷地へ、襟裳―釧路―厚岸―標津―知床を調査。知床岬に着し〝弘化二乙巳歳七月十二日卯ノ下刻勢州一志郡雲出川南松浦竹四郎源弘書之〟を標柱に記し、根室、厚岸を経て十月に箱館に戻る。（初めての蝦夷地調査「蝦夷日誌」一編）。松前で山田三川に会う。十一月、津軽に渡海し、鰺ケ沢―深浦―秋田―山形―相馬―水戸で会沢正志斎に会う。江戸帰着（「自伝」）

一八四六　弘化　三年　29歳

一月二日江戸を出立、水戸―相馬―仙台―鰺ケ沢―松前―江差。医師西川春庵のカラフト詰に雲平と名乗り従う（「自伝」）。四月十一日、江差出立、熊石―セタナイ―宗谷、五月二十五日カラフト島シラヌシへ渡り、アニワ湾をクシュンコタンに至り東海岸マーヌイから西海岸クュンナイへ出てシラヌシに戻り七

月十九日宗谷に帰着。二十日出立、モンベツ—アバシリを経て知床岬に至り、昨年の標柱を確認し、〃弘化三丙午八月二日勢州一志郡雲出川南須川村松浦竹四郎従二西部一又致二此処一〃と記す。八月十三日アバシリより船で宗谷へ帰り、イシカリ—千歳—ユウフツを経て九月江差へ帰着（第二回蝦夷地調査「蝦夷日誌」二編）。十一月四日、頼三樹三郎と百印百詩の会を開催し江差に越年（「自伝」）

一八四七　弘化　四年　30歳　江差を発ち松前の山田三川宅に逗留。松前藩の内情を「秘めおくべし」に著す。五月中旬渡海、脇の沢—黒石—弘前—深浦—秋田—新潟—佐渡（一周した記録「佐渡日誌」がある）。九月、出雲崎—加茂—長岡—上総—日光—館林—足利、十一月江戸に帰着（自伝）。市川管斎宅で年をおくる（「自伝」）。「日光山余志」を著す（「年譜」）。

一八四八　嘉永　元年［二月二十八日　改元］　31歳　五月、下総—九十九里—一宮—洲崎—六月下旬、江戸帰着（「自伝」）。市川管斎宅で年をおくる（「自伝」）

一八四九　嘉永　二年　32歳　一月二十一日、江戸出立—土浦—水戸—仙台—三厩より渡海。四月七日松前に着き、柏屋喜兵衛の長者丸で東蝦夷地沿岸を経てクナシリ島・エトロフ島に至り、八月箱館に帰る（第三回蝦夷地調査「蝦夷日誌」三編）。渡海して南部大畑—野辺地—十和田—花輪—盛岡—仙台—相馬—須賀川—江戸帰着（「自伝」）

一八五〇　嘉永　三年　33歳　二月より松前屋敷の市川管斎宅で『蝦夷日誌』の筆を起こす。四月一編、九月二編、十二月三編「蝦夷日誌」三五巻なる（「自伝」）。「東奥沿海日誌」「鹿角日誌」「蝦夷語」「蝦夷志異同弁」を著す（「年譜」）。**『蝦夷大概図』『新葉和歌集』**を刊行

一八五一　嘉永　四年　34歳　江戸滞在、『**表忠崇義集**』を上梓（「自伝」）。『**婆心録**』『**断璧残圭**』『**盍徹問答**』を刊行し忌避にふれる（「年譜」）。「陸奥まし」「なつかし」を著す（「年譜」）。『佐渡日誌』（弘化四年の紀行）を著す。『**蝦夷沿革図**』を刊行。

一八五二　嘉永　五年　35歳　一月二十六日、「蝦夷日誌」三十五巻をもって江戸出立、二月六日津に至り、平松楽斎の逝去を知る（一月二十六日、六十一歳、平松楽斎先生略伝）。大坂—伊丹—岸和田—吉野—伊勢—京都—木曽街道—江戸。斎藤竹堂の逝去を知り、遺族を見舞うため仙台周辺に赴く。九月江戸帰着（「自伝」）。「省南雑志」「梅さがし」「弔北雑誌」を著す（「年譜」）。『**登壇月旦**』を刊行

一八五三　嘉永　六年　36歳　五月、「**読史贅議**」上梓（「自伝」）。六月四日、ペリーの浦賀来航を知る（「自伝」）。六月十八日、吉田松陰ら来る（「自伝」）。八月六日、『蝦夷日誌』三五巻を徳川斉昭に献上。九月十六日、甲州街道—八王子—駒木根—関野—上の原—甲府—韮崎—高島—高遠—天竜川—飯田—名古屋。十月一日、津、二日須川村に帰着（「自伝」）。十月六日出立—十一日京都着、二十六日京都出立—十一月十九日江戸着（「自伝」）。志士と海防策を論じ、密詔宣下のため奔走、「浪合日誌」（「自伝に収録」）を著す（年譜）

一八五四　嘉永　七年　37歳
［十一月二十七日安政と改元］
三月七日、樺太の境界につき幕府に献白（「樺太国境問題献白書」）。五月四日、宇和島藩家老・吉見左膳よりペリー来航中の下田の検分を依頼され、五日下田へ向かう（「自伝」・「巡豆日誌」）。二十一日、下田奉行・森山栄之助と共にポーハタン号に乗船（「巡豆日誌」）。二十六日、江戸に帰る（「自伝」）。六月上旬、山城屋の借家で蝦夷地図作成に入る（「自伝」）。六月二十〜二十四日、浦賀へ

赴く(「自伝」)。七月七日、蝦夷地図(「三航蝦夷全図」)が完成(「自伝」)。九月下旬、小納戸、津田半三郎が、蝦夷地図を狩野探良に浄書させ、書を渡辺慶太郎にさせて幕府へ献上(「自伝」)。この図は、宇和島藩主、水戸藩主、藤堂家などに呈上(「自伝」)。十月十五日、プチャーチンが下田に入港。藤堂藩に依頼され目付・松本十郎兵衛に随行して二十日江戸を出立、下田に向かう(「豆遊日誌」)。十一月四~五日、下田大地震津波によりディアナ号沈没。十一月十三日、下田を立ち十八日に江戸へ戻る。「巡豆日誌」「豆遊日誌」、「下田日記」を著す(「選集」一に収録)。幕府へ樺太境界、鉄山密貿易などについて献策(「年譜」)。「竹島雑志」を著す(「年譜」)。「**壷の石**」(蝦夷地)を刊行

一八五五 安政 二年 38歳

一月九日、柴田収蔵に会う(「自伝」)。十月、「蝦夷日誌」三五巻を幕府へ献上(向山源太夫の薦めによる)(「自伝」)。十一月二十二日、仙台藩主へ「蝦夷日誌」を納本(「自伝」)。十二月二十五日、堀織部正宅で「雇入れと箱館表へ差し遣わす」の命を受ける(「自伝」)。「沖の石」「後方羊蹄おろし」「御代のためし」「壷の石前篇」を著す(「年譜」)。『**後方羊蹄於路志**』『**於幾能以志**』を刊行

一八五六 安政 三年 39歳

二月六日、江戸出立―白河―仙台―盛岡―三月五日箱館着(「自伝」)。三月五日「蝦夷地請取渡差図役頭取」「土人撫育産物取集方等御用」を命ぜられる、三月二十九日、箱館出立―松前―江差、日本海沿岸を五月十九日宗谷着。五月二十三日カラフトシラヌシに上陸し、クシュンコタンから西海岸に出タライカへ、マーヌイに戻り東海岸クシュンナイを経て八月七日宗谷へ帰着(「自伝」)。八月十日、向山源太夫(箱館奉行支配組頭)宗谷にて逝去(「自伝」)。八月十六日、

宗谷出立―オホーツク沿岸―九月七日ノツケ―十六日厚岸―十月一日ニイカップ―十月十三日箱館帰着（第四回蝦夷地調査『竹四郎廻浦日記』三〇巻）（「自伝」）。十二月二十四日、向山源太夫の葬儀を箱館の称名寺で執行（「自伝」）。「蝦夷西海岸新道」を建白する。「東西蝦夷場所境取調書」を著す（「年譜」）。
『**箱館往来**』を刊行

一八五七　安政　四年　40歳

二月八日、「北蝦夷日記」九冊を納本（「自伝」）。四月二三日、「蝦夷地一円山川地理等取調」および「新道新川切開場所」その他の取調べを申し渡される（「自伝」）。四月二十九日、箱館出立、犬塚与七郎同行（「自伝」）。鷲ノ木―ヲシヤマンベ―黒松内―スッツ―石狩―天塩―ナイタイへ―マシケ―ユウハリ―イサリフト―ユウフツ―有珠―クンヌイ、八月二十七日箱館着（第五回蝦夷地調査『丁巳日誌』二四巻）（「自伝」）。十二月三日、「廻るべし」百部著述、差出候に付き手当を貰う（「自伝」）。十二月七日、「丁巳山川取調日誌」（二四巻）献上（「自伝」）。『**新選未知留辺志**』『**蝦夷葉那誌**』を刊行

一八五八　安政　五年　41歳

前年に引続き幕府御雇として蝦夷地一円地理取調方を命じられ、一月二十四日に箱館を発ち、二百五日間に亘り全道各地を調査し八月二十一日箱館に戻る（第六回蝦夷地調査『戊午日誌』六一巻）。九月四日、「山川地理取調図」認め方被仰付候（「自伝」）。十月二十日、箱館出立し、大間に着、盛岡―仙台―福島―白河―宇都宮、十一月二十二日江戸着。十二月八日、「近世蝦夷人物誌」の上木願い提出（箱館役所より注意の趣にて出版相成らずとの下ケ紙付きで却下される）、（「自伝」）。アイヌへ道具類を差し遣わす段、奇特として銀子を賜る、「近

世蝦夷人物誌」一編、「なるべし」を著す（「年譜」）。『**壷の石**』（北蝦夷地）を刊行

一八五九　安政　六年　42歳　五月十日、「山川地理取調図」草稿追々出来、早速上刻仕度奉存候（「自伝」）。七月十日、「戊午日誌」成る、「人物誌」二編にかかる（「自伝」）。九月十八日、福田とうと結婚（「自伝」）。十月二日、「仙台侯言行録」（陸奥まし）草稿出来る（「自伝」）。十二月十九日、病気につき「願之通蝦夷地御雇御免申渡」（「自伝」）。「燼心余赤」「蝦夷訓蒙図彙」「蝦夷名産図会」を著す（「年譜」）。『**蝦夷地名名留辺志**』『**蝦夷漫画**』『**東西蝦夷山川地理取調図**』（全二八枚）を刊行

一八六〇　安政　七年〔三月十八日　万延と改元〕　43歳　一月十九日、「近世蝦夷人物誌」後編を上納（「自伝」）。五月十五日、「北蝦夷余誌」筆耕依頼（「自伝」）。『**蝦夷闔境山川地理取調大概図**』『**北蝦夷余誌**』を刊行

一八六一　万延　二年〔二月十九日　文久と改元〕　44歳　十二月四日、「後方羊蹄日誌」今日出来候（「自伝」）。阿波国老と蝦夷地開拓について議す（「年譜」）。「久摺日誌」「十勝日誌」を著す（「年譜」）。『**石狩日誌**』『**久摺日誌**』『**後方羊蹄日誌**』を刊行

一八六二　文久　二年　45歳　八月十一日、「天塩日誌」成る（「自伝」）。加賀家で蝦夷地開拓について議す（「年譜」）。『**十勝日誌**』『**夕張日誌**』を刊行

一八六三　文久　三年　46歳　五月二十六日、上総・下総・常陸へ行く、六月二日江戸帰着（「自伝」）。『**納紗布日誌**』『**天塩日誌**』『**知床日誌**』を刊行

一八六四　文久　四年〔二月二十日　元治と改元〕　47歳　三月十二日、加藤木賞三、一郎を同道してくる（武四郎の養子一雄、「自伝」）。十一月十三日、一志 誕生（「自伝」）。『**新版箱館道中名所寿語六**』『**新版蝦夷土産道中寿五六**』『**鴨崖頼先生一日百詩**』を刊行

一八六五　元治　二年［四月七日　慶応と改元］　48歳　一月十七日、鈴木尚太郎（茶渓）死去（「自伝」）。『**東蝦夷日誌初・二編**』『**西蝦夷日誌初・二編**』を刊行

一八六六　慶応　二年　49歳　四月一日、西郷吉之助から伝言あり（「自伝」）。六月二十六日、岡本文平北蝦夷地より帰り来る（「自伝」）

一八六七　慶応　三年　50歳

一八六八　慶応　四年［九月八日　明治と改元］　51歳　閏四月六日、大総督宮より急ぎ上京の命（「追記」）。閏四月二十八日、太政官より徴士箱館府判事を命じられ従五位を叙す（「追記」、「辞令」）。五月二十五日、自著および書物・地図を献上により金一万五千疋を賜る（「追記」、「辞令」）。五月二十五日、東海道間道取調べのため東下（「追記」）。八月二十三日、東京府知事付属に（翌二年二月四日まで。「追記」）

一八六九　明治　二年　52歳　二月八日、東海道筋間道通行上京の命（「追記」）。六月八日、蝦夷開拓御用掛を拝命（「追記、辞令」）。「道名国名郡名選定之議」を命じられ、七月十七日「道名之儀取調候書付」を提出。北加伊道など六案。二十五日、開拓大主典を拝命（「追記、辞令」）。八月二日、開拓判官を拝命（「追記、辞令」）。道名国名郡名を撰定（「年譜」）。八月十五日、蝦夷地を「北海道」と改称する。九月十九日、従五位を叙す（「追記」）。「北海道国郡図」「北海道国郡略図」を献じ、「蝦夷志」「千島一覧図」「都理波志」を著す（「年譜」）。『**千島一覧扇面**』『**北海道国郡略図**』『**北海道国郡図**』『**蝦夷志**』『**西蝦夷日誌三編**』『**東蝦夷日誌三・四編**』を刊行

一八七〇　明治　三年　53歳　一月二十四日、新年御歌会始めに、開拓長官・東久世通禧と共に招かれ和歌を詠む、「へたてなき春の光に北の海の波のはつ花今や咲らむ」。三月十五日、辞

表提出、三十日依頼免職となり位階を返上（「辞令」）、終身十五人扶持に（「追記」）。三月三十日、東京府貫属士族に列せらる（追記）。『**蝦夷年代記**』『**千島一覧**』『**林氏雑纂**』『**壷乃碑考**』『**西蝦夷日誌四編**』『**東蝦夷日記五編**』を刊行

一八七一　明治　四年　54歳　『**竹島雑誌**』『**読史贅議逸編**』『**西蝦夷日誌五編**』『**東蝦夷日誌六編**』を刊行

一八七二　明治　五年　55歳　『**西蝦夷日誌六編**』『**百虫行**』を刊行

一八七三　明治　六年　56歳　神田五軒町へ新邸を構え、書画会を開く（「年譜」）。『**東蝦夷日誌七編**』を刊行

一八七四　明治　七年　57歳　京都、大坂に遊ぶ。朝廷へ古銭三櫃を献上（「年譜」）

一八七五　明治　八年　58歳　五月十五日、京都の北野天満宮へ大神鏡を奉納（「会誌」38・39合併号）。十月二十一日、東京の上野東照宮へ大神鏡を奉納（「会誌」38・39合併号）

一八七六　明治　九年　59歳　『**馬角斎茶余**』を刊行

一八七七　明治一〇年　60歳　「熙朝一人一詩」を著す（「年譜」）。『**撥雲余興**』を刊行

一八七八　明治一一年　61歳　京都、大坂に遊ぶ（「年譜」）。『**東蝦夷日誌八編**』『**新獲小集**』を刊行

一八七九　明治一二年　62歳　五月四日、大阪天満宮へ大神鏡を奉納（「会誌」38・39合併号）。京都、大阪に遊ぶ（「年譜」）。『**尚古杜多**』二冊を刊行

一八八〇　明治一三年　63歳　『**そめかみ**』『**松のけふり**』『**庚辰游記**』を刊行

一八八一　明治一四年　64歳　五月二十八日、吉野の金峯山寺へ大神鏡を奉納（「会誌」38・39合併号）。関西に遊ぶ（「年譜」）。『**辛巳游記**』を刊行

一八八二　明治一五年　65歳　五月九日、大宰府天満宮へ大神鏡を奉納（「会誌」38・39合併号）。『**撥雲余興**』**二集**・『**壬午游記**』を刊行

一八八三　明治一六年　66歳　鍋塚碑を園城寺(三井寺)へ建立。九州に遊ぶ(「年譜」)。『**癸未溟志**』『**癸未溟誌**』

を刊行

一八八四　明治一七年　67歳　高野山に登り髻・歯を奉納、丹後・越前へ遊歴（「年譜」）。この年から二十五霊社への神鏡・建石の奉納開始か。「**多気志楼銭譜**」を著す（「年譜」）。『**甲申小記**』を刊行

一八八五　明治一八年　68歳　六月、「大台山頂眺望之図」を描く（同図）。大台ケ原を拓く（「年譜」）。『**乙酉掌記**』『**乙酉後記**』を刊行

一八八六　明治一九年　69歳　三月、「北海道人樹下午睡図」（河鍋暁斎筆）が完成。大台ケ原へ観音不動堂を建てる、白根山麓の高野長英毒水ノ碑を再建する（「年譜」）。一畳敷書斎を新築（「年譜」）。『**丙戌前誌**』『**丙戌後記**』『**聖跡二十五霊社巡拝双六**』を刊行

一八八七　明治二〇年　70歳　大台ヶ原を踏査。再び富士山に登る、関西諸国を遊歴、二十五霊社へ神鏡・建石の奉納を完了（「年譜」）。『**木片勧進**』『**丁亥前記**』『**丁亥後記**』を刊行

一八八八　明治二一年　71歳　二月四日、脳溢血で倒れる（「年譜」）。七日、従五位を叙す（「辞令」）。十日逝去、浅草称福寺へ葬る、後に染井墓地へ改葬（「年譜」）。五月、遺言により大台ケ原名古屋谷へ分骨（「年譜」）

年表作成の参考文献

笹木義友編『新版松浦武四郎自伝』北海道出版企画センター　二〇一三
『木片勧進』（再版）＊「多気志楼主人事蹟年譜」を併載する　南癸文庫　一九〇八
「多気志楼主人著書惣目志」一八七二
小林房太郎「松浦武四郎翁遺書著」『北斗』二巻六号・七号　北斗社　一九一一
松浦武四郎「豆遊日誌」・「巡豆日誌」（秋葉實［翻刻・編］『松浦武四郎選集』一　北海道出版企画センター　一九九六）
髙木崇世芝「武四郎奉納の五大鏡」『松浦竹四郎研究会会誌』38・39合併号　松浦武四郎研究会　二〇〇三
髙木崇世芝編『松浦武四郎「刊行本」書誌』北海道出版企画センター　二〇〇一
三浦泰之「松浦武四郎「刊行本」に挿まれた絵および詩歌について」『北海道開拓記念館紀要』三二号　北海道開拓記念館　二〇〇四
笹木義友「松浦武四郎　飛騨紀行」『松浦武四郎研究会会誌』68号　松浦武四郎研究会　二〇一三
岩谷几山編「傑士松浦北海翁」『北海タイムス』一九一一（秋葉實［翻刻・編］『松浦武四郎選集』別巻　北海道出版企画センター　二〇〇八）
ヘンリースミス『泰山荘　松浦武四郎の一畳敷の世界』国際基督教大学湯浅八朗記念館　一九九三

著者紹介

合田　一道（ごうだ　いちどう）

昭和９年（1934）北海道上砂川生まれ。佛教大卒。北海道新聞社に入社し、事件担当記者のかたわらノンフィクション作品を執筆。平成６年退社し、札幌大学講師などをしながら作品を執筆。主な作品は『流氷の海に女工節が聴える』（新潮社）、『裂けた岬』（恒友出版）、『日本の奇祭』（青弓社）、『日本史の現場検証』（扶桑社）、『大君の刀』（北海道新聞社）、『小杉雅之進が描いた箱館戦争』（北海道出版企画センター）、『北の墓』（柏艪舎）、『日本人の遺言』（藤原書店）など多数。札幌在住。

松浦武四郎北の大地に立つ

発　行　2017年９月21日　一刷
　　　　2018年２月６日　二刷
著　者　合　田　一　道
発行者　野　澤　緯三男
発行所　北海道出版企画センター
〒001-0018　札幌市北区北18条西6丁目2-47
電　話　011-737-1755
FAX　011-737-4007
振　替　02790-6-16677
URL　http://www.h-ppc.com/
E-mail　hppc186@rose.ocn.ne.jp
印刷所　㈱北海道機関紙印刷所

ISBN978-4-8328-1703-6 C0021

松浦武四郎研究序説
－幕末維新期における知識人ネットワークの諸相

笹木義友・三浦泰之［編］Ａ４判／644頁　定価：4,000円＋税 ISBN978-4-8328-1115-7

武四郎は、幕末期に６回にわたり蝦夷地を踏査し数多くの著述を残していることはよく知られている。また、武四郎には尊王攘夷派の志士、出版人、書画骨董のコレクターなど多くの顔がある。本書は2007～10年度の４年間にわたり北海道開拓記念館、松浦武四郎記念館（松阪市）などと武四郎関係の新資料の発掘に努め、さまざさな交友関係の具体相を明らかにし、武四郎の近世後期から近代初期を対象とする歴史研究の中に位置づけることをめざした全国調査研究の報告書である

松浦武四郎関係文献目録

髙木崇世芝　Ａ５判／145頁　定価：2,400円＋税 ISBN978-4-8328-0306-0

本目録は、明治21年（1888）から平成14年（2002）までに印刷発表された日本語文献のうち、松浦武四郎に関連する著作・蔵書目録、文献目録、展示目録、図録、会報・会誌、伝記、研究書、翻刻、図書・雑誌・新聞に大別し、それぞれの中の発行年月日順に収録、著者名索引を付したもの

江戸明治の百名山を行く－登山の先駆者松浦武四郎

渡辺　隆　新書判／278頁　定価：1,200円＋税 ISBN978-4-8328-0709-9

松浦武四郎は、なぜ、山に登ろうとしたのか!!　日誌・自伝・書簡などの多くの史料を照会し、その足跡を生涯にわたり全国に辿ってみた。70歳になり二度目の富士登山を果たし、これが最後の登山となった。北海道の大雪山や雷電山などの誤った登頂説についても明らかにした

松浦武四郎 知床紀行

秋葉　實［編］四六判／196頁　定価：1,600円＋税 ISBN978-4-8328-0610-6

幕末期、三度にわたり知床を訪れた男がいた。松浦武四郎がその人である。その時どきアイヌの人たちの案内により、一回目の1845（弘化２）年は太平洋側から、二回目の翌年はオホーツク海側から、三回目の1858（安政５）年にはラウス側から始めて半島を廻りシレトココタンに宿泊しシャリに達している。その三度の調査記録を現代語訳にしたのが本書である

鈴木茶渓
松浦武四郎 唐太日記・北蝦夷餘誌

今野淳子［訳］四六判／210頁　定価：1,500円＋税 ISBN978-4-8328-1302-1

「唐太日記」は、嘉永７年（1854）に堀利煕・村垣範正の樺太巡検に随行した鈴木茶渓が遺した記録を松浦が註を加え刊行した。「北蝦夷餘誌」は、安政３年（1856）に武四郎が樺太調査した記録である。それらを現代語訳したもの

ゆたかなる大地―松浦武四郎が歩く

小松哲郎　四六判／548頁　定価：2,400円＋税

武四郎を未知の大地へと駆り立てたのは？　北海道の名付け親として知られる松浦武四郎、その生涯の中で最も活き活きとした時代、幕末期の軌跡を６度にわたる蝦夷地調査行を柱に、水戸藩との関係、江戸での吉田松陰らとの行動を「自伝」・「日誌」などにより描いた労作

ISBN978-4-8328-0401-2

松浦武四郎　佐渡日誌

佐藤淳子［訳］四六判／240頁　定価：1,600円＋税

北海道の名づけ親として名高い松浦武四郎が30歳の時の記録で、およそ170年前の弘化四年(1847)、蝦夷地(北海道)からの帰り、佐渡にわたり７月24日(新暦９月３日）から約一か月をかけ佐渡を一周した時の日誌を現代語訳にしたものである。この日誌は４年後の嘉永４年(1851)の７月、江戸の金龍山浅草寺雷門側の貸房にて執筆された

ISBN978-4-8328-0915-4

『新版松浦武四郎自伝』
人名・地名データベース
松浦武四郎 全『蝦夷日誌』
アイヌ語地名データベース

笹木義友・小原隆幸［作成］ 定価：2,500円＋税

松浦武四郎の『自伝』からは全国におよんだ「人名」と「地名」を、全『蝦夷日誌』150巻からは「アイヌ語地名」(和名を含む)を抽出したデータを一枚のＣＤに収めてなったもの

ISBN978-4-8328-1408-0

松浦武四郎「刊行本」書誌

髙木崇世芝［編］Ａ５判／117頁 定価：2,200円＋税

武四郎が幕末から明治にかけて刊行した書籍・地図・双六など72種類を紹介し、各々の写真も掲載、合わせて主要所蔵先などを示した

ISBN978-4-8328-0107-3

松浦武四郎関係書

北海道出版企画センター

〒001-0018 札幌市北区北18条西6丁目2-47 TEL 011-737-1755 FAX 011-737-4007

「東西蝦夷山川地理取調圖」読む
－20万分の１地製図との比較

尾﨑 功　Ｂ５判／206頁　定価：2,600円＋税

全道57ケ所の海岸線と38ケ所の内陸河川流域について、一地域を見開き２ページの構成で、左側のページに地名解説を、右側のページに「松浦山川図」と「20万分の１地勢図」を原寸大の同図幅95地域を掲載した。解説で述べた地名を □ で囲み、「松浦山川図」のアイヌ語地名は、見やすいように原図に忠実になぞってあります。本書は来年迎える北海道命名150年を記念し出版された

ISBN978-4-8328-1702-9

新版松浦武四郎自伝

笹木義友［編］Ａ５判／355頁　定価：3,800円＋税

本書は松浦武四郎の自伝として、雑誌『世界』に16回にわたり連載されたものを底本とした。武四郎の本州はもとより、九州、四国から蝦夷地(樺太、択捉・国後、北海道)にと全国におよぶ足跡を深く知るために、全体に脚注を施し、本文中に見られる地名の現在における位置を記載し、加えてその行動の理解を助けると思われる出来事と関連する事項を太字で示し、巻末に３千人を越える人名索引を収めた

ISBN978-4-8328-1305-2

松浦武四郎シサム和人の変容

佐野芳和　Ａ５判／306頁　定価：4,000円＋税

なぜ現在に、松浦武四郎を読もうとするか？

偶まさか私はメキシコへ漂い着き、帰国をした栄寿丸の善助に出会った。つづいて松浦武四郎をという、類い稀な個性を知った。武四郎の行動しての記録者として、その仕事は現在において尚更に燦然。その基いとなったのは、ひとへの優しさにあった。その集約点、その眼の凝縮をアイヌ人別帳に見出す。武四郎ら、善助ら、同時代に生きた人びとに並んで貫い、歴史を輪切りに視てみよう。それら無数の累々集積こそが「歴史」ということではないか

ISBN978-4-8328-0202-5